Simone Trieder / Lars Skowronski
Zelle Nr. 18

Schriftenreihe Band 1428

Simone Trieder / Lars Skowronski

Zelle Nr. 18
Eine Geschichte von Mut und Freundschaft

Simone Trieder, geboren 1959 in Quedlinburg, arbeitet seit 1992 als freiberufliche Journalistin.

Lars Skowronski, geboren 1977, ist freier Historiker und Kurator mehrerer Ausstellungen zum Thema NS-Militärjustiz.

Diese Veröffentlichung stellt keine Meinungsäußerung der Bundeszentrale für politische Bildung dar. Für die inhaltlichen Aussagen tragen die Autorin und der Autor die Verantwortung.

Bonn 2014
Lizenzausgabe für die Bundeszentrale für politische Bildung
Adenauerallee 86, 53113 Bonn

© be.bra verlag GmbH Berlin-Brandenburg, 2014
Umschlaggestaltung: Naumilkat – Agentur für Kommunikation und Design, Düsseldorf
Umschlagfoto: © Bundesarchiv Berlin, Bestand Reichsjustizministerium, Signatur: R 3001/24343, Bl. 143. Zelle in der Untersuchungshaftanstalt Berlin- Alt-Moabit, Zustand 1943.
Lektorat: Matthias Zimmermann, Berlin
Satz: typegerecht, Berlin
Druck und Bindung: Finidr, Český Těšín

ISBN 978-3-8389-0428-3

www.bpb.de

Inhalt

Vorwort 7

1 Bombenalarm 10
2 Gefängnisalltag 17
3 Spionage 25
4 Jeżew und das Ende der Kindheit Krystynas 47
5 Maria 60
6 Rosemaries Einfluss 70
7 Vor Gericht 82
8 Ostern 1943: Moabit leben 106
9 Moabit: Die letzte Nacht 121
10 Abschiede 131
11 Maria in Fordon 143
12 Träume 155
13 Wirklichkeit: Stefanias Flucht 162
14 Krystyna in Halle 170
15 Maria frei – Polen nicht 179
16 Über Grenzen hinweg 187
17 Nach dem Fall des Eisernen Vorhangs 202

Zeittafel 216
Quellen- und Literaturverzeichnis 220
Dank 223
Die Autoren 224

Vorwort

Haben wir nicht schon genug Wissen über die Verbrechen der Nazis im Zweiten Weltkrieg? Über den Holocaust, die Zwangsarbeiter, die Unterdrückung der Opposition, die Unterjochung der Bevölkerung in den besetzten Ländern? Sind die Quellen nicht längst gesichtet und die wenigen noch lebenden Zeitzeugen ausgefragt? Kann wirklich noch Neues aufgedeckt werden?

Offensichtlich ja.

Es braucht allerdings eine Offenheit der Seele, die sich nach wie vor anrühren lässt von Lebensgeschichten, auch Ausdauer und Phantasie, um in sorgfältiger Recherche weit verstreute Fakten zusammenzutragen und Hintergründe aufzuklären. Dann kann ein Dokumentarroman entstehen wie der vorliegende Band – eine bewegende Geschichte wie in einem Roman, doch ausgefüllt und belegt mit harten *Facts* wie in einer Dokumentation.

Im Zentrum der verzweigten Geschichte: das »Kleeblatt«, drei Polinnen, die eine Zeitlang gemeinsam in der Zelle 18 im Gefängnis von Berlin-Moabit saßen, verurteilt wegen Zusammenarbeit mit dem polnischen Untergrundstaat im Zweiten Weltkrieg. Wanda erhielt drei Jahre Straflager wegen Nichtanzeige eines Verbrechens. Maria erhielt acht Jahre Straflager wegen Vorbereitung zum Hochverrat. Krystyna wurde zum Tode verurteilt wegen Spionage.

Den Anstoß zu dem Buch gab ein Brief von Maria im Jahre 2003 an die Justizvollzugsanstalt Halle. In dieses Gefängnis war Krystyna aus Berlin-Moabit verlegt und dort war sie am 26. Juni 1944 enthauptet worden. Soweit wusste Maria Kacprzyk über das Schicksal ihrer Freundin Bescheid. Doch wo wurde Krystyna begraben?

Der Historiker Lars Skowronski suchte sofort den Kontakt. Mit Marias Hilfe hoffte er, Krystynas Schicksal rekonstruieren und in einer Ausstellung darstellen zu können. Und die inzwischen 89-jährige Maria, die in Danzig lebte, kam seiner Bitte tatsächlich nach. Auf 120 Seiten gab sie ihr Wissen weiter, viele erstaunliche Details, deprimierende und froh stimmende Nachrichten, Informationen über wichtige Gerichtsentscheidungen ebenso wie über alltägliche Begebenheiten. Die Schriftstellerin Simone Trieder jedenfalls war fasziniert. Im August 2009 machte sie sich mit Lars Skowronski auf den Weg nach Danzig.

Marias Erinnerungen wiesen den Autoren den Weg zu weiteren Zeugen und Dokumenten. So waren unzählige Kassiber aus dem Gefängnis heraus- und in das Gefängnis hineingeschmuggelt worden. Zwischen den drei Polinnen und der Wärterin Hedwig Grimpe sowie ihrer Tochter Helga hatte sich eine Freundschaft entwickelt. In der Zelle mussten die Nachrichten aus Sicherheitsgründen schnell in der Toilette verschwinden; doch draußen »in der anderen Welt« bewahrte Helga die Kassiber auf. Bei Helga blieb auch das Tagebuch, das Maria in der Zelle geführt und vor ihrer Verlegung in das Gefängnis Fordon im besetzten Polen ebenfalls aus dem Gefängnis geschmuggelt hatte.

Die Kassiber an die erst 16-jährige Helga, übrigens ein BDM-Mitglied, waren von erstaunlicher Offenheit. Da sie keine Zensur passierten, verrieten sie viel über den Zellenalltag und die Gefühle der Inhaftierten. Die Berichte zeugen davon, wie die Polinnen selbst unter der Drohung der Todesstrafe nicht in Depression verfielen. Wie sie das Singen einsetzten, um Angst, Verzweiflung, Trauer, aber auch den Hunger zu vertreiben. Wie sie sich mit Bridgespielen (mit selbstgebastelten Karten) ablenkten. Wie sie sich gegenseitig ihre Familiengeschichten erzählten. Wie sie Fäden aus der Kleidung rissen, um einer Todeskandidatin ein Taschentuch mit Hohlsaum und der Inschrift AMOR OMNIA VINCIT zu schenken.

Erstaunlich auch, wie viel geschmuggelt werden konnte und tatsächlich geschmuggelt wurde, obwohl alle Beteiligten damit sehr viel riskierten. Über ihre Wärter-Mutter schickte Helga nicht nur Zahnbürste oder Zahnpulver in die Zelle (das war erlaubt), sondern auch Lebensmittel, Medikamente und immer wieder Zigaretten (das war verboten). Die Zigarette unmittelbar am Zellenfenster, wenn das Licht gelöscht war, bildete für Krystyna die Krönung des Tages.

Schließlich konnten sich Trieder/Skowronski noch auf offizielle Dokumente stützen: Prozessunterlagen, ein Gnadengesuch von Krystynas

Mutter, Krystynas Abschiedsbrief an die Eltern, die offizielle Mitteilung des Verteidigers über das vollzogene Todesurteil.

Aus Briefen von den Familien der drei inhaftierten Polinnen erfahren wir darüber hinaus vom Schicksal einiger Freunde, die teils ebenfalls inhaftiert, teils als Zwangsarbeiter eingesetzt worden waren. Und Dutzende von Briefen eines zum Tode verurteilten Mitglieds der deutschen Widerstandsgruppe »Rote Kapelle« vermitteln Einblicke in Biografien und Charaktere weiterer Mitgefangener.

Im Ergebnis entstand ein bemerkenswert vielschichtiger Band, obwohl sich die Darstellung im Kern auf die Zelle 18 konzentriert. En miniature wird vorgeführt, wie erbarmungslos und willkürlich die NS-Justiz agierte, aber Fürsprache durchaus erfolgreich sein konnte und Begnadigung nicht völlig ausgeschlossen war. En miniature wird vorgeführt, wie Solidarität zwischen Menschen entstehen konnte, deren Völker sich gegenseitig auf den Schlachtfeldern bekriegten. En miniature wird vorgeführt, wie groß Menschen, einfache Menschen, in Situationen äußerster Bedrängnis und angesichts des Todes werden können. Die Angeklagten richteten sich gegenseitig auf, schworen ihren politischen Idealen nicht ab und blieben trotzdem frei von Hass und Rachegedanken.

»Ich lasse hier einerseits Erinnerungen des tiefsten Schmerzes, kraftloser Verzweiflung, Traurigkeit ohne Grenzen zurück«, schrieb Maria an ihre Mutter, als sie dem Gefängnis in Moabit entkam, »und andererseits Erinnerungen an helle und angenehme Momente, Momente des unvorstellbaren Glücks umhüllt von einer starken, herzlichen Freundschaft. Ich lasse im alten, treuherzigen Moabit Erinnerungen meiner geistigen Flüge, große Momente, die die Seele für immer geprägt haben, interessante Momente zurück.«

Es ist das große Verdienst von Simone Trieder und Lars Skowronski, uns diese Vielschichtigkeit eindringlich vor Augen zu führen und so eine Anteilnahme zu ermöglichen, obwohl wir dem »Kleeblatt« niemals begegnet sind.

Helga Hirsch, Mai 2014

Helga Hirsch, geboren 1948, ist Journalistin und Autorin zahlreicher Bücher zu Themen der deutsch-polnischen Geschichte. Für ihre publizistische Arbeit erhielt sie unter anderem den deutsch-polnischen Journalistenpreis und die Dankesmedaille des Europäischen Zentrums der Solidarność.

1 Bombenalarm

Die Sirene. Wieder. Ein hoher Ton – ein paar Herzschläge lang. Pause und wieder. Voralarm. Helga ging zum Tisch, klappte den Ordner zu und steckte ihn in das Notgepäck, das an der Tür bereitstand. Das Kleeblattalbum musste mit in den Keller. Briefpapier und Stifte. Im Gehen noch einen Apfel schnappen. Die Wohnungstür offen stehen lassen. Im Dunkel die Treppen hinab. Nachbarn waren schon unterwegs, wie gestern, wie letzte Woche. Diese gemeinsame nächtliche Wanderung in den Keller gehörte bereits zur Routine in diesem Berliner Spätsommer 1943. Im schwach beleuchteten Raum roch es nach dem frischen Holz der neu gezimmerten Bänke und Tische. Dort hatte jeder schon seinen Stammplatz. Helga schaute Bombennacht für Bombennacht auf das Plakat: »Uns können die Engländer nicht kleinkriegen«.

Die Sirene heulte auf und ab: Fliegeralarm. Die Eisentür wurde verschlossen. Nun war die kleine Kellergemeinschaft auf ihr Gehör angewiesen. Manch einer sprach auf das hereindringende Dröhnen der Motoren ein Gebet. Das Pfeifen der herabfallenden Bomben endete im dumpfen Krachen der Einschläge. Flugabwehrkanonen donnerten. Helga ließ die anderen beten und lauschen, sie zog das Briefpapier aus dem Notgepäck und einen der Stifte. Sie roch an dem Apfel und schrieb: »Liebes Kleeblatt.«

Helga schaute auf. Sie verspürte keine Angst, etwas gab ihr die Gewissheit, dass sie hier heil herauskommen würde. Sie hatte einen Auftrag, sie musste das Kleeblattalbum hinüberretten in die neue Zeit ohne Hitler, ohne Krieg und Morden. Helga war überzeugt: Das vom braunen Bazillus vergiftete deutsche Volk muss sich selbst befreien. Daran arbeitete sie. Das Kleeblattalbum war ihr kleiner Beitrag. Sie verbündete sich mit Feinden des Naziregimes, mit politischen Häftlingen. Ihre Mutter war im Untersuchungsgefängnis Moabit als Wärterin dienstverpflichtet, und sie erzählte

Helga Grimpe, 1946.

oft von »ihren« Häftlingen. Helga war 16 Jahre alt, als sie erstmals in der Frauenabteilung durch den Türspion in die Zelle 18 schaute und die drei Polinnen sah: das Kleeblatt.

Sie schrieben sich seitdem, Helga und die drei Gefangenen. Deren Briefe heftete das Mädchen in einem Leitzordner ab. Ganz obenauf lag ein Brief ... – Was heißt Brief? Es war ein Zettel, ein grauer schmaler Streifen großkariertes Papier. Die Gefangenen hatten keinen Briefblock und beneideten Helga um das schöne Briefpapier, auf dem sie schrieb. Helga konnte den Text auswendig: »Lieber guter Sonnenschein, wir haben alles verstanden. Unsere Dankbarkeit für alles, was Sie für uns getan haben, können wir gar nicht aussprechen. Wir haben auch oft zwischen uns gesagt, wie es schrecklich für uns wäre, falls Sie durch uns reinfielen. Das könnten wir uns nie verzeihen.«

Das war gut, sie verwendeten keine Namen. Sonnenschein war ein schöner Deckname für die kleine, mollige, freundliche Mama. Helga überlegte, wie sie sich selbst nennen konnte.

Während englische Bomben auf Berlin niederkrachten, schrieb Helga: »Das ist ein schöner Name für meine Mutter. Sonnenschein. Sie ist wirklich ein Sonnenschein. Seid vorsichtig. Wenn sie auffliegt, wandert sie selber in eine Zelle. Und wer bringt euch dann Erbsensuppe, Äpfelchen oder meine Briefe? Ab heute bin ich für euch: Euer Teddy oder Teddybär!«

Helga wusste, dass dieser Brief aus Sicherheitsgründen in der Gefängnistoilette verschwinden würde. Das Kleeblatt hatte ihr das Ritual des Briefelesens in der Zelle 18 beschrieben: Eine las ihn laut vor, dann noch einmal jede für sich, schließlich wurde der Brief schweren Herzens zerrissen und in der Toilette hinuntergespült.

Gut, dass Helga die Briefe der drei aufheben konnte. Sie sollten sie zurückbekommen, wenn das hier alles vorbei war und sie überleben würden. Sie mussten überleben. Jede würde dann ihre eigenen Briefe aus dem Kleeblattalbum bekommen: Krystyna und Maria und Lena.

Während Helga im Luftschutzkeller in der Kreuzberger Naunynstraße den Brief schrieb, hatte ihre Mutter Dienst in Moabit, eine Dreiviertelstunde Fußweg entfernt. Das Gelände der 1881 als »Königliches Untersuchungsgefängnis im Stadtteile Moabit« eröffneten Haftanstalt lag zwischen den Straßen Alt Moabit und Rathenower. Das Hauptgebäude war sternförmig, in diesem saßen die Männer ein. Südöstlich davon zog sich ein einzelnes Gebäude in einem leichten Bogen hin, das »Weibergefängnis«. Ursprünglich für 220 Gefangene konzipiert, besaß es vier Etagen, die je eine Abteilung bildeten. Pro Etage gab es 18 Einzelzellen und acht Säle. Im Sommer 1943 war die Anstalt überfüllt. In den Bombennächten schloss Hedwig Grimpe die Zellentüren in der Frauenabteilung auf, damit bei einem Einschlag nur die Riegel zurückgeschoben werden mussten und die Gefangenen schneller aus den Hafträumen kommen würden. Keiner ihrer Schützlinge nutzte die Situation je aus. Helgas Mutter hatte keine politischen Motive. Sie berührten die Schicksale der polnischen Frauen, die ihre Kinder sein könnten. »Meine Polenkinder« nannte sie sie später. Ihre Fürsorge galt nicht nur den drei Kleeblättern, sondern auch deren Kameradinnen, mit denen sie gemeinsam verhaftet und verurteilt worden waren oder in anderen Zellen gesessen hatten. Viele waren Todeskandidatinnen. Was die Polinnen im Untergrund in Warschau getan hatten, galt den deutschen Besatzern als Hochverrat, Feindbegünstigung oder Spionage, und darauf stand der Tod. Sie warteten auf die Vollstreckung des Urteils in der Strafanstalt Berlin-Plötzensee, wo ihnen mit dem Fallbeil der Kopf abgeschlagen werden sollte. Bis dahin hofften sie auf eine Begnadigung.

Untersuchungsgefängnis Berlin-Moabit, 1920er Jahre.

Im Gefängnis waren die Vorkehrungen zum Schutz gegen die Bomben dürftig. Zur Nacht wurden die Waschschüsseln, Kannen und Eimer in den Zellen mit Wasser gefüllt. Doch die Gefangenen versteckten sich nicht voller Angst, sie verfolgten die Bombardierungen mit Hoffnung. Sie hofften auf ihre Befreiung.

In der Zelle 18 stand Krystyna, die Stubenälteste, in den Bombennächten als Erste auf und kleidete sich an. Sie warf die kleine Lena aus ihrem Bett unter dem Fenster. Dort war es am gefährlichsten. Maria positionierte sich so, dass sie den Himmel sehen konnte, und berichtete den beiden auf dem Bett Sitzenden, was sie beobachtete: Sie konnte die Flugzeuge der Engländer erkennen, die Leuchtkörper, die Geschosse der Flak. Die Zelle leuchtete glutrot vom Widerschein des Himmels. Wochen zuvor hatten sie sich noch nicht getraut, die Verdunklung abzunehmen, ein Brett, das von innen am Fenster angebracht wurde, damit kein Lichtschein nach außen drang. Doch nach einem guten halben Jahr Moabit wussten sie, was sie sich erlauben konnten. Da sie in der Nacht sowieso kein Licht haben durften, verschwand die Verdunklung mit dem Löschen der Lampen. Der Lärm in den Bombennächten war gewaltig, denn auf dem Dach der Frauenabteilung stand eine Flugabwehrkanone. »Die Tommys tanzen«, jubelte Maria. »Sie sollen endlich Schluss machen mit den Nazis!« Krystyna ärgerte sich, dass die Deutschen so gute Soldaten waren: »Ich möchte sie so sehr laufen sehen!« Ein dumpfes Dröhnen kündete vom Absturz eines brennenden Flugzeugs. »Arme Tommys«, sagte Maria. Wenn es gefährlicher wurde, wechselte sie ihre Position und zog sich auf die Toilette zurück, die sich ohne Sichtschutz neben der Zellentür befand. Sie hatte 1939 heftige Luftangriffe auf Warschau erlebt, als der Krieg begonnen und die Deutschen ihre Heimatstadt bombardiert hatten.

Krystyna war ängstlicher, sie hatte Bombenangriffe erst in den Berliner Gefängnissen kennengelernt. Sie gestand Helga in einem Brief: »Ich muss dir was sagen, Teddy! Die letzte Nacht, als Sonnenschein hier Dienst hatte, gab es Alarm u. sie ist zu uns gekommen. Ich stand neben ihr bei der Tür, sie hat mich das Gesicht gestreichelt u. später hielt ich ihre Hand fest. Ich kann Dir gar nicht sagen, wie es mir war, genauso, als ob ich bei meiner eigenen Mutti wäre, ein Gefühl der Sicherheit, das ich seit lange nicht mehr kannte. In diesem Augenblick war ich kein Waisenkind mehr. Bist du mir bös, dass ich Dir für einen Augenblick Deine Mutti gestohlen habe?«

Die Angriffe im Spätsommer 1943 fanden meist nachts statt. Seit die Alliierten im Juli auf Sizilien gelandet waren, wuchs die Hoffnung auf ein baldiges Ende des Krieges. Während der Bombardements war die Gefühlslage bei den jungen Frauen in der Zelle 18 ambivalent. Auf der einen Seite hofften sie, endlich befreit zu werden, auf der anderen hatten sie Angst, vorher getötet zu werden und DAS nicht mehr erleben zu können. Dazu kamen Gedanken an ihre Angehörigen in Warschau, die sich in ständiger Ungewissheit befanden, ob ihre Töchter noch lebten. Und die Angst des Kleeblatts um seine Beschützer. Sie beteten: »Lieber Gott! Lass die anständigen Menschen nicht sterben! Nicht Helga, nicht Sonnenschein!«

Mitten in dem Krachen war Gesang zu hören. Der Innenhof hallte wider von den Stimmen der Gefangenen, die an den Gittern der Fenster hingen und sangen: die »Internationale« mit der Aufforderung »Wacht auf, Verdammte dieser Erde« und den Zeilen »unser Blut sei nicht mehr der Raben, nicht der mächt'gen Geier Fraß!« Maria schob Lenas Matratze beiseite, stellte einen Hocker unter das Fenster und stieg darauf. Sie zog sich an den Gitterstäben hoch. Und sie, die die französische Sprache her-

Maria Kacprzyk, um 1940. Lena Dobrzycka, 1948. Krystyna Wituska.

vorragend beherrschte, sang mit: »Allons enfants de la Patrie« – »Auf, Kinder des Vaterlands!« Die martialische »Marseillaise«. Krystyna hob Lena hoch, damit auch sie die Nase zwischen die Gitter stecken und etwas Freiheit riechen konnte, und sie sangen mit den Polinnen aus den anderen Abteilungen »Jeszcze Polska nie zginęła«, die polnische Nationalhymne. In deren erster Strophe heißt es: »Noch ist Polen nicht verloren, solange wir leben. Was uns fremde Übermacht nahm, werden wir uns mit dem Säbel zurückholen.« Ob blutrünstiger Rachedurst oder Säbelrasseln, der Gesang auf dem Innenhof von Moabit vereinte die Gefangenen verschiedener Nationen. Diese Momente gehörten zu den erhabensten im Gefängnis. Die Häftlinge erhoben sich aus der Lethargie, die der gleichförmige Alltag mit sich brachte, der Kummer wurde beiseitegeschoben. Hoffnung blitzte auf, ausgelöst vom Wetterleuchten der englischen Bomben. Ein Gemeinschaftsgefühl erfasste sie, das bei den Überlebenden ein Leben lang halten wird.

Eine »tolle« Nacht war die vom 3. zum 4. September 1943. Über 300 Maschinen flogen bei diesem Angriff die »Reichshauptstadt« an und warfen ihre tödliche Last vor allem über Moabit, Charlottenburg und Siemensstadt ab. Maria schrieb in ihr Tagebuch: »Tommys szaleją.« – »Die Tommys toben.« Für einen Augenblick hatten die jungen Frauen doch Angst. Es roch. Maria sagte, nach Gas. Aber es war nur Phosphorrauch. Das Gefängnis war voller Rauch, den der Wind von den getroffenen Stellen herüberwehte. Asche und Papierfetzen flogen noch am nächsten Tag durch die Luft. Die Gefangenen wussten nicht, was geschehen war und ob es Auswirkungen auf ihre Situation hatte. Gerüchte machten im Gefängnis schnell die Runde. Man erzählte sich die »wunderbarsten Geschichten, eine unwahrscheinlicher als die andere«, schrieb Krystyna an Helga. Das Kleeblatt wollte Näheres erfahren und wartete sehnsüchtig auf Sonnenschein. Das Wirtschaftsgebäude des Gefängnisses war getroffen worden und niedergebrannt. Arbeit gab es an diesem Tag nach dem Bombenangriff nicht. Maria nutzte die Zeit, um ebenfalls Helga zu schreiben: »Es ist 10 Uhr, wir alle drei sollen in dieser Zeit schon fleißig arbeiten, aber wir tun es nicht. Keine! In der Zelle ist es so angenehm still: Die Maschinen gehen nicht. Und auf dem Korridor ist es auch ruhig: Frl. Bauer ist nicht da! Wir bitten stürmisch um Arbeit (wir alte Gefängnisfuchsen wissen genau, dass wir jetzt keine Arbeit bekommen und darum sind wir so fleißig), man sagt uns aber: Kinder, ihr müsst warten, Frl. Bauer ist nicht da, ach, heute ist alles durcheinander! – Wir machen sehr betrübte Mienen und wenn die Tür ist zu, hopsen wir vor Freude. So ekelhafte Mädchen sind wir.« Die übermütige Stimmung reichte bis zum nächsten Tag, die Gefängnisordnung war durcheinander, das wurde gefeiert wie ein kleiner Sieg.

Helga, die »draußen« keine gleich gesinnten Freunde hatte und als Ansprechpartnerin lediglich ihre Mutter, mit der sie sich über das Kleeblatt unterhielt, wurde von solchen emotionalen Berichten und durch die Beschreibung der Gemeinschaft der drei dazu verführt, sich mit in die Zelle zu wünschen. Zeit also für die Polinnen, Helga daran zu erinnern, weshalb sie hier in Moabit saßen.

2 Gefängnisalltag

Helga wollte auch ein Kleeblatt sein! Die Gemeinschaft der drei jungen Frauen, die sie den Altersunterschied nicht spüren ließen, erschien ihr beneidenswert. Die Solidarität untereinander, der Respekt vor dem jeweils anderen Schicksal. Das gemeinsame Singen, das abendliche Erzählen im Bett. Das Einzelkind Helga wollte mit dabei sein.

Die Kontakte zu den Kolleginnen im Berliner Tierschutzverein in Lankwitz, wo sie eine Ausbildung zur Tierschutzinspektorin machte, blieben oberflächlich. Im Bund Deutscher Mädel, in den sie eintreten musste, nahm sie mit Verachtung wahr, wie der »braune Bazillus« die Gleichaltrigen infizierte. Sie hielt sich zurück und galt unter den Führungskräften als »hoffnungsloser Fall«, schrieb sie ihren Freundinnen ins Gefängnis. Ihre einzige Vertraute war ihre Mutter Hedwig. Sonnenschein. Das wichtigste Thema zwischen beiden: das Kleeblatt. Was hatte Helga heute wieder besorgt? Einen Bleistift für Maria. Was hatte Sonnenschein heute mit dem Kleeblatt erlebt? Sie hatte wieder rechtzeitig vor einer Zellenrevision gewarnt und konnte die Briefe für Helga mitnehmen. »Und haben sich die drei über meinen Brief gefreut?« – »Na, was fragst du? Hier sind ihre Antworten, wegen der Revision ohne Schluss, abgebrochen.« – »Und was sagst du dazu, dass Lena in der Zelle Gymnastik macht?« – »Wegen der Bluse ihrer Schwester, sie will abnehmen, damit sie reinpasst. Was für eine Idee für einen Hungerleider wie Lena, abnehmen im Gefängnis! Ich werde ihr Stoff besorgen, damit sie sich was einsetzen kann.«

Mit schwärmerischer Hingabe schrieb Helga Briefe, suchte Gedichte heraus, besorgte Äpfel, Zigaretten, Medikamente, die die Mutter nach Moabit trug. Mutter und Tochter wussten, wie sehr Krystyna, Maria und Lena hungerten. Nicht nur nach Essbarem, auch nach geistigem Austausch. Und nach Zuwendung. Zu Beginn der Korrespondenz im August 1943 wunderte sich Helga über die Wärme und Offenheit der Kleeblattbriefe. Krystyna hatte sie gleich im ersten Brief Freundin genannt. Für die Häftlinge andererseits war Helga das »Mädchen aus einer anderen Welt«. Aus einer Welt, in der es ein Zuhause gab, eine Mutter. Eine Welt, die auch sie gehabt hatten, die der Krieg zerstört hatte und die sie wahrscheinlich nie wieder erleben würden. Das Heimweh begleitete sie ständig, ihr wichtigstes Gesprächsthema abends im Bett war die Erinnerung an zu Hause.

Die Häftlinge stellten in ihren Briefen die Situation im Gefängnis möglichst positiv dar. Zum einen gingen ihre Briefe an die Angehörigen durch die Zensur, zum anderen wollten sie daheim nicht noch mehr Kummer verbreiten. Auch für Helga zelebrierten sie ein fröhliches, wenn auch etwas »strenges Mädchenpensionat«. Also schrieb sie eines Tages, dass sie am liebsten ebenfalls mit »sitzen« würde.

Krystyna hielt ihr entgegen, dass sie hier in der Zelle auf den Tod warteten. Auf die Nachricht, dass es nach Plötzensee ginge. In dieser Haftanstalt wurden die Hinrichtungen durchgeführt. Die Todeskandidaten durften dort einen letzten Brief schreiben. Anschließend mussten sie ihre Kleidung ablegen und ein »schwarzes Hemd« überziehen, das als drohendes Symbol unter den Gefangenen kursierte und in dem sie dann zur Guillotine geführt wurden. Maria stand ein neuer Prozess bevor, weil ihr Urteil, acht Jahre verschärftes Straflager, nicht bestätigt worden war. Auch sie befürchtete, in dem neuen Prozess das Todesurteil zu bekommen. Dann blieb ihr ebenso nur noch das Gnadengesuch, wie Krystyna und Lena es gestellt hatten. Dann musste auch sie sich überwinden, Hitler um ihr Leben zu bitten, denn er befand über die Gnadengesuche von Frauen.

Mit einer Entscheidung rechneten die Gefangenen nach etwa 100 Tagen. Dieser Zeitraum war für Krystyna und Lena zu Beginn der Korrespondenz mit Helga vorbei. Die Spannung wuchs von Mittwoch zu Mittwoch. Denn der Tod kam in Moabit in der Regel mittwochs. An diesem Wochentag teilte die Anstaltsleitung die Ergebnisse der Gnadengesuche mit. Wenn die Häftlinge bis zum späten Nachmittag nicht aus der Zelle herausgerufen wurden, war es Gewissheit: Noch ist es nicht soweit, noch eine Woche leben! Während Maria vor Angst um die beiden anderen weinte, tanzte und steppte Krystyna und lachte: »Heute wird das schwarze Hemd noch nicht angezogen.« Der weinenden Maria sagte sie: »Weine nicht, Marysia, es haben schon die alten Griechen behauptet, dass die Lieblinge der Götter jung sterben ...« Lena entlud ihre Spannung in einem Gebet.

Der Gefängnisalltag trat wieder in den Vordergrund, vor allem der allgegenwärtige Hunger. »Ich habe mich schon in der Zelle umgesehen, aber außer Zahnpasta u. Seife habe ich nichts Essbares entdeckt«, stöhnte Krystyna. Die langweilige Arbeit: acht Stunden Knopflöcher nähen. Höhepunkt des Tages: der 15-minütige Gang im Hof, wo einige Bäume standen und es sogar ein paar Blumenbeete gab. Die Frauen gingen einzeln in einem bestimmten Abstand hintereinander rund um den Hof. Obwohl es verboten war, sich zu unterhalten, nutzten sie diese Gelegenheit zum Austausch, wie auch den Kirchgang.

Am Sonntag wurde nicht gearbeitet. Jeden zweiten Sonntag putzten sich die jungen Frauen auf »wie Pfaue«, so Lena, denn es ging zum Gottesdienst. Den besuchten auch Nichtgläubige gern um »rauszukommen«, andere zu sehen, sich gegenseitig etwas zuzustecken, Essbares, Kassiber. Maria war empört über den katholischen Pfarrer, der den zum Tode verurteilten Frauen predigte, dass es eine Sünde sei, sich zu schminken oder die Fingernägel zu bemalen. Maria und Krystyna baten darum, in den evangelischen Gottesdienst gehen zu dürfen. Oft untersagte die Gefängnisleitung ohne Begründung den Kirchgang. Dann drohte der Sonntag langweilig zu werden. Man schrieb Briefe an die Angehörigen, sehnte das Mittagessen herbei. Die Scheibe Brot mit Rübenmarmelade vom Morgen hatte nicht satt gemacht. Das Sonntagsmittagessen war eine der wenigen Freuden. Denn im Unterschied zu den Wochentagen, an denen eine dünne, wie Maria meinte, ungenießbare Suppe aus manchmal schon angefaulten Möhren und Rüben ausgeschenkt wurde, gab es am Sonntag einen »langersehnten Schmaus«, Erbsensuppe mit Kartoffeln. Willkommen war auch das zusätzliche Netzchen mit drei bis vier Pellkartoffeln am Montagabend. Dazu die kleine Freude, zwei ersehnte Bücher aus der Anstaltsbibliothek zu bekommen. Doch schon kurz darauf näherte sich drohend wieder der schwarze Mittwoch.

Die Präsenz der Wärterinnen prägte den Gefängnisalltag. Die alternative Bezeichnung Schließerinnen wies auf die Schlüssel hin, über die sie verfügten. Schlüssel zu den einzelnen Zellen und zu den Abteilungstüren. In Moabit waren zur Zeit des Kleeblatts die meisten Wärterinnen Beamtinnen. So ließen sie sich auch von den Gefangenen ansprechen: »Frau Beamte«. Sie beherrschten von den Fluren aus die Abteilung. Jede Zellentür verfügte über einen Türspion, durch den jederzeit die diensthabende Beamtin schauen konnte. Die Geräusche des Schließens und Riegelzurückschiebens ließen die Gefangenen aufschrecken. Gefürchtet waren Revisionen, wenn unangekündigt die Zellen durchsucht wurden. Die Beamtin konnte aber auch Post bringen. Oder einen Besuch ankündigen. Dann »schloss« sie die Gefangene in einen Besucherraum »um«. Beamtinnen begleiteten die Häftlinge beim täglichen Hofgang und achteten darauf, dass das Kontaktverbot eingehalten wurde. Sie waren die »Schnittstellen« für das, was hinter der Zellentür geschah.

Fast ein Dreivierteljahr saßen die Kleeblätter schon in deutschen Gefängnissen. Die Zelle wandelte sich während einer so langen Zeit für die Gefangenen zu einem Zuhause. Die 18 war eigentlich nur für eine Person vorgesehen. Vom Türspion aus links auf einer Liege, die am Tag an die Wand geklappt wurde, schlief Krystyna, die Zellenälteste. Die beiden anderen legten nachts Matratzen aus, an der rechten Wand für Maria und unter dem Fenster für Lena. Das Toilettenbecken stand rechts neben der Tür, es konnte vom Gang aus nicht eingesehen werden. Morgens und abends räumten sie die Zelle um. Am Tag beherrschten die Nähmaschinen den Raum, die arbeitenden Häftlinge konnten jederzeit durch den Türspion überwacht werden. In unbeobachteten Momenten schrieben sie auf kleinen Zetteln die Briefe an Helga. Wichtigster Ort der Zelle war das vergitterte und hoch gelegene Fenster gegenüber der Tür. Abends standen die Frauen auf Hockern an diesem Fenster oder sie hoben sich gegenseitig hoch, um mit anderen Gefangenen zu sprechen.

»Helga, du kannst nicht verstehen was für große Bedeutung hat im Gefängnis das Fenster«, schrieb Krystyna. Sie konnten ein Stückchen Himmel sehen. Wenn dort rosafarbene Wolken vorbeizogen, war das schon ein kleines Glück, das zum Träumen verleitete. In bombenfreien, klaren Nächten schauten sie in die Sterne. Wenn Krystyna Zigaretten hatte, rauchte sie abends am Fenster. Sie tauschten mit einem Gummipendel Briefe oder Essbares mit anderen Gefangenen aus und riefen sich durch die Fenster die neuesten Nachrichten zu. Wenn eine Beamtin solch ein Gespräch mitbekam, unterbrach sie es mit einem rüden »Halt's Maul!«. Der Ton war rau, es wurde viel geschrien. Alles was zum Fenster hereinkam oder hinausging, hatte etwas Positives, war eine Erweiterung des Lebens in der Zelle, selbst die nächtlichen Bomben, die die Freiheit bringen konnten. Die Tür bildete das negative Gegenstück. Hinter ihr befand sich das Gefängnis mit den

Blick in eine Zelle der Frauenabteilung im Gefängnis Moabit, Zustand 1943.
Die gleich große Zelle 18 war identisch ausgestattet.

Beamtinnen, die die Polinnen durch den Spion beobachteten oder hereinkamen, in der Tür standen und schrien.

Wie die überwiegende Mehrheit der Deutschen zu dieser Zeit unterlagen vermutlich auch viele der Bediensteten in Moabit der nationalsozialistischen Ideologie mit ihrem Rassenwahn und dem Glauben daran, dass die »arischen Herrenmenschen« zur Dominanz über andere Völker beru-

Zeichnung einer Moabiter Beamtin aus dem Kleeblattalbum, vermutlich angefertigt von Helga Grimpe.

fen seien. Nach diesem Weltbild galten insbesondere die »Ostvölker« – Russen, Ukrainer oder Polen – als »rassisch minderwertig«, unzivilisiert und »verjudet«. Die Pläne der Nazis sahen vor, diese Völker direkt oder indirekt, etwa durch gezielte Verschlechterung der Lebensbedingungen, zu »dezimieren«. Die verbleibenden Menschen sollten ein Dasein als Arbeitssklaven fristen. In Moabit gab es viele ausländische Gefangene, darunter zahlreiche »Politische« – Franzosen, Belgier, Schweden, Bulgaren und Polen. Allgemein schien das Verhältnis zwischen Gefangenen und Wärterinnen sehr gespannt. Maria beschrieb, wie sie vom *Völkischen Beobachter*, der Parteizeitung der Nazis, die sie in der Zelle lesen durften, die Titelseite der Ausgabe vom 8. September 1943 an der Wand befestigten: »Feiger Verrat Badoglios« stand da zu lesen. Wenige Tage zuvor hatte Italien unter Marschall Pietro Badoglio mit den Alliierten Waffenstillstand geschlossen und die unterdrückten Völker schöpften neue Hoffnung auf ein baldiges Ende des Krieges. Diese Seite hing an der Wand unter dem Fenster gegenüber der Tür, damit der Blick der Beamtinnen beim Aufschließen direkt darauf fiel. »Wir schauten ihnen hochmütig in die Augen«, erinnerte sich Maria. Eine Provokation, auf die die Beamtinnen in diesem Fall nicht reagierten.

Seite aus dem Tagebuch von Maria Kacprzyk mit den Namen der Moabiter Beamtinnen und den dazugehörigen Spitznamen.

Tatsächlich begegneten die »Politischen« der Verachtung und Härte der Wärterinnen mit Stolz und dem Gefühl der Überlegenheit, was die Situation in der Regel noch verschärfte. Die Häftlinge gaben den Beamtinnen Spitznamen, meist wenig schmeichelhafte wie »Naziwanze«, »Mattscheibe« oder »Wanzenjäger«. Einige Namen besaßen eine polnische Entsprechung: Frau Kulik nannten sie *Mysikrólik*, das heißt »Mäuseköniglein«. Manche wurden nach Eigenschaften oder Besonderheiten benannt: *Kot w butach* – »Gestiefelter Kater« – oder *Okularnica* – »die Bebrillte«. Frau Brenner wurde aufgrund ihrer »bösen Augen« *Bazyliszek* getauft. Der gleichnamige Drache aus dem Märchen besitzt die Kraft, mit dem Blick zu töten. Für eine Beamtin erfand sogar Helga einen Spitznamen – »Essigsaure Tonerde«. Eine Karikatur ihres sauertöpfischen Gesichtes gelangte ins Kleeblattalbum. Sie alle behandelten die Gefangenen meist herablassend und demütigend.

Wie anders war es, wenn Hedwig Grimpe in der Tür stand. Dann schien die Sonne in die Zelle. Schon wenn ihre Stimme auf dem Flur zu hören war, ging es dem Kleeblatt besser. Die Wärterin war klein und rundlich. Flink bewegte sie sich durch Flure und über Treppen und geriet dabei – wegen eines Herzleidens – schnell außer Atem. Ihr freundliches Wesen schaute ihr aus den braunen Augen, sie lächelte den Gefangenen aufmunternd zu, drückte ihnen die Hände. Wenn sie dienstfrei hatte, fühlten sie sich verlassen wie Waisenkinder. In manchen Briefen wurde sie auch »Mutti« genannt. Darin klang ein wenig die Sehnsucht nach der eigenen Mutter mit. Das Kleeblatt lebte ganz nach Sonnenscheins Dienstplan. Und wenn Hedwig Grimpe frei hatte, kochte und buk sie zu Hause für ihre Schützlinge. Diese priesen ihren Kuchen und ihr gutes Herz. Helga bezeichnete die zusätzliche Verpflegung durch ihre Mutter als »Mastkur«. Die Gefangenen fühlten sich verwöhnt. »Solange S. bei uns ist, lässt sich alles leicht ertragen«, seufzte Krystyna nach dem Verzehr einer Sardinenstulle. »Es lebe Sonnenschein!« Sogar wenn sie in einer anderen Abteilung Dienst hatte, schaute sie beim Kleeblatt vorbei. Hedwig Grimpe schlug vor, dass die jungen Frauen Briefe an die Angehörigen schreiben sollten – für den Fall der Hinrichtung. In Ruhe und auf Polnisch. Ihre Motivation war eine rein humane. Als wollte sie ein bisschen von dem gutmachen, was ihre Landsleute den jungen Polinnen antaten. Diese fühlten sich wiederum von der Wärterin angenommen, bei ihr durften sie Menschen sein, ganz normale Menschen, mit Kummer, Sorgen, Ängsten – und Hunger. Helga hingegen folgte deutlicher politischen Überzeugungen, was beim Kleeblatt Begeisterung auslöste und den Charakter der Korrespondenz änderte.

3 Spionage

Nicht nur Tür und Fenster besaßen in der Zelle eine wichtige Bedeutung, sondern auch die Wände zu den Nachbarzellen. Mit Interesse verfolgten die Gefangenen, wer rechts und links neben ihnen saß, auch darüber und darunter. Als Maria vor dem Prozess in einem anderen Gefängnis in Einzelhaft saß, nahm sie Kontakt zu den Insassen der Nachbarzellen auf, zunächst per Fenstergespräch. Als ein Pole über ihr antwortete, band sie mit einem Stück abgerissenen Bettlaken etwas zu Essen an einen Stock, der zum Öffnen und Schließen der hochgelegenen Fenster gedacht war, und reichte ihn hoch. Der Pole bedankte sich mit einem Kassiber. Aus den Zeitungsstücken, die die Gefangenen als Toilettenpapier bekamen, hatte er drei Reklamebilder ausgerissen und mit dem Fensterstock heruntergereicht. Ein Bild, eine Filmszene, zeigte einen Mann, der eine lächelnde Frau küsste. Das deutete Maria als Dank für das Essen. Auf dem zweiten Bild war eine Werbung für Stenografie zu sehen, auf dem dritten eine Packung türkischer Zigaretten, Marke Atikah. Maria schloss aus den Bildern, dass dem Nachbarn ein Stift fehlte und er um Zigaretten bat. Sie »sandte« Zigaretten, Streichhölzer und einen Bleistift mit dem Fensterstock nach oben.

Kontakte zu Mitgefangenen, die ein paar Zellen weiter lebten, ließen sich mit dem Klopfalphabet herstellen. Nach einem dem Morsealphabet ähnelnden System klopften die Häftlinge mit Löffeln an die Heizungsrohre. Am einfachsten blieb jedoch die Kommunikation mit den Nachbarzellen. In Zelle 19, neben dem Kleeblatt, saß ebenfalls eine Polin, Marta. Lena und sie hatten, wie sie beim Fenstergespräch feststellten, in Warschau viele gemeinsame Bekannte. Chronistin Maria sammelte in ihrem Tagebuch unter anderem Namen und Adressen von Mithäftlingen. Beim Hofgang drückte ihr Marta ihr Foto und die Adresse ihrer Eltern in Kępno in die Hand. Maria klebte das Bild in ihr Tagebuch. Daneben schrieb sie »Todesurteil« und die Adresse der Eltern.

Marta sang sehr schön und das Kleeblatt lauschte häufig ihrem Gesang. Lena zeichnete in einem Brief Helga auf, wie das vor sich ging. Sie hielten ihre Trinkbecher mit der Öffnung an die Wand und drückten das Ohr an den Becherboden. Mit diesem »Lautsprecher« konnten sie jedes Wort verstehen, wie Lena versicherte.

Marta erfuhr am 1. Oktober 1943, an einem Freitag, dass sie am nächsten Montag zur Hinrichtung gebracht würde. Die ganze Abteilung nahm Anteil. So fragil diese Gemeinschaft der Todeskandidatinnen war, weil jeden Mittwoch oder, wie in diesem Fall, auch an einem anderen Wochentag eine gehen konnte, so stark war die Solidarität untereinander. Die ganze Aufmerksamkeit richtete sich auf jene, die als Nächste gehen sollte. Würde sie moralisch stark genug sein, das Todesurteil tapfer zu ertragen, fragte sich die stolze Krystyna und teilte ihren Zweifel Helga mit. Gleichzeitig wurde in Zelle 18 überlegt, wie man Marta beistehen konnte. Sollte man ihr ein Gedicht abschreiben? Man konnte ihr aber auch, das war schon ein Opfer, etwas zu Essen schicken. Doch das größte Opfer war, sich einer Zigarette zu »entsagen«, wie es Krystyna tat. Zigaretten standen im Gefängnis hoch im Kurs, Häftlinge versetzten sogar Eheringe für Tabak, der eine doppelte Wirkung hatte. So betäubte das Nikotin ein wenig das Hungergefühl, und eine Zigarette auf leeren Magen berauschte zudem mehr als eine nach dem Essen. Es war das kleine Glück der Gefangenen – vor der Nachtruhe eine Zigarette am Fenster zu rauchen.

Aber wie sollte die Zigarette durch die Wand zu Marta in die Zelle 19 kommen? Sonnenschein war nicht da. Die anderen Wärterinnen eigneten sich nicht für diesen Botendienst, sie waren nicht vertrauenswürdig genug. So blieb nur das Pendel. Krystyna zog aus der Matratze ihres an die Wand geklappten Bettes ein Gummiband und reichte es Lena, die nun ausführen musste, was Krystyna anordnete, so war die Rollenverteilung. Lena band die Zigarette an das Gummiband und stieg auf die Nähmaschine. Durch das Fenster rief sie Marta. Dann steckte sie die Hand mit dem Gummiband durch das Gitter und brachte es zum Schwingen. Doch bevor das Band mit der Zigarette Martas Fenster erreichte, verfing es sich in dem Stacheldraht unter dem Fenster ihrer Zelle. Lena, die selbst nicht rauchte, quetschte nun ihren Kopf, soweit es ging, durchs Gitter und versuchte das Gummiband zu lösen. Lena schnaufte und stöhnte, doch es gelang. Da hörte sie Krystyna hinter sich kichern. Nun wurde sich auch Lena ihrer seltsamen Haltung

Bildkassiber aus dem Gefängnis am Berliner Alexanderplatz: Dank für Lebensmittel (oben links), Bitte um Schreibzeug (rechts), Bitte um Zigaretten (unten links).

bewusst, wie sie mit beiden Armen und dem halben Kopf im Gitter hing. Auch sie musste so lachen, dass ihr die Zigarette erneut entfiel. Am Ende gelang die Aktion, wenn auch mit einigen Verlusten. Beim Lachen und »Zigaretten-Retten« verletzte sich Lena am Ohr, das nicht durchs Gitter passte. Und als sie strampelte, um wieder Halt auf der Nähmaschine zu finden, trat sie auf die Verdunklung, deren Reparatur sie nun vor neue Herausforderungen stellte. So kam die Todeskandidatin Marta nicht nur zu einer Zigarette, sondern auch zu einer kleinen Unterhaltung – wenngleich nicht als Schau-, so doch wenigstens als Hörspiel.

Doch nach diesem Spaß schlug die Stimmung um. Krystyna, die inzwischen in der Korrespondenz mit Helga jede Scheu verloren hatte, teilte sich »Teddy« mit. Seit das Kleeblatt wusste, wie das Mädchen zu Hitler stand, sahen sie in ihr nicht nur die Freundin, sondern auch eine politisch Gleichgesinnte. Als Helga schrieb, wie unerträglich es ihr sei, dass der »Führer« ganze Völker vernichte, fiel die Antwort euphorisch aus: »Du bist ein Prachtkerl u. wir haben vor Freude laut – Hurra! geschrien, dass du genauso denkst wie wir.« Die Briefe bekamen nun zunehmend politischen Charakter, was die Gefahr für Empfängerin Helga und vor allem Überbringerin Sonnenschein im Fall einer Entdeckung noch erhöhte.

Der Tag vor Martas Hinrichtung, ein Sonntag, verging nur langsam. Immerhin hatte Sonnenschein Dienst, eine gute Gelegenheit, ihr Post für Helga mitzugeben. Doch die Stimmung – das zeigte Krystynas Brief – war nicht gut. Zwar habe Marta den Politischen in der vergangenen Nacht keine »Schande« gemacht. Sie hatte weder geweint noch gejammert. Man erwartete von den Todeskandidaten, dass sie bis zum Schluss gefasst und tapfer blieben. Aber Krystyna fühlte sich »krank von Hass und Wut«. Sie hatte in der Nacht nicht schlafen können, Wand an Wand mit Marta, die morgen tot sein würde. Sie hatte an die Verbrechen der Nazis gedacht. Nicht nur an das, was in Moabit passierte, wovon Helga selbst oder durch ihre Mutter erfuhr. Das sei ein »Kinderspiel« im Vergleich zu dem, was in Polen geschehe. Wo die Besatzer die polnische Intelligenz systematisch ausrotteten. Wo die Juden erst in Ghettos zusammengepfercht und dann in Vernichtungslager gebracht würden. Krystyna selbst hatte in Warschau die ständige Präsenz des Terrors erlebt. Bekannte oder Nachbarn kamen nicht mehr nach Hause. *Łapanka* hieß das Schreckenswort, das ins Deutsche oft mit »Schnappjagd« übersetzt wird. *Łapać* bedeutet im Polnischen so viel wie fangen, erwischen, kriegen, ertappen. Krystynas Mutter hatte jedes Mal Ängste ausgestanden, wenn ihre Tochter später nach Hause gekommen war. Bei den *Łapankas* wurden Menschen von der Straße weggefangen und auf Lastwagen entweder als Geiseln für Vergeltungsaktionen in Gefängnisse verbracht oder zur Zwangsarbeit nach Deutschland verschleppt. Viele exekutierte man gleich an Ort und Stelle. Krystyna fragte sich, warum man mit ihr dieses ganze Theater mit dem Reichskriegsgericht aufführte, immerhin war sie nun schon fast zehn Monate in deutschen Gefängnissen. In Warschau hätten zwei Pistolenschüsse auf der Straße genügt. Dann gab sie sich selbst die zynische Antwort, die Generäle des Reichskriegsgerichts hätten sich, um selbst nicht zur Front zu müssen, die »schwere u. wichtige Aufgabe« gestellt, »so viele kleine Mädchen zum Tode« zu verurteilen. Krystyna konnte es nicht fassen: Die polnische Jugend wurde in Gefängnissen und Konzentrationslagern zu Tode gequält. Helga solle sich nicht wundern, wenn die Polen auf Rache sännen. Auch Krystyna hielt es für das »Heil der Menschheit« für notwendig, dass »man das ganze Ungeziefer einmal totschlägt«. Und schloss einen deutschen Fluch an: »Galgenpack!« sowie einen polnischen: »Psiakrew!«

Helga, die zu diesem Zeitpunkt glaubte, das deutsche Volk könne sich selbst von Hitler befreien, war von Krystynas emotionalem Ausbruch betroffen. Sie fühlte sich als Deutsche abgelehnt, rief zur Mäßigung auf. Sie nahm an, Krystyna könne durch das eigene Unglück nicht mehr klar sehen. Natürlich, antwortete Krystyna, würde sie nie so weit gehen, »eine ganze Nation zu hassen«. Dennoch müsse sie weiter Helgas Landsleute anklagen und ihre eigenen verteidigen. Was die Deutschen mit den Juden und Polen machten, sei die planmäßige Vernichtung einer ganzen Nation. Und Warschau sei besonders betroffen, denn Warschau machte die Deutschen wütend. Je mehr Opfer die Stadt brachte, desto mehr Widerstand gebe es. Deshalb wollten die Deutschen die Stadt gern ganz entvölkern. Warschau sei die Zentrale aller heimlichen Organisationen ...

Es fehlte nicht viel und Krystyna hätte Helga geschrieben, was sie im Untergrund getan hatte. Doch eine Zellenrevision kam dazwischen. Atemlos stand Sonnenschein in der Tür: »Der Feind naht.« Krystyna schrieb noch: »Hier wird Tag und Nacht für die Freiheit ...« Dann brach der Brief ab. Sonnenschein versteckte ihn in ihrer Tasche. Das Kleeblatt musste auf den Gang. Die Zelle 18 wurde durchsucht. Wieder einmal Glück gehabt. Zwar haben wir von Krystynas Hand nicht erfahren, welche Aufgaben sie im Untergrund übernommen hatte. Hätte sie es aber geschrieben und der Brief wäre bei der Zellenrevision gefunden worden, wäre vielleicht Sonnenschein aufgeflogen. Welche Strafe hätte ihr gedroht? Was wäre aus Helga-Teddy geworden? Wie wäre das Kleeblatt bestraft worden?

Worüber Krystyna an dieser Stelle beinahe geschrieben hätte, die Untergrundarbeit, war selbst zwischen den Häftlingen kein Thema. Zu viel Wissen belastete und gefährdete. Den Angehörigen konnte man selbstverständlich auch nichts darüber schreiben. Möglicherweise haben die Familien nie erfahren, was ihre Töchter und Geschwister getan hatten.

Warschau 1942. Seit einer gefühlten Ewigkeit war die polnische Hauptstadt nun schon besetzt. Bald drei Jahre lag jener 1. September zurück, an dem Hitler die Wehrmacht mit über 1,5 Millionen Soldaten sowie Tausenden Panzern und Flugzeugen über die polnische Grenze geschickt hatte. Von jetzt an, so geiferte der Diktator in einer Rede vor dem Reichstag, werde zurückgeschossen, werde Bombe mit Bombe vergolten. Er behaup-

Hitler nimmt nach der Kapitulation Warschaus eine Parade auf der Ujazdowskie-Allee ab, 5. Oktober 1939.

Gräber in einer Warschauer Grünanlage, 1939.

Straßenszene in Warschau, 1939/40.

Allgegenwärtige Zerstörungen in Warschau, im Hintergrund das Prudential-Gebäude, um 1940.

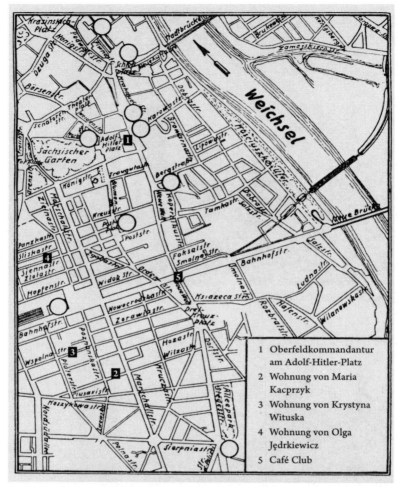

Deutscher Plan des Warschauer Stadtzentrums mit Hinweisen auf wichtige Handlungsorte. Die Übersicht basiert auf einer Karte, die 1942 in einem Buch über das Generalgouvernement erschien.

tete, auf Provokationen und polnische Militäroperationen auf deutschem Gebiet zu reagieren, die es so nie gegeben hatte. Seine wahren Ziele hatte er hingegen kurz zuvor Kommandeuren der Wehrmacht offenbart: die Vernichtung Polens als Staat und Nation: »Ziel ist die Beseitigung der lebendigen Kräfte, nicht die Erreichung einer bestimmten Linie. […] Herz verschließen gegen Mitleid. Brutales Vorgehen.« Zwei Wochen nach dem Überfall erreichten die deutschen Truppen die polnische Hauptstadt und begannen, diese zu belagern. Artilleriebeschuss und Luftangriffe, die bereits am 1. September eingesetzt hatten, nahmen zu, insbesondere nachdem sich die polnische Militärführung zunächst geweigert hatte zu kapitulieren. Täglich verschärfte sich die Lage. Die Bombardements zerstörten die Strom- und Wasserversorgung. Ausbrechende Brände konnten nicht mehr gelöscht werden. Die Zahl der Toten stieg so rapide, dass in Parks und Grünanlagen provisorische Friedhöfe eingerichtet werden mussten. Der 25. September ging schließlich als Infernosonntag in die Geschichte der Stadt ein. In einem über zehnstündigen Angriff, den Hitler von einem Vorort Warschaus aus beobachtete, warf die Luftwaffe an diesem Tag über 600 Tonnen Bomben ab. Wenig später kapitulierte die polnische Metropole aus Mangel an Wasser, Lebensmitteln, Medikamenten und weil keinerlei Aussicht auf Hilfe von außen bestand. Die Eroberer rückten in die Stadt ein und ließen es sich nicht nehmen, ihren Sieg demonstrativ zur Schau zu stellen. Allerdings zogen sie es vor, bei der Siegesparade am 5. Oktober unter sich zu bleiben. Der polnischen Bevölkerung war es unter Androhung von Schusswaffengebrauch verboten, die Triumphgeste der Nazis in Augenschein zu nehmen. Wohl auch deshalb konnte ein geplantes Attentat des polnischen Untergrunds auf Hitler, der die Parade auf einer Tribüne in der Ujazdowskie-Allee in Höhe der Einmündung Chopinstraße abnahm, nicht ausgeführt werden.

In der Folge verwalteten die neuen Machthaber die Stadt im Gefühl der sicheren Überlegenheit. Warschau, in jeder Hinsicht tatsächliches und symbolisches Zentrum des polnischen Staates, sollte diesen Status einbüßen. Hitler ordnete an, die Kriegsschäden nicht zu beseitigen, stattdessen ließ er Pläne ausarbeiten, die einen »Abbau der Polenstadt« zum Ziel hatten. An die Stelle der Millionenmetropole sollte eine »neue Deutsche Stadt Warschau« mit nur noch einigen Zehntausend Einwohnern treten.

Für die polnische Bevölkerung begann bereits im Oktober 1939 all das, was ihren Alltag in den nächsten Jahren prägte: Terror, Unterdrückung, Herabwürdigung, Ausgrenzung und Mangel. Nachdem schon am 10. Oktober Plakate von den ersten Hinrichtungen kündeten, blieb die Drohung der Todesstrafe allgegenwärtig. Sie erwartete diejenigen, die versuchten ihre kargen Lebensmittelrationen durch Schwarzhandel oder illegales

Schlachten aufzubessern ebenso wie jene Menschen, die über das zugestandene Maß hinaus Strom verbrauchten oder Juden versteckten. Stück für Stück versuchten die Besatzer, den Bewohnern ihre Stadt zu entreißen. Polen verloren ihren Besitz, sie mussten ihre Wohnungen räumen, durften sich durch eine nächtliche Ausgangssperre nicht mehr frei bewegen. An vielen Geschäften, Theatern, Kinos, Parks und Straßenbahnen prangten die verhassten Schilder »Nur für Deutsche«. Überall, vor allem im Stadtzentrum, konfrontierten die Okkupanten die Einheimischen mit ihrer Sprache und ihren Symbolen.

Krystyna Wituska wohnte 1942 bei ihrer Mutter in der Wspólnastraße, einer kleinen Straße in der Nähe des Hauptbahnhofs. Sie hatte eine Beschäftigung in dem Laden ihrer Tante gefunden, wo sie im Lager arbeitete. Das Geschäft befand sich im Stadtteil Mokotów, im Süden Warschaus. Zu Fuß brauchte sie über eine Stunde dorthin. Krystyna nahm die Straßenbahn, die von der Marschallstraße in den Süden der Stadt fuhr. Die Marschallstraße (Marszałkowska) war eine große Prachtstraße, eine der Hauptverkehrsadern, deren Namen die Deutschen einfach aus dem Polnischen übersetzt hatten. Die kleinen Straßen, wie die Wspólna und auch die Wilcza, in der Maria Kacprzyk bei ihren Eltern wohnte, behielten ihre Namen. Auf einem Stadtplan von 1941 waren 70 – ein Fünftel aller – Straßen umbenannt. Krystyna und Maria waren fast Nachbarn, sie wohnten nur zwei Straßen auseinander. Aber sie kannten sich nicht. Die Wituskis waren 1940 aus dem »Reichsgau Wartheland« ins sogenannte Generalgouvernement umgesiedelt worden. Nach der Trennung der Eltern wohnten Mutter und Tochter zunächst bei Verwandten, bis sie in die Wspólna zogen.

Maria war gebürtige Warschauerin. Sie besuchte das Lyzeum in der Krucza, Ecke Nowogrodzka, dicht an der Bahnhofstraße (Aleje Jerozolimskie), nur vier Querstraßen von der elterlichen Wohnung entfernt. Doch ihre Schulausbildung endete jäh ein Jahr vor dem Abitur, als die Schule im September 1939 zerbombt wurde. Schon im Oktober gaben die deutschen Besatzer bekannt, dass es für die »nichtdeutsche Bevölkerung des Ostens« keine höhere Bildung mehr geben sollte. Die Intelligenz, also Lehrer, Professoren, Schriftsteller, Künstler, Politiker und Geistliche, hatten die Nazis als Fundament aller polnischen Unabhängigkeitsbestrebungen und als mögliches Zentrum einer entstehenden Widerstandsbewegung ausgemacht. Sie sollte eliminiert, ihr Nachwachsen durch gehobene Ausbildung etwa an Universitäten verhindert werden. Die Polen, nach über einem Jahrhundert der Unterdrückung gewohnt, ein Geistesleben im Untergrund zu führen, schufen schnell ein illegales Ausbildungsnetz. Maria ging nun wie viele ihrer Altersgenossen in eine Untergrundschule. Der Vater einer ihrer Klassenkameradinnen stellte dafür seine Wohnung zur Verfügung. Dort legte Maria 1940 das Abitur ab. Es wurde nach dem Krieg anerkannt. Ein Studium der Geschichte an einer der geheimen Universitäten erlaubte der Vater allerdings nicht, da es ihm zu riskant erschien. Ab 1941 durfte sie stattdessen an einem Chemielyzeum studieren, die Berufsschulen waren offiziell zugelassen. In der Zwischenzeit musste Maria Maschine schreiben lernen und arbeitete in der Sanitärfirma ihres Vaters. Sie fühlte sich geistig unterfordert und sehnte sich danach, im Widerstand tätig zu werden. Ihr wacher Geist registrierte, was um sie herum geschah. Einmal beobachtete Maria mit Entsetzen zwei Russen, die man als Kriegsgefangene in einem benachbarten Garten eingesperrt hatte, wie sie vor Hunger die Blätter einer Akazie aßen. Auch die Veränderungen ihres geliebten Warschau registrierte sie seit Kriegsbeginn voller Ohnmacht.

Die Firma von Marias Vater grenzte an das Gelände der – nun geschlossenen – Universität. Deren Haupteingang lag an der Krakauer Straße (Krakowskie Przedmieście), an der sich viele Sehenswürdigkeiten befanden. Diese Straße mündete schließlich auf den Schlossplatz (Plac Zamkowy), wo nunmehr, 1942, anstelle des Schlosses eine mehr oder weniger geräumte Ruine stand. Viele architektonische Zeugen der polnischen Vergangenheit waren unter deutschen Bomben zerborsten. Ganze Straßenzüge fehlten. Die Gräber, die 1939 viele Straßen und Grünanlagen übersät hatten, waren 1942 verschwunden. Zwischen den vielen Ruinen strebte das Prudential-Gebäude, das den Namen einer englischen Versicherung trug, hoch hinaus. Das damals zweithöchste Haus Europas aus Stahlbeton im Stil des Art déco ragte trotzig sogar noch aus dem am Ende des Zweiten Weltkriegs fast vollständig zerstörten Warschau. Das Mitte 1940 unmittelbar im Zentrum errichtete Ghetto nahm etwa ein Drittel des Stadtgebietes auf der linken Weichselseite ein. Die hölzerne Brücke über die Chłodna, die das Kleine und das Große Ghetto miteinander verband, bestand bis September 1942.

Die Besatzer hatten sich der schönsten Plätze Warschaus bemächtigt. Der wichtigste war der barocke Sächsische Platz. Das Sächsische Palais trennte ihn vom Sächsischen Garten. Vieles hier verwies auf die Zeit August des Starken, Kurfürst von Sachsen, der zu Beginn des 18. Jahrhunderts über 30 Jahre lang König von Polen gewesen war. Die mehrfache Umbenennung des Platzes widerspiegelt die wechselvolle polnische Geschichte. Nach dem Ersten Weltkrieg war er durch die Zweite Polnische Republik Platz der Unabhängigkeit getauft worden. Als Marschall Józef Piłsudski 1935 starb, erhielt er dessen Namen. 1940, ein Jahr nachdem sich Hitler – um die Siegesparade abzunehmen – das einzige Mal in Warschau aufgehalten hatte, benannten die Nazis den Platz nach dem »Führer«. Dicht an dicht stehende weiße Masten, daran meterhohe rote Fahnen mit dem bedrohlichen Hakenkreuz in ihrer Mitte, säumten zu jener Zeit das Areal.

Die Benennung des zentralen Platzes der Hauptstadt nach ihrem ärgsten Feind bedeutete für die Polen eine Demütigung und Provokation. Auch in Maria brodelte es. Sie ahnte schon Ende 1941, dass ihr jüngerer Bruder Janusz im Untergrund arbeitete, doch die Gesetze der Konspiration verlangten mit niemandem darüber zu sprechen. Zähneknirschend schrieb Maria in der Firma ihres Vaters Briefe an deutsche Geschäftspartner. Wenn sie die Formel »Hochachtungsvoll« daruntersetzen musste, spuckte sie auf den Boden – das Zeichen für den Vater: Nun ist der Brief fertig. Weil sie, statt zu studieren, Geschäftsbriefe für ihren Vater schreiben musste, hatte sie sich etwas ausgebeten. Sie wollte unbedingt Fremdsprachen erlernen. Zweimal in der Woche ging sie zu Lady Williams, die sie in Deutsch und Englisch unterrichtete. Die ehemalige Hochschuldozentin lebte in nur einem Zimmer, das sie aus Mangel an Kohle und Holz nicht heizen konnte. Lady Williams gab ihre Stunden im Wintermantel auf dem Bett sitzend, und schon nach wenigen Wochen sagte Maria ihr in Jacken gewickelt deutsche Balladen auf.

Auch Krystyna, die bereits im Hause ihres Vaters Deutsch gelernt hatte, nahm in Warschau weiter Unterricht. Ihr Lehrer war ein junger Mann, Karol Szapiro, ein Jude. Seine Familie lebte mit gefälschten Pässen in Warschau. Karol kam in das kleine Geschäft in Mokotów, in dem nicht wirklich viel gearbeitet wurde. Die Geschäftsinhaberin Alina Gołębiowska war eine Tante Krystynas, jedoch fast gleichaltrig. Die beiden jungen Frauen interessierten sich für Literatur, Alina schrieb Gedichte, Krystyna ein Tagebuch, in dem Karol eine wichtige Rolle spielte. Er schenkte ihr einen Füllhalter, der sie bis zu ihrem Tod begleiten sollte. Freilich sprach man in dem Geschäft nicht nur über Literatur und Liebe. Alinas Mann war bereits im Sep-

Aufmarsch anlässlich der Umbenennung des Warschauer Piłsudski-Platzes in Adolf-Hitler-Platz, 1. September 1940.

tember 1939 gefallen. Die Allgegenwart des Terrors der Besatzer, Karols Angst vor Entdeckung und die Wut darüber, zum Nichtstun verdammt zu sein, ließen den Wunsch entstehen, aktiv zu werden.

Gut 1.500 Kilometer entfernt, in London, befand sich die polnische Exilregierung, die sich die Befreiung Polens zum Ziel gesetzt hatte. Sie leitete den Untergrundstaat in der besetzten Heimat, ein in der Geschichte des europäischen Widerstandes einmaliges Phänomen. Mit Beginn der Okkupation hatten sich in der Illegalität Strukturen gebildet, die quasi ein komplettes Staatswesen reproduzierten. Darin übte ein Beauftragter der Exilregierung die oberste Gewalt aus. Er stand mehr als einem Dutzend Abteilungen vor, welche als Ersatz für die Ministerien fungierten. Daneben arbeiteten im Untergrund die Parteien weiter, es gab ein konspiratives Parlament und eine Verwaltung. Ziel war es, den Bestrebungen der Besatzer nach kultureller Herabsetzung des polnischen Volkes wirksam zu begegnen und die Basis für ein funktionierendes Staatswesen nach der Befreiung zu schaffen. Die Schulen und Universitäten in der Illegalität bemühten sich darum, ein Mindestmaß an Bildung in der Bevölkerung sicherzustellen. Zeitungen und ein Radiosender informierten jenseits der offiziellen Propaganda. Soziale Organisationen unterstützten polnische Familien, deren Angehörige Opfer der deutschen Repressalien geworden waren, und Juden. Zudem bestand der Anspruch, durch eine Gerichtsbarkeit nicht nur ein Mindestmaß an strafrechtlichen Vorschriften durchzusetzen, sondern auch die Regeln des sogenannten zivilen Kampfes. Dieser umfasste alle nicht-militärischen Mittel des Widerstandes, er sollte Kollaboration verhindern und dem Verfall der Moral unter den Bedingungen der Unterdrückung vorbeugen. Die Bevölkerung war aufgefordert, die Besatzer in allen Bereichen zu boykottieren. Hierzu erschienen zahlreiche Artikel und Aufrufe in der Untergrundpresse. So verkündete die Zeitschrift *Polska* bereits Mitte Oktober 1939: »Jeder, der aktiv den Interventen beim Walten über das polnische Volk auf dem geraubten Territorium hilft, der die Stärke und die Festigkeit des Geistes des polnischen Volkes durch Wecken von gegenseitigem Hass in der polnischen Bevölkerung schwächt, der sich geistig mit der Sklaverei abfindet oder Zweifel am Endsieg des polnischen Volkes sät, ist ein Feind Polens.« Gerichte konnten Strafen verhängen, wenn Polen andere Polen denunzierten, wenn sie an Razzien oder Deportationen mitwirkten, wenn sie Lebensmittel ungerecht verteilten, ihre Kinder in deutsche Schulen schickten oder Geld für die Wehrmacht spendeten. Besonders Frauen wurden aufgefordert, nicht mit Deutschen anzubandeln: »Wir warnen die Dame, die gestern im ›Paradise‹ mit Deutschen Wein getrunken hat, dass wir beim nächsten Mal ihren Namen veröffentlichen werden [...]. Polinnen! Ächtet die Frauen, die des Namens von Polinnen unwürdig sind, die Beziehungen zu Deutschen unterhalten.« Bei Verstößen gegen die Regeln des zivilen Kampfes reichten die Strafen von Ermahnungen über die öffentliche Anprangerung bis hin zum Ehrentzug, der etwa durch Berufsverbote in der Nachkriegszeit wirksam werden sollte.

Die Heimatarmee (*Armia Krajowa, AK*) bildete den militärischen Arm der Exilregierung. Ihr Vorläufer war bereits 1939, noch während der Belagerung Warschaus, entstanden. Damals hatten Offiziere die Organisation Dienst für den Sieg Polens (*Służba Zwycięstwu Polski, SZP*) gegründet, die noch im gleichen Jahr in den von der Exilregierung ins Leben gerufenen Verband für den bewaffneten Kampf (*Związek Walki Zbrojnej, ZWZ*) überführt worden war. Anfang 1942 gelang es dann, die Mehrzahl der bewaffneten Verbände in Polen in der Heimatarmee unter einem gemeinsamen Kommando zusammenzufassen und der Regierung in London zu unterstellen. 1944 dienten über 350.000 Männer und Frauen in der Untergrundarmee. Deren Hauptaufgabe bestand darin, einen allgemeinen landesweiten Aufstand vorzubereiten, der – in Abstimmung mit den militärischen Operationen der Alliierten – Polen bei einem absehbaren Kriegsende von der Fremdherrschaft befreien sollte. Bis dahin sollten sich die Einheiten auf begrenzte Aktionen gegen die Besatzer beschränken, wie Sabotageakte oder Anschläge. Daneben betrieben die Heimatarmee, aber auch Organisationen, die sich ihr nicht oder nur teilweise unterstellten, Nachrichtendienste, um die Alliierten mit Informationen zu versorgen.

Erste Strukturen zur Beschaffung von Informationen waren ebenfalls bereits 1939 entstanden. In der Folge entwickelte sich schrittweise ein nachrichtendienstliches Netz, das in seiner Ausdehnung nicht nur Polen, sondern auch Deutschland und zahlreiche von der Wehrmacht besetzte Länder abdeckte. Unter anderem begünstigt durch die Verschickung polnischer Kriegsgefangener und Zwangsarbeiter nach Deutschland sowie durch Anwerbung Deutscher polnischer Abstammung gelang etwa der Aufbau von Außenposten in Berlin, Hamburg, Köln und München. Aber auch in Norwegen, Italien und Frankreich war der Nachrichtendienst der Heimatarmee aktiv. Beobachtet wurde dabei alles, was in irgendeiner Hinsicht für die Kriegsführung verwendbar schien: militärische Verbände und Objekte, die Industrie- und Rüstungsproduktion, Forschungseinrichtungen, der Verkehr auf Straßen, Schienen und in Häfen, ja selbst die Entwicklung der Versorgung und die Stimmung in der Bevölkerung.

Die Erkenntnisse leitete der Nachrichtendienst anschließend nach London weiter. Während des Krieges gelangten so schätzungsweise 25.000 Berichte in die britische Hauptstadt. Die gewonnenen Informationen waren beachtlich und für die Alliierten unverzichtbar. Das besetzte Polen, insbesondere das Generalgouvernement, bildete das zentrale Aufmarschgebiet für den Krieg gegen die Sowjetunion. Hier zog die Wehrmacht seit Anfang 1941 große Truppenverbände zusammen. Diesbezügliche Meldungen ließen auf den kommenden Feldzug schließen. Allein neun Eisenbahnhauptstrecken verliefen über polnisches Territorium. In über 500 Transporten, die täglich diese Trassen passierten, wickelte die Wehrmacht den Nachschub für die Front ab. Ihre Überwachung durch den Nachrichtendienst der Heimatarmee machte beispielsweise die Voraussage möglich, dass sich die deutsche Offensive 1942 nicht gegen Moskau, sondern gegen den Südabschnitt der Ostfront richten würde.

Auch bei der Ausspähung der deutschen Wirtschaft und von Einrichtungen zur Waffenentwicklung gelangen den Polen große Erfolge. Aus über 1.000 Industriebetrieben flossen Nachrichten über Warschau nach

London. Seinen sicherlich spektakulärsten Coup landete der Nachrichtendienst der Heimatarmee mit der Erkundung der Anlagen zum Bau von Hitlers »Wunderwaffen« V1 und V2 in Peenemünde. Durch die übermittelten Informationen konnten die Alliierten das Raketenforschungszentrum auf Usedom im Spätsommer 1943 nicht nur bombardieren, sie erhielten auch präzise Konstruktionszeichnungen sowie Teile der neuen Waffen.

Die Basis des Nachrichtendienstes bildeten kleine Gruppen von Agenten und Informanten, die meist aus zwei bis sechs Personen bestanden. Zum Teil handelte es sich dabei um Frauen, die mitunter über deutsche Sprachkenntnisse verfügten. Die Vorgesetzte einer solchen Nachrichtenzelle war oft ebenfalls eine Frau, die nächsthöheren Ebenen besetzten in der Regel Männer. Am Anfang jeder Tätigkeit stand eine mehr oder weniger umfangreiche Ausbildung darin, wie man an die gewünschten Erkenntnisse gelangen konnte und welche Beobachtungen von Wert waren. In den diesbezüglichen Instruktionen, die die Vorgesetzten an ihre Untergebenen weiterreichten, wurde etwa dazu aufgefordert, die Lage militärischer Einrichtungen ebenso zu melden wie Namen und Bezeichnungen vor Ort stationierter Verbände mit Art der Bewaffnung, Ausrüstung und Unterbringung. Interesse hegte die Heimatarmee zudem an der Stimmung und der Disziplin in den Einheiten der Wehrmacht: »Diese Angaben haben Bedeutung mit Rücksicht auf die Zersetzungspropaganda.« Die Ergebnisse der Beobachtungen wurden in schriftlichen Berichten zusammengefasst, an die nächsthöhere Ebene übermittelt und meist per Kurier nach Warschau transportiert. Alle Beteiligten erhielten Decknamen, mit denen sie auch die Berichte zeichneten. Untereinander durfte über die Zugehörigkeit zur Heimatarmee und über die Aufträge nicht gesprochen werden.

Marias Bruder Janusz war 16 Jahre alt, als er die Ausbildung in einer geheimen Unteroffiziersschule in Warschau begann. Er wusste, dass seine Schwester ebenfalls in den Untergrund drängte. Im Dezember 1941 ergab sich die Gelegenheit, Maria einzubeziehen. Ausgerechnet ihre Fähigkeiten beim Maschine schreiben wurden nun gebraucht. Janusz gab ihr eine Broschüre mit dem Titel »Kämpfe in Stadtgebieten« und bat sie, diese möglichst oft abzuschreiben. Einige Monate später machte er sie mit einer jungen Frau bekannt, deren Aufgabe es war, eine Nachrichtenzelle aufzubauen. Nun sollten Marias Deutschkenntnisse zur Geltung kommen. Die Frau stellte sich als »Krysia« vor und sagte Maria, dass dies ein Deckname sei. Auch Maria bekam ein Pseudonym: »Kamila«. Sie erhielt Unterweisungen von »Krysia« – in der Wohnung ihrer Eltern in der Wilczastraße, die davon nichts wissen durften. Allerdings wusste die Mutter sehr wohl, was sich dort abspielte, war sie doch selbst im Ersten Weltkrieg in der Konspiration tätig gewesen. Maria erhielt Übersichten zum Aufbau der Wehrmacht, zu den verschiedenen Uniformen und Rangabzeichen sowie den Kennzeichen der Kraftfahrzeuge und Einheiten, die sie entweder abschrieb oder auswendig lernte. Dies diente zur Vorbereitung auf die Aufgaben, die sie anschließend ausführen sollte: die Erkundung militärischer Objekte. Warschau war zu dieser Zeit ein strategisch wichtiger Ort für den deutschen Krieg im Osten. Die Stadt diente als Eisenbahnknoten auf dem Weg an die Front, durch sie gingen unzählige Transporte mit Nachschub. Zugleich befanden sich in Warschau viele Lazarette, deren Belegung auf den Verlauf der Kämpfe schließen ließ. Nicht zuletzt war die Metropole an der Weichsel die erste Großstadt im Hinterland des Krieges gegen die Sowjetunion. Soldaten, deren Urlaub nicht lang genug andauerte, um in die Heimat reisen zu können, strandeten hier und suchten nach Entspannung, Zerstreuung und Ablenkung.

Das andere Mitglied der kleinen Nachrichtenzelle neben Maria war Krystyna. Ihre gemeinsame Vorgesetzte, Xenia Borne, kannte Krystyna bereits seit vielen Jahren. Die ehemalige Schulkameradin hatte sie angesprochen und gefragt, ob sie bereit sei, sich für ein freies Polen zu engagieren. Krystyna bekam den Decknamen »Kasia«. Auch sie erhielt zu Hause, in der Wohnung ihrer Mutter, Unterricht über den Aufbau der Wehrmacht. Xenia zeichnete ihr die Zusammensetzung einer Infanterie-Division und einer Infanterie-Kompanie auf, die sie auswendig lernen sollte. Ihre Aufgabe würde es sein, in deutschen Caféhäusern Wehrmachtangehörige anzusprechen und sie über die Stärke ihrer Einheiten, die Zahl der Offiziere und die Namen von Vorgesetzten auszuhorchen.

Nach einigen Wochen Einzelschulung wurden Krystyna und Maria unter ihren Decknamen miteinander bekannt gemacht und ein Informationssystem aufgebaut. Da Krystyna sowohl im Geschäft ihrer Tante als auch bei ihrer Mutter über einen Telefonanschluss verfügte, erhielt sie von der Vorgesetzten telefonisch Anweisungen, die sie dann mündlich an Maria weitergab. Die Vereidigung nahm ein ranghöherer Vorgesetzter der *Armia Krajowa* vor. In dem Eid hieß es: »Wir schwören bei Gott und der heiligen Jungfrau Maria, der Königin von Polen, dass wir all unsere Kraft für die Organisation einsetzen und, falls es sein müsste, auch unser Leben für sie hingeben werden.« Mit der Vereidigung galten Maria und Krystyna als vollwertige Mitglieder der Heimatarmee mit allen Konsequenzen. Was das bedeutete, sollte ihnen erst später bewusst werden.

Schon während ihrer Schulung erhielten beide Frauen Aufträge, die sie getrennt ausführen mussten. Selbstverständlich durften sie sich auch darüber nicht austauschen. Während Maria direkt Kasernen unter einem Vorwand aufsuchte, horchte Krystyna in Cafés Militärs aus, indem sie Gespräche mithörte oder selbst Kontakte knüpfte. Beide spielten dabei mit dem Feuer, denn sie setzten ganz auf ihre Weiblichkeit.

Doch die Wehrmacht war nicht unvorbereitet. In einem Merkblatt vom 26. September 1940, das bis hinunter auf die Kompanieebene verbreitet wurde, gab der Oberbefehlshaber des Heeres Handlungsanweisungen für das »Verhalten des deutschen Soldaten gegenüber der polnischen Bevölkerung«. Darin hieß es: »Äußerste Zurückhaltung ist auch gegenüber dem weiblichen Teil der Bevölkerung notwendig. Dies gilt besonders für das Auftreten in der Öffentlichkeit und in Lokalen.« Explizit wies das Merkblatt auf »die Gefahr von Spionage und politischer Zersetzung« hin. Dass die deutsche Weisungs- und Verfügungswut in diesem Zusammenhang seltsame Blüten trieb, soll ein Beispiel verdeutlichen: So war es einem deutschen Soldaten beispielsweise erlaubt, mit einer polnischen Frau Geschlechtsverkehr zu haben, mit ihr Polnisch zu sprechen, stand jedoch unter Strafe.

Krystynas und Marias »Opfer« waren also gewarnt. Doch in der Realität verschwammen die Grenzen. Ein Flieger, mit dem sich Krystyna mehrmals traf, beendete nach einiger Zeit den Kontakt. Er ahne, was sie tue, sagte er ihr, und da er sie verstehen könne, werde er sie nicht verraten. Krystyna hatte Glück gehabt. Sie hielt sich eine Weile zurück und wechselte dann das Lokal.

Es waren Cafés eigentlich nur für Deutsche, in denen hauptsächlich Offiziere verkehrten. Eines davon, das Café Club, befand sich an der Ecke Bahnhofstraße zur Straße Neue Welt (Nowy Świat). Krystyna konnte es von zu Hause zu Fuß in ein paar Minuten erreichen. Das Café Club galt als Vergnügungsetablissement erster Klasse, wohl das größte seiner Art in Warschau, mit verschiedenen Einrichtungen, darunter der Blaue Saal, der

Neue Welt (Nowy Świat) 15, dort befand sich das Café Club, in dem Krystyna Wituska versuchte, Deutsche auszuhorchen, Februar 1938.

Tea-Room und das Café Club Cabaret. Es dürfte ein Abenteuer der besonderen Art gewesen sein, dem Vaterland auf diese Weise zu dienen: den Feind – hier in Gestalt von gut erzogenen, gebildeten Offizieren – an der schwächsten Stelle zu packen, bis er – den Verstand von schönen Augen getrübt – geheime Informationen preisgab. Wie gefährlich es tatsächlich war, realisierte Krystyna lange nicht, selbst nach ihrer Verhaftung nicht. Auch als sie ein zweites Mal aufzufliegen drohte – sie hatte ihre Handtasche mit einem bereits niedergeschriebenen Informationsbericht in der Bahn verloren –, kehrte sie nach einer Weile wieder zur illegalen Arbeit zurück.

Die spätere Schauspielerin Maria gab in Wehrmachtkasernen erste Proben ihres darstellerischen Könnens. Sie putzte sich heraus, um dann »verzweifelt« nach einem »deutschen Geliebten« zu fahnden. Wenn es ihr gelang, unter diesem Vorwand ins Kasernengelände vorzudringen, zählte sie, hinter der Maske des kichernden Mädchens mit wachem Auge Truppenfahrzeuge und Panzer. Ließ man sie nur in die Wachstube, studierte sie die Pläne an der Wand.

Ein Auftrag lautete: »Finde heraus, wo das Wachbataillon aus Wien stationiert ist!« Warum Maria das herausbekommen sollte, war ihr klarer als das Wie. Sie meinte, in die Wachbataillone hätte die Wehrmacht zum Teil politisch unzuverlässige Soldaten versetzt, die für die Front untauglich waren, weil sie den Kampf mieden oder überzulaufen drohten. Von diesen Soldaten könne man vielleicht Waffen kaufen oder zu ihnen politischen Kontakt aufnehmen. Aber wie sollte man herausfinden, wo sich die Einheit befand? Wen fragen, wo anfangen? Wie Krystyna in die Caféhäuser gehen und mit Offizieren schöntun? Nein. Zu nah, zu wenig »Sicherheitsabstand«. In die Kasernen gehen, wo sie bereits nach einem »Geliebten« gefragt hatte? Das wäre mehr als dumm. Es blieb nur ein Vabanque-Spiel: direkt in die Oberfeldkommandantur am Adolf-Hitler-Platz. Der würde nicht mehr lange so heißen, motivierte sie sich. Er sollte wieder den Namen Piłsudski-Platz tragen.

Ein schönes Kleid, ein gutes Parfüm. Es war eine halbe Stunde Weg von zu Hause bis zum Adolf-Hitler-Platz. Ein wenig Zeit, die rechte Haltung einzunehmen. Nicht unsicher wirken. Lachen. Ich habe eine Nachricht erhalten, dass ein Wachbataillon aus Wien nach Warschau gekommen ist. In diesem Bataillon ist ein Freund ... Nein, diesmal ein Bekannter, sagen wir ein guter Bekannter. Ja, und wieso kommt der nicht zu mir? Der hat meine Adresse nicht, weil, weil, weil ich umgezogen bin. Und das wäre doch sehr schade, wenn ich ihn nicht ... Am Ende der Królewska nach links. Oh, dieser Platz. Von hier gingen unsere Militärs 1939 in die Gefangenschaft, dachte sie. Der Sächsische Garten da drüben, die Sonntagnachmittagsflaniermeile, die wir seit diesem Jahr nicht mehr betreten dürfen. Jetzt überall diese blutroten Fahnen mit dem verhassten Hakenkreuz darin. Maria, das kann gefährlich werden. Die Ausrede ist dünn. Wenn sie dich verhaften? In den *Pawiak* bringen? Oder dich gleich erschießen? Nein, stark sein, an den Bruder Janusz denken. Und lachen. Hinein durch das Eingangsportal. Die Treppen. Oben stehen Offiziere, gebildete Menschen mit Umgangsformen. »Mein guter Bekannter ...« – Lachen. – »... und, weil ich ihn nicht finden kann ...« Etwas bedrückt schauen. Sie überboten sich in Komplimenten, schöne Augen, schöne Haare, schönes Lachen. Das bedrohliche Zeichen an der Wand. Sterben? Nein, lachen. Ein Zettel mit der Adresse: Praga, Modlinskastraße 3 – 6. Es hatte 20 Minuten gedauert.

Im Sommer 1942 kam die Spionagetätigkeit von Maria und Krystyna zum Erliegen. Ihre Vorgesetzte musste untertauchen, weil die Deutschen eine Kontaktperson verhaftet hatten. Krystyna war darüber nicht unglücklich, sie wollte ihre Mutter nicht dauernd anlügen. Doch eines Tages sprach ein Verbindungsmann sie auf der Straße an, den sie nur flüchtig kannte. Er drohte ihr, sie könne sich nicht von der Untergrundarbeit zurückziehen, das werde als Verrat angesehen. Sie und Maria erhielten eine neue Vorgesetzte, »Ewa«. Einen der Aufträge, die »Ewa« erteilte, mussten beide gemeinsam erledigen. Sie sollten eine Frau beobachten, die der Organisation untreu geworden war. Dass sie diese Anweisung bekamen, war kein Zufall und sollte beiden deutlich machen, welche Konsequenzen ein Ausstieg aus der Untergrundarbeit nach sich ziehen konnte: Wenn sich der Verdacht der Kollaboration mit den Deutschen bestätigte, machte ein Gericht der Abtrünnigen den Prozess, das Urteil wurde verlesen und vollstreckt, sie wurde erschossen. Marias Bruder Janusz gehörte später, gerade 18-jährig, dem *Kedyw* an, der Diversionsleitung, einem Verband, der solche Exekutionen durchzuführen hatte.

»Ewa« brachte im September 1942 Verstärkung in die kleine Nachrichtenzelle: Wanda Kamińska. Wanda war 19 Jahre alt, ein hübsches, blondes Mädchen. Als 16-Jährige hatte sie die Wochen der Septemberkämpfe zu Beginn des Krieges in einem Treppenhaus und in einem Keller verbracht, wo sie ihre kranke Schwester gepflegt hatte. Vor ihren Augen wurde ein Junge, der fliehen wollte, erschossen. Sie fühlte sich machtlos und doch voller Protest. Als sie am 20. Oktober 1939 auf einer Bekanntmachung las, dass es ihr verboten sei, die Schule weiter zu besuchen, riss sie diese wütend ab. Früh fand sie den Weg in die illegale Arbeit. Gemeinsam mit ihrer Schwester transportierte sie Taschen mit frischem Schlachtfleisch quer

Wanda Kamińska.

durch Warschau. Unter dem Fleisch befanden sich Waffen. 1942 kam sie zum Nachrichtendienst der Heimatarmee. Sie begann, Militärfahrzeuge mit deutschen Kennzeichen zu zählen. Nach ihrer Vereidigung, bei der sie keinen Decknamen bekam oder zur Verwirrung den ihren als Decknamen behielt, kundschaftete sie ein Krankenhaus aus, das sich in einem ehemaligen Gymnasium in der Królewska befand, trug die Anzahl der Ärzte und Kranken zusammen. Einmal entdeckte sie gemeinsam mit einer Freundin einen deutschen Sender, ein großer Erfolg.

Am 19. Oktober 1942 erhielten die Mitglieder der Zelle von »Ewa« den Auftrag, einen Plan anzufertigen, wann welches der Mädchen anzutreffen sei, und ihre Kontaktadressen zusammenzustellen. Wanda und Maria gaben ihre Notizen Krystyna, die sie am nächsten Tag »Ewa« überreichen sollte. Doch dazu kam es nicht mehr. Noch am gleichen Tag wurde Krystyna verhaftet – in ihrer Handtasche der Plan nebst Adressen. Am nächsten Tag stand die Gestapo bei Maria und bei Wanda in der Tür.

4 Jeżew und das Ende der Kindheit Krystynas

Die Verhaftungen vieler in Moabit einsitzender Polen hingen zusammen. Sie folgten aufeinander wie die Steine beim Dominoeffekt, die nach und nach fallen. So gab es verschiedene Gruppen, deren Fälle – wenn auch oft lose – zusammenhingen. Krystyna wurde festgenommen, weil man bei ihrem Verlobten Zbigniew Walc einen Brief von ihr gefunden hatte, aus dem hervorging, dass sie im Untergrund tätig war. Maria und Wanda überführte die Gestapo, weil sie bei Krystyna die Adressen der beiden fand. Die Verhaftungen waren also nicht, wie sie zum Zeitpunkt der Festnahme glaubten, unmittelbar auf ihre Tätigkeit im Warschauer Untergrund zurückzuführen.

»Ich bin reingefallen, weil man bei ihm meine Adresse gefunden hat«, schrieb Krystyna an Helga. An diesem Tag hatte sie das Bedürfnis gepackt, der 16-jährigen Freundin »diese Angelegenheit« mit ihrem Bräutigam einmal »offenherzig« darzustellen. Und sie erklärte, dass sie ihn nicht liebe. Dass es sich aber angesichts des nahen Todes nicht lohne, die Verlobung zu lösen.

Das Gefühlsleben im Gefängnis schwankte zwischen Resignation und Hoffnung. In den Gesprächen mit den Freundinnen, durch die Beschäftigung mit Literatur sowie den Austausch darüber, reiften die jungen Frauen aneinander und miteinander. Einerseits gab sich Krystyna hinsichtlich ihrer Zukunft keinen Illusionen hin, andererseits träumte sie von einem möglichen Leben nach alldem. Ihre Briefe schrieb sie mit einem Füller, der ihr sehr teuer war, das Geschenk von Karol Szapiro. Ihn liebte sie. Was sie gegenüber Zbigniew Walc empfand, glich eher Verantwortung und Empathie. Doch das war nicht immer so.

Der Geruch der Äpfel, die Helga im Sommer 1943 öfter in die Zelle 18 schickte, ließ Krystyna zurückdenken an ihre Kindheit, an das Gut Jeżew bei Łódź, ihr Zuhause. Als sie sich für die Äpfel bedankte, lud sie

Krystyna Wituska, 1930.

Helga nach Polen ein, »wenn ich durchkomme«: »Dort haben meine Eltern eine große Landwirtschaft u. viele, viele Obstbäume.« Die Sehnsucht nach Polen und nach der Landschaft der Kindheit durchzog die Briefe aller Kleeblätter an ihre Angehörigen. Einmal vertraute Krystyna Helga an, dass sie Lena allein auf den Gefängnishof geschickt habe. Sie sei in der Zelle geblieben: »Das Wasser im Klo rauscht, wenn ich die Augen schließe, kann ich mir vorstellen, ich sitze am Flussufer.«

Durch das Gut ihrer Eltern zog sich der Ner, ein kleiner Nebenfluss der Warthe (Warta). Die Ländereien zählten zu den größten und reichsten in der Gegend. Feliks Wituski, Krystynas Vater, führte das Gut seiner Vorfahren erfolgreich weiter und konnte es durch die Mitgift seiner Frau, Maria Orzechowska, deutlich vergrößern. Durch kluges, modernes und vorausschauendes Wirtschaften entwickelte er das Anwesen mit einer Fläche von 1.000 Morgen zu einer Musterlandwirtschaft mit Getreide-, Kartoffel- und Rübenanbau und meliorierten Wiesen, die mehrmals im Jahr gemäht wurden. Er ließ zwölf Kilometer Straße bis zur nächsten Eisenbahnstrecke bauen. In den Ställen des Gutes standen Hunderte von Nutztieren. So viele,

Krystyna (rechts) mit ihrer Schwester und einem weiteren Mädchen an einem der Teiche auf dem Gut in Jeżew, 1928.

dass fast jeden Tag eine Kuh oder eine Sau gedeckt wurde. Vater Feliks Wituski ordnete an, dass diese Aktivitäten für seine zwei Töchter unsichtbar vor sich gehen sollten, morgens um sechs Uhr, aber der Lärm, vor allem das Quieken der Säue, weckte die Mädchen und sie wussten genau, was los war.

Für die Kinder der Landarbeiter, die bereits bei der Feldarbeit oder beim Hüten der Gänse helfen mussten oder ihre kleinen Geschwister betreuten, baute Feliks Wituski 1938 in dem kleinen Ort Małyń, wo viele seiner Landarbeiter wohnten, eine Schule.

Der Vater ließ seine Töchter vom Frühjahr bis zum Herbst barfuß durch Felder, Wiesen und Wälder laufen, er zeigte ihnen Pflanzen, Käfer und erklärte Vogelstimmen. In einer Art kleinem Zoo hielten sie Kanarienvögel, Fische, eine Natter, einen Igel, eine Dohle und zwei Rehe. Der Vater war die Lichtfigur der Kinderjahre, ein energischer, phantasievoller Mann, der sich gern mit seinen Töchtern beschäftigte. So setzte er sie als kleine Mädchen auf einen Schafspelzmantel und zog sie in rasendem Tempo über die Dielen seines Hauses. Sie krallten sich in dem Mantel fest, besonders bei gefährlichen Ecken, die der draufgängerische Papa scharf nahm.

Feliks Wituski mit seinen Töchtern Krystyna (links) und Halina, 1923/24.

Wituski trat noch ganz als Gutsherr der alten Zeit auf, beinahe Herr über Leben und Tod, wie seine Tochter Halina bewundernd sagte. Er verarztete mit schlichten Methoden nicht nur seine Pferde, sondern auch die Landarbeiter. Ein Herr, der zur Löwenjagd nach Afrika reiste, der durch seine Sprachkenntnisse Kontakte zu ausländischen Unternehmen knüpfte. Der es aber seinen Töchtern nicht erlaubte, am Tag Grammophon zu hören, weil damit seinen Arbeitern Standesunterschiede aufstoßen könnten: »Macht aus den Leuten keine Kommunisten«, sagte er. Schon seit 1926 fuhr er einen Ford, wahrscheinlich nicht sehr sanft, er kaufte alle zwei Jahre einen neuen. Später entschied er sich für einen Mercedes. Wituski stellte eines Tages fest, dass das 250 Jahre alte Herrenhaus zu klein und zu altmodisch für die Familie geworden war. So befand sich in einem alten Schornstein des Hauses ein Torfklo. Gebadet wurde in Zinkwannen. Dem Architekten, der ein neues Herrenhaus für das Gut entwerfen sollte, nahm er den Stift aus der Hand und zeichnete das Haus selbst. Der Architekt wagte nicht zu widersprechen. Als der Neubau fertig war, fehlte die Treppe zur ersten Etage. Es wurde eine leiterartige Stiege eingebaut.

Eröffnung der durch Feliks Wituski für die Kinder seiner Arbeiter und die örtliche Bevölkerung erbauten Schule in Małyń, 27. November 1938.

Wituskis Ruf hallte bis ins Jahr 2010 nach. Das vormalige Gut, im kommunistischen Polen eine landwirtschaftliche Produktionsgenossenschaft, ist zwar heute kaum mehr als solches auszumachen. Gerade noch der Teich vor dem durch Umbauten unkenntlich gewordenen und heruntergekommenen Herrenhaus sowie ein paar alte Obstbäume in einem verwilderten Garten lassen die Vergangenheit erahnen. Doch die über 80 Jahre alten Kinder der einstigen Landarbeiter Wituskis erinnern sich an den ehemaligen Gutsherrn, an einen großgewachsenen Mann in Reitstiefeln, der per Pferd oder Rad seine Felder aufsuchte. Sie entsinnen sich auch daran, im Haus des Gutsherrn mit dessen Töchtern gespielt zu haben. Krystyna war ein hübsches Mädchen, das alle gern hatten. Als sie 1939 von einem Kuraufenthalt in der Schweiz zurückkam, war das Tor mit Blumen geschmückt und alle winkten ihr zu.

Und die Gutsherrin? Sie mochte Jeżew nicht, fühlte sich dort nicht wohl. Ihre Ehe hatte ein Heiratsvermittler arrangiert. So viel wussten die Kinder der Landarbeiter noch nach über 70 Jahren. Maria Orzechowska war bereits Mitte 20, als sie Feliks Wituski auf einem Ball kennenlernte. Er

Gutshaus der Familie Wituski in Jeżew, 1932.

besuchte sie auf dem Gut ihrer Eltern, die bereits fürchteten, die Tochter gar nicht mehr verheiraten zu können. Da Wituski mit seinem Antrag zögerte, stellte ein Verwandter als Vermittler die notwendigen Verbindungen her; er unterbreitete auch das Angebot einer großzügigen Mitgift. Die Mutter Wituskis wollte sich angeblich im Ner ertränken, als sie von der Wahl ihres Sohnes erfuhr. Die Heirat folgte 1917, zwei Jahre später kam Halina zur Welt, 1920 Krystyna. Die Ehe war äußerst unglücklich. Maria Wituska hasste das Gut, das ihr Mann mit ihrem Geld zum Blühen gebracht hatte. Sie musste mit ansehen, wie ihr Mann sie mit den Erzieherinnen ihrer Kinder betrog. Während der Vater mit den Töchtern herumtollte und er ihnen die Natur zeigte, blieb die Mutter ernst und traurig. Nur wenn die Mädchen erkrankten, erwachte ihre Fürsorge. Da Krystyna häufig mit ihrer Gesundheit kämpfte, entstand eine besondere Nähe zu ihrer jüngeren Tochter.

Mit fünf und sechs Jahren erhielten die Schwestern Unterricht bei einer französisch sprechenden Schweizerin, dann bei einer Polin, die aber nicht viel vermitteln konnte, weil sie damit beschäftigt war, dem 37-jährigen

Maria Wituska mit ihren Töchtern, 1925.

Hausherrn hinterherzusehen. Zur Versetzung in die nächste Klasse wurden die Mädchen in einer Privatschule in Łódź geprüft. Die Späße mit dem Vater und das freie Leben in der Natur fanden für die Schwestern im Alter von zehn und elf Jahren ein jähes Ende, als sie in eine katholische Klosterschule nach Posen (Poznań) kamen. »Das Leben bestand restlos aus Lernen und Beten«, empörte sich Halina in ihren Erinnerungen. In der sogenannten »Freizeit« gingen die Mädchen unter Aufsicht einer Nonne paarweise im Kreis, alle in eine Richtung. Gebadet wurde in eigens dafür genähten knöchellangen Hemden, damit kein Blick auf den eigenen »sündigen« Körper fiel. Ab 1935 besuchten sie das Königin-Jadwiga-Lyzeum in Warschau.

Die Schwestern wurden für das Leben einer Gutsherrin erzogen. Als Töchter Wituskis, Besitzer des größten Gutes der Umgebung, galten sie als gute Partien. Halina lauschte einem Gespräch ihrer Eltern, in dem es um ihre Mitgift ging. Aber sie wollte nicht, wie ihre Mutter, unglücklich werden. Sie wollte nicht ihrer Mitgift wegen geheiratet werden. Sie wollte einzig ihrem Herzen folgen. Die Absicht schien auf der Hand zu liegen, wenn ausgerechnet die beiden bedeutendsten Gutsbesitzerfamilien des

Landkreises Sieradz Tanzabende für ihre halbwüchsigen Kinder veranstalteten. Doch die beiden »guten Partien« gingen ihre eigenen Wege. Halina verliebte sich in einen Spross verarmter Landadeliger. Und Krystyna wählte in einer Sommernacht 1936 in Piorunów am Flüsschen Ner, statt des möglicherweise für sie vorgesehenen 20-jährigen Sohnes der Gastgeber des Tanzabends, dessen Cousin. Zbigniew und seine zwei Brüder entstammten einer Warschauer Medizinerfamilie. Die Mutter der drei war Ärztin und eine Schwester des gastgebenden Gutsbesitzers. Ihr Mann zählte zu den Inhabern der angesehenen Warschauer Privatklinik *Omega*. Doktor Walc arbeitete für das Gesundheitsministerium, er behandelte eine Zeit lang auch Piłsudski als Leibarzt. Die drei Jungen wuchsen in einem bürgerlichen Haushalt auf, zu dem neben einer Wohnung mit sieben Zimmern mehrere Bedienstete gehörten. Ihre Ferien verbrachten die drei auf dem Gut des Onkels in Piorunów. Die Güter Piorunów und Jeżew lagen beide am Ner, nur etwa sieben Kilometer voneinander entfernt.

Weitere Tanzabende sowie Landpartien mit Auto oder Pferdekutsche und Übernachtungen im Freien sorgten in den kommenden zwei Jahren bei den Schwestern für willkommene Abwechslung zum strengen Klosterleben. Das Verhältnis der beiden zueinander war trotz der vielen gemeinsamen Probleme nicht sehr innig. Um das Gleichgewicht in der zerrütteten Familie einigermaßen zu erhalten, mussten sie sich entscheiden. Halina stand zum Vater, Krystyna zur Mutter. Vielleicht fand sie bei Zbigniew den Halt, den sie im Elternhaus nicht hatte. Ihre Beziehung wurde von beiden Familien als »Kinderei« abgetan, wohl auch, weil Zbigniew Walc vier Monate jünger als Krystyna war.

1938 stand die Trennung bevor: Sie ging für ein Jahr in die Schweiz, nach Neuchâtel, wo sie ihr Lungenleiden auskurieren sollte, Zbigniew begann eine Unteroffiziersausbildung in Włodzimierz Wołyński. Nach Krystynas Aussage verlobten sie sich vor ihrer Abfahrt in die Schweiz.

Eine lebhafte Korrespondenz vertiefte die Beziehung zwischen den beiden. Aus den erhaltenen Briefen von Zbigniew, die er an Ti, Tina, Tinusiu, meine liebe Kleine, schrieb, geht hervor, dass er sie liebte und sie über eine gemeinsame Zukunft nachdachten. Sie tauschten sich über die schwierige Familiensituation der Wituskis aus, wobei Zbigniew ihren Vater verteidigte, er sei kein schlechter Mensch. Zbigniew versuchte vorsichtig, Einfluss auf seine Freundin zu nehmen. Sie solle sich nicht schminken, und wenn

Zbigniew Walc, 1930er Jahre.

es denn unbedingt sein müsse, wenigstens auf keinen Fall die Wimpern tuschen. Sie solle bitte nicht rauchen, er selbst habe beim Militär damit aufgehört. Und wenn sie später unbedingt arbeiten wolle, so werde er ihr das erlauben, obwohl er schlechte Erfahrungen damit habe. Er hatte seine viel beschäftigte Mutter als Kind vermisst. Krystyna gestand ihm, dass sie nicht beten könne. Zbigniew war evangelisch, er fand, die katholische Religion führe bei manchen seiner Landsleute zur Bigotterie. Deshalb solle Tina doch versuchen, eine eigene Lebensphilosophie zu finden. Er wollte später Medizin studieren. Schließlich merkte er, dass er sich zum Soldaten nicht eignete.

Alle zwei, drei Tage gingen Briefe hin und her. Krystyna brachte Zbigniews Briefe bei ihrer Rückkehr aus der Schweiz nach Jeżew kurz vor Beginn des Krieges mit. Als die Nazis die Wituskis 1940 enteigneten – in der Amtssprache: das Gut einem deutschen Treuhänder übergaben – und die Familie ins Generalgouvernement umsiedeln musste, versteckte sie die Briefe, voller Hoffnung, dass sie wieder zurückkehren würde, im Schornstein des väterlichen Hauses. Bei Bauarbeiten konnte 1964 ein Teil von ihnen geborgen werden.

Seit der Verlobung 1938 hatten sie sich nicht mehr gesehen. Zbigniew aber bat seltsamerweise drei Jahre später, 1941, in einem Brief seinen Vater um Verständnis für seine Verlobung mit Krystyna, die stattfinden sollte, sobald sie sich treffen würden. Der Vater hielt sich zu dieser Zeit in Rumänien auf, Zbigniew in Neubrandenburg und Krystyna in Warschau. Vorstellbar ist, dass auch Vater Walc mit der Wahl seines Sohnes nicht einverstanden war. Eine »Kinderei« eben, deshalb war die Verbindung anfangs vor dem Vater verheimlicht worden. Im Krieg jedoch, als sich die Situation für Krystyna dramatisch verändert hatte – ihre Familie war enteignet, sie lebte bei ihrer nun fast mittellosen Mutter –, fühlte Zbigniew sich verantwortlich. Er wollte zu ihr halten, ihr Schutz geben. Und er bat den Vater um Verständnis und machte die verheimlichte Verlobung »offiziell«. Zwei Jahre später, nach insgesamt fünf Jahren Trennung, sahen sich Krystyna und Zbigniew im Berliner Polizeigefängnis am Alexanderplatz wieder.

Was lag dazwischen? Als am 1. September 1939 Hitler Polen überfiel, zog Zbigniew Walc, der sich nicht zum Soldaten berufen fühlte, als Feldwebel in einem Regiment mit schwerer Artillerie in den Krieg. Dieser löste bereits nach kurzer Zeit seine Familie auf. Der Vater ging nach Rumänien, der Bruder Witold fiel in den ersten Tagen der Kämpfe, und die Mutter hatte in Warschau als Ärztin alle Hände voll zu tun. Am 21. September 1939 geriet Zbigniew in deutsche Kriegsgefangenschaft und kam zunächst in ein Lager nach Itzehoe in Schleswig-Holstein, dann ins Stammlager (Stalag) II A nach Neubrandenburg. In dieser Zeit soll er auf einen deutschen Offizier mit Namen Walz aus Stuttgart getroffen sein, der die Verwandtschaft mit der Familie Walc in Warschau bezeugen konnte. Der Offizier machte Zbigniew angeblich das Angebot, ihm zu helfen, sich einzudeutschen zu lassen und in Berlin Rechtswissenschaft zu studieren. Wäre Zbigniew Walc darauf eingegangen, hätte er vielleicht den Krieg überlebt. Doch für einen Polen, wenn auch mit deutschen Wurzeln, schien es undenkbar, in das Lager des Feindes zu wechseln. Das wäre Verrat am Vaterland gewesen, sämtliche Verbindungen hätten gekappt werden müssen.

Nein, im Gegenteil. Zbigniew gehörte schon wenig später dem Untergrund an. Nach der Entlassung aus der Kriegsgefangenschaft im März 1941 kam er als Zwangsarbeiter in die Gärtnerei Willi Graunke in Neubrandenburg. Eine ehemalige Schulkameradin nahm brieflich Kontakt zu ihm auf und fragte an, ob er bereit sei, Informationen über in Deutschland

Zbigniew Walc nach der Entlassung aus der Kriegsgefangenschaft als Zwangsarbeiter in Neubrandenburg, 10. Dezember 1941.

lebende Polen, deren Stimmung und Moral sowie die Anzahl polnischer Kriegsgefangener nach Warschau zu übermitteln. Sie stellte brieflich die Verbindung zu Walc unbekannten Frauen her, die ihm unter Decknamen chiffrierte Nachrichten zukommen ließen. Die Mitteilungen wurden in Büchern versteckt versendet, in denen nach einem Code Stellen unterstrichen waren, die entschlüsselt und richtig zusammengesetzt eine Nachricht ergaben. Auch zu seiner Verlobten Krystyna hielt Zbigniew weiterhin Kontakt. In einem Neubrandenburger Fotoatelier ließ er Fotos von sich machen, der Aufnäher mit dem »P« für Pole ist darauf deutlich zu sehen. Krystyna schickte er die Bilder mit Widmungen nach Warschau. Erschrocken entnahm er einem ihrer Briefe, dass auch sie dem Widerstand angehörte. Er antwortete ihr daraufhin, dass es genüge, wenn einer von ihnen beiden im Untergrund tätig sei und sich den damit verbundenen Gefahren aussetze.

Am 20. Juni 1942 verhaftete die Gestapo Zbigniew Walc in Neubrandenburg und brachte ihn zunächst ins Konzentrationslager Sachsenhausen, später nach Berlin. Im Polizeigefängnis am Alexanderplatz erfuhr Krystyna gegen Ende des Jahres 1942, dass Zbigniew sich im gleichen Gefängnis befand. Das gab ihr Kraft. Zweimal konnten sie sich sehen und sie waren glücklich darüber. Zbigniew litt sehr darunter, dass Krystyna seinetwegen im Gefängnis saß und kaum Chancen hatte freizukommen. Er machte sich Vorwürfe; Krystyna versuchte, ihm die Schuldgefühle zu nehmen. Sie schrieb an ihre Schwiegermutter in spe, dass sie für ihn mütterliche Gefühle hege und hoffe, seine Strafe werde geringer ausfallen als ihre.

In der Beziehung, die so leicht und spielerisch begonnen hatte, ging es nun um Leben und Tod. »Und alle guten Tanten werden den Kopf über mich und Zbyszek schütteln«, teilte sie ihrer Mutter mit. Und sie bat die Mutter, ihm eine kleine Freude zu machen, zum Zeichen, dass sie nicht böse auf ihn war: »Er ist auch ein armes Kind, wie ich.« Die Briefe aus dem Gefängnis wurden in Warschau ausgetauscht, manche Nachricht gelangte über Warschau wieder zurück ins Gefängnis. So erfuhr Krystyna im Mai 1943 aus einem Brief ihrer Mutter, dass Zbigniew sich mittlerweile – wie sie selbst – in Moabit befand. Und sie bat darum, er solle nichts von ihrem Todesurteil erfahren, um seine Haltung in seinem eigenen Prozess nicht zu gefährden. Ihre Mutter ließ sie zudem wissen, dass Zbigniew mit ihr eine gemeinsame Zukunft plane. Das fand Krystyna angesichts ihrer beider Situation »komisch«. Aber auch die Gefangenen untereinander konnten sich – selten allerdings – Briefe schreiben. Zbigniew schrieb Krystyna, dass er ein hartes Urteil befürchte und verlangte, die Wahrheit über ihr Strafmaß zu erfahren.

Krystyna fühlte sich stärker als ihr Freund. Sie wusste, dass Frauen Gefängnisstrapazen und die Ungewissheit allgemein besser ertrugen als Männer. Deshalb wollte sie die Verbindung nicht lösen, obwohl ihr Herz einem anderen gehörte. Als Realistin sah sie kaum eine Zukunft, aber sie wusste, dass sie Zbigniew hier im Gefängnis moralisch helfen konnte, indem sie zu ihm hielt. Ihrer beider Leben hatte sich seit der Begegnung in Piorunów am Ner im Laufe von sieben Jahren schicksalhaft verflochten. Vielleicht dachte Krystyna, als sie dem Rauschen der Toilettenspülung in der Zelle 18 lauschte, wie ihr Leben verlaufen wäre, wenn sie den Freund nicht getroffen hätte.

Dass sie Helga ihre wahren Gefühle über den Verlobten offenbarte, zeigt, wie vertraut diese ihr in wenigen Wochen geworden war. Durch Helga bekam sie auch die Gelegenheit, neu auf ihr Leben und ihre Beziehungen zu blicken. Auf all das, was sie, Maria und Lena allabendlich besprachen. Um acht Uhr begann die »Nachtruhe«, doch die Gefangenen in der

Zelle 18 unterhielten sich nicht selten bis Mitternacht. Sie genossen diese Zeit miteinander. Vieles hatten sie in einem Dreivierteljahr in deutschen Gefängnissen schon hinter sich gebracht – schrecklich überfüllte Massenzellen am Alexanderplatz, Einzelzellen, in denen die einzigen Worte am Tag »Guten Morgen« und »Guten Abend« waren, unsympathische Mithäftlinge oder scheinbar angenehme, denen sie aber nicht trauen konnten, weil oft genug gezielt »Aushorcher« in die Zellen gesetzt wurden. Maria, Lena und Krystyna konnten sich auf ihre Gemeinschaft verlassen. Die drei kannten die Geschichten der jeweils anderen, sie nahmen Anteil am Leben der Familien der anderen, die Familien Anteil an den Schicksalen der Freundinnen. Aber sie steckten alle in der gleichen Situation, gefangen in einer scheinbar ausweglosen Lage.

Helga, das Mädchen aus der anderen Welt, spazierte zum Gefängnis herein und wieder hinaus, sie hatte einen freieren Blick. Indem die Kleeblätter in Gedanken bei Helga waren, entflohen sie ein wenig den Mauern und Gittern. Und ganz real wanderten die Zettel mit ihren Wünschen, Träumen und Sehnsüchten aus dem Gefängnis. Durch Helga kam zusätzlich ein Blick nach außen, ein Blick von außen dazu. Deshalb vertrauten die jungen Frauen dem Mädchen sehr intime Betrachtungen an.

5 Maria

Für Maria und ihren drei Jahre jüngeren Bruder war es selbstverständlich, zu den Pfadfindern zu gehen. Die aus England stammende Jugendbewegung erfreute sich in Polen großer Beliebtheit. Viele Mitglieder der *Armia Krajowa* kamen aus der Pfadfinderbewegung. Selbstorganisation, soziales Verhalten sowie musische und sportliche Betätigung standen dort im Mittelpunkt, auch medizinische Erstversorgung lernten die Mädchen und Jungen, ebenso das Überleben in der Natur. Wichtiges Hilfsmittel dabei war das Pfadfindermesser. Maria besaß ein finnisches Exemplar – ihr ganzer Stolz.

Maria wurde 1922 geboren. Die Eltern hatten sich 1919 kennengelernt, kurz nach Entstehen der Zweiten Polnischen Republik. Es war die Zeit Józef Piłsudskis, der als Militär und Politiker symbolhaft für die Unabhängigkeit Polens stand und den die Mehrheit seiner Landsleute verehrte, ungeachtet der Tatsache, dass er mit teils diktatorischen Methoden regierte. Auch Maria gehörte zu seinen Bewunderern. In ihrem Fotoalbum notierte sie unter dem Bild des Marschalls: »Józef Piłsudski – Legende meiner Kindheit«. 1935, im Todesjahr Piłsudskis, kam Maria ins Lyzeum. Dort wurde nach seinem Ableben gesungen: »Die polnische Erde liegt in Tränen, die polnische Erde trauert.« Maria liebte das Fach Geschichte und strebte ein Studium in dieser Richtung an; ihre Geschichtslehrerin, gleichzeitig Direktorin der Schule, bestärkte sie darin. Ein Ausflug nach Gdynia mit der Klasse im Juni 1939 wurde für sie zur Geschichtslektion der besonderen Art. Für die Fahrt durch die unter Aufsicht des Völkerbundes stehende Freie Stadt Danzig mit ihrer mehrheitlich deutschen Bevölkerung war der Zug verschlossen worden. Die Schüler versuchten, durch die abgedeckten Abteilfenster einen Blick zu erhaschen. Was sie sahen, erschreckte sie – die Stadt war rot von Fahnen. Hakenkreuzfahnen hingen bettlakengroß aus vielen Fenstern. Maria fühlte das Bedrohli-

Maria Kacprzyk (rechts) mit Mutter, Bruder und einem Freund, 1937.

che, zumal Deutschland wenige Monate zuvor den Nichtangriffspakt mit Polen gekündigt hatte.

Sie war 17 Jahre alt, ein Jahr fehlte ihr noch zum Abitur, als ihre letzten Ferien begannen. Mit einer Schulfreundin genoss Maria in der Puszcza Kampinoska den Sommer zwischen Kiefern und Heidekraut. Doch der Sommer verlief unruhig, im ganzen Land war die Mobilmachung im Gange. Die Mädchen sahen wenige Tage vor dem deutschen Überfall, wie Soldaten bei Bauern Pferde requirierten. Am Nachmittag des 1. September, es war ein Freitag, versammelte sich die Familie der Schulfreundin in der Küche um das Radio. Marias erster Gedanke, als sie vom Ausbruch des Krieges hörte: Ich muss nicht in die Schule!

Die Stimmung war ambivalent. Auf ihrer Rückfahrt nach Warschau sah Maria, wie Mütter und Ehefrauen weinend ihre Söhne und Männer in den Krieg verabschiedeten. Anderseits fürchtete man sich, von den militärischen Erfolgen Piłsudskis verwöhnt, vor keinem Gegner. In den 1930er Jahren sangen die Pfadfinder: »Wie nett ist der Krieg, wenn die Ulanen vom Pferd fallen« – in Erinnerung an das »Wunder an der Weichsel«, die entscheidende Schlacht bei Warschau, durch die Piłsudski 1920 die Russen zum Rückzug gezwungen hatte. Der Gegner wurde unterschätzt und lächerlich gemacht: Die Panzer der Deutschen seien aus Pappe, so eine Parole, sie würden im Schlamm der polnischen Ebene steckenbleiben und Berlin werde ruckzuck genommen.

Maria war gewillt, dem Vaterland beizustehen und den Gegner in die Flucht zu schlagen. Sie kam nach Warschau zurück, als viele Bewohner vor den Bomben aus der Stadt flüchteten. In der Wohnung hatten die Eltern die Fensterscheiben mit Papierstreifen überklebt, um bei Explosionen die berstenden Scheiben zusammenzuhalten. Zu Hause fand Maria einen resignierten Vater vor. Mieczysław Kacprzyk war gleich am 1. September nach Brest (Brześć nad Bugiem) gerufen worden, wo er zuvor einen Militärflugplatz mit Sanitäreinrichtungen ausgestattet hatte. Der Flugplatz war angegriffen worden und sollte schnellstens wieder hergerichtet werden. »Und wieso bist du nicht dort?«, fragten seine Kinder. »Nichts, es gibt nichts mehr herzurichten«, erwiderte der Vater: »Diesen Krieg haben wir schon verloren.« Maria und ihr Bruder glaubten, sich verhört zu haben. Wie konnte ihr Vater so etwas Zersetzendes äußern? Jetzt, wo die Alliierten bereitstanden, um Polen zu helfen!

Sie ließen den Vater sitzen und überlegten, was sie selbst zu tun vermochten. Die Schule war bereits in den ersten Kriegstagen bombardiert worden, also konnten sie sich voll auf die Rettung des Vaterlandes konzentrieren. Die 17-Jährige und der 14-Jährige meldeten sich in ihren Pfadfinderorganisationen. Maria, die sich als Sanitäterin angeboten hatte, wurde zum nächtlichen Telefondienst in den Stadtteil Czerniaków geschickt. Bei Bombenabwürfen sollte sie Feuerwehr und Polizei anrufen. Die Stimmung in Warschau war in diesen Tagen unheimlich: Aus den Lautsprechern, an Laternen oder über Geschäften befestigt, drangen seltsame Zahlen- und Buchstabenkombinationen, vermutlich Planquadrate zu den Bombenabwürfen, Informationen für die Abwehrhelfer. In den Straßen fuhren ununterbrochen Rettungswagen. Gleichzeitig flüchteten die Bewohner mit hoch bepackten Autos, Fuhrwerken oder zu Fuß, alle in Richtung Weichselbrücken, bevor sie unpassierbar wurden. Die Stadt wimmelte von Militär. Manchmal saßen Soldaten lethargisch und zerlumpt auf Bordsteinkanten. Verendete Pferde wurden ausgeschlachtet, denn die Lebensmittelpreise waren in die Höhe geschnellt.

Maria Kacprzyk als 16-Jährige, 1938.

Gerüchte über den Fortgang der Kämpfe gingen um. Dann wandelte sich die Lethargie in Aktivität, Schützengräben sollten ausgehoben werden, die einen wollten zum Militär, die anderen zogen nach Osten, nur weg. Am 9. September riefen die Behörden die Warschauer Bürger sogar auf, die Stadt in Richtung Osten zu verlassen. Maria schloss sich einer Pfadfindergruppe an, die dem Strom der Flüchtenden aus der Hauptstadt in Richtung Lublin folgte. Die erste Nacht verbrachten sie in Praga, dem Stadtteil Warschaus auf der rechten Weichselseite. Maria erlebte die Bombardierung der Metropole. Der Anblick der Explosionen, die brennenden Gebäude und der Lärm der Detonationen lösten in ihr große Angst um ihr Leben aus. Nie wieder, sagte sie später, habe sie solche Angst gehabt.

Die Chaussee, auf der sie sich zu Fuß fortbewegten, war überfüllt von versprengten Soldaten, kleinen Abteilungen und Pferdefuhrwerken mit Familien. Am Straßenrand lagen tote Menschen und Pferde. Bei Luftangriffen fielen Bomben auf die Felder, wohin die Menschen liefen, um sich zu retten, weil sie glaubten, die Bomben sollten die Straße treffen. Maria sah brennende Dörfer. Angst hatte sie nun keine mehr, sie war nur entsetzlich müde.

Nach einigen Tagen kamen ihnen Flüchtlinge entgegen. Die Rote Armee hatte am 17. September die polnische Ostgrenze überquert, wie im Hitler-Stalin-Pakt beschlossen, und die Wehrmacht marschierte von Ostpreußen auf Warschau zu. In dem Gebiet dazwischen, wo sich auch Maria mit ihrer Gruppe befand, herrschte Chaos.

Die Pfadfinder wichen auf einen großen Gutshof aus, dessen Besitzer der Gruppenführer kannte. Auf dem Hof waren bereits etwa 70 Menschen versammelt, die an großen Tafeln saßen. Er diente zugleich als militärischer Stützpunkt, von dem aus Abteilungen der Kavallerie, einem General salutierend, abmarschierten. Maria war beeindruckt und von patriotischen Gefühlen überwältigt.

Auf dem Hof hörte sie im Radio, dass in Warschau gekämpft wurde. Unsere Jungs sind im Feld, was soll ich hier, dachte sie, ich werde in Warschau gebraucht. Sie glaubte, sich als Sanitäterin nützlich machen zu können. Ihr war klar, dass die Deutschen Warschau inzwischen eingeschlossen hatten, dennoch hoffte sie, irgendwie durchzukommen. Ohne jemandem von der Pfadfindergruppe Bescheid zu sagen, nahm sie ihren Rucksack und ging los, der untergehenden Sonne entgegen, Richtung Warschau. Nach einigen Stunden sah sie auf der Chaussee deutsche Soldaten in Autos und Panzern. Sie floh nicht, sondern setzte sich an den Rand und schaute sich das Geschehen auf der Straße an. Es musste wie eine Provokation wirken: Ein junges Mädchen saß abends mit einem Rucksack an einer Landstraße und betrachtete die deutsche Armee bei ihrem Feldzug. Es dauerte nicht lange, da hielt ein Lastwagen an, Soldaten sprangen ab. Einer kam auf Maria zu und fragte etwas auf Deutsch, das sie nicht verstand. Nun sprach er in einem schlesischen Dialekt zu ihr: »Wohin gehst du?« Maria: »Nach Warschau.« Darauf der Soldat: »Warschau ist besetzt. Du bist ein Spion. Was soll ich mit dir machen, dich erschießen?« Die anderen Deutschen lachten. Der Soldat durchsuchte sie nach Waffen und nahm ihr das finnische Pfadfindermesser weg. Er hob seine Pistole und forderte Maria auf, vor ihm her in den Wald zu gehen. Nicht weinen, Maria, dachte sie, nun werde ich für das Vaterland sterben.

Sie starb nicht, sondern wurde deutschen Offizieren übergeben. Doch diese wussten nicht so recht, was sie mit dem furchtlosen polnischen Mädchen anfangen sollten. Ein Offizier sprach sie auf Französisch an, brachte sie zur Kommandantur, gab ihr ein üppiges Frühstück, gekrönt von einer

Orange, und fragte: »Was soll ich mit Ihnen machen?« Maria, gestärkt durch das Frühstück und die fürsorgliche Aufmerksamkeit des Deutschen und vielleicht durch die köstliche Orange übermütig geworden, antwortete: »Wenn Sie mir wirklich helfen wollen, dann fahren Sie mich mit Ihrem Auto nach Warschau.« Der Offizier lachte und meinte: »Das ist unmöglich, das darf ich nicht. Und selbst wenn, Sie kommen nicht durch die Front.« Ratlos wiederholte er: »Was soll ich mit Ihnen machen?« Maria fragte nach einem Krankenhaus, in dem sie arbeiten könne. Der Offizier wusste von einem deutschen Lazarett ganz in der Nähe. Aber Maria rief empört: »Dort werde ich nicht arbeiten.« Er appellierte an ihre Humanität: »Wenn jemand verwundet ist, ist es doch egal, ob er Deutscher oder Pole ist.« Maria darauf frech: »Für mich nicht. Ich werde keine Deutschen pflegen!« »Vielleicht«, fragte sie, »sind hier auch polnische Verwundete?«

Erleichtert, eine Lösung gefunden zu haben, fuhr der Offizier sie in ein Krankenhaus nach Mińsk Mazowiecki. Ärzte und Schwestern waren geflohen und die Krankenhausleitung suchte neues Personal. Einige Wochen verbrachte Maria nun in dem völlig überfüllten Krankenhaus. Sie sah viele Soldaten an Wundstarrkrampf schrecklich dahinsterben. Diese Bilder verfolgten sie ihr Leben lang.

Nach einiger Zeit wollte sie wissen, wie es ihren Eltern ging. Sie lief an einem Tag 40 Kilometer von Mińsk Mazowiecki nach Warschau, das inzwischen von den Deutschen eingenommen worden war. Die Eltern ließen sie nicht wieder weg, fanden, ihre Tochter sei zu jung für eine solche Arbeit. Ab Anfang Oktober lebte Maria wieder in Warschau. Einen Monat später, am 2. November 1939, besuchte NS-Propagandaminister Joseph Goebbels die polnische Hauptstadt. Was er sah, ließ ihn schnell wieder abreisen: »Warschau: das ist die Hölle. Eine demolierte Stadt. Unsere Bomben und Granaten haben ganze Arbeit getan. Kein Haus ist unversehrt. Die Bevölkerung ist stumpf und schattenhaft. Wie Insekten schleichen die Menschen durch die Straßen«, notierte er in seinem Tagebuch.

Goebbels ahnte nicht, dass sich zu diesem Zeitpunkt der Untergrund schon formierte. Und auch die Warschauer Jugend drängte danach, dabei zu sein. Dass einige von denen, die Kontakt zum Widerstand knüpften – wie Marias Bruder Janusz mit 14 Jahren – noch Kinder waren, war keine Seltenheit. Über die Pfadfinder gelangte Janusz sehr bald nach Kriegsausbruch zur Untergrundarbeit. In der Familie Kacprzyk wurde nicht über die Konspiration gesprochen. Auch nicht, nachdem Janusz Maria in den Widerstand eingeführt hatte. Er besuchte neben der offiziell zugelassenen technischen Berufsschule eine geheime Unteroffiziersschule. Kurz vor Marias Verhaftung brach Janusz die Regeln der Konspiration und sprach mit der Schwester über seine Arbeit: Sie hätten ihm angeboten zu einer bewaffneten Einheit zu gehen. Er solle sich in den nächsten Tagen entscheiden. Maria war entsetzt: Dafür sei er zu jung!

Die Geschwister wussten, dass das, was sie taten, große Gefahren barg. Aber sie mussten es tun. Fünf Tage vor Marias Verhaftung, am 15. Oktober 1942, fand eine von zahlreichen öffentlichen Hinrichtungen in Warschau statt. Ob es Kameraden aus dem Untergrund waren oder Geiseln, konnte Maria nicht zuordnen. Diese Geiseln nahmen die Deutschen bei den *Łapankas*, den Straßenrazzien, wahllos fest und brachten sie ins Gefängnis. Erschossen oder erhängt wurden sie als Vergeltung für getötete Gestapo- oder SS-Angehörige. Oder wenn eine Sabotageaktion der Heimatarmee geglückt war. Bei einer Verhaftung rechnete Maria also mit ihrem baldigen Tod, auch mit der Verhaftung des Bruders und – dass die Familie in ein Konzentrationslager gebracht werden würde.

Es herrschte schon Ausgangssperre an diesem 20. Oktober 1942, als Schritte durch das Haus Wilczastraße 38 hallten. Sie endeten aber nicht in der Etage unter den Kacprzyks, wie im vergangenen Jahr, als der dort wohnende Rechtsanwalt verhaftet worden war, der nie zurückkehrte. Sie kamen hinauf in die vierte Etage, wo Maria mit ihrer Familie wohnte.

In der Wohnung 13 hatte sich die Familie versammelt, denn es war nach 23 Uhr – kein Pole durfte zu dieser Zeit mehr ohne besondere Genehmigung auf die Straße. Maria, Janusz, die Mutter, der Vater und der vierjährige Neffe der Mutter. Der Vater des kleinen Andrzej kämpfte in einer polnischen Einheit im Nahen Osten und die Mutter war außerhalb arbeiten. Die Schritte kamen immer näher. Blut schoss Maria in den Kopf. Unter dem Reißbrett des Bruders lag der Plan einer großen Luftwaffenkaserne, den er sich beim Vater »ausgeborgt« hatte, ohne dass er etwas davon wusste. Diesen Plan hatte der Vater vom Kommando der Kaserne erhalten, darauf waren Orte vermerkt, an denen er verschiedene Arbeiten ausführen sollte. Kamen sie wegen des Bruders? Kamen sie wegen ihr? Was passierte mit den Eltern, was mit dem kleinen Andrzej? Blicke zwischen Maria und Janusz: Du? Ich? Natürlich ahnte die Mutter, was sie

Kennkarte Maria Kacprzyks mit Fingerabdrücken, 1942.

hier machten, wenn »Kasia«, »Wanda« und die anderen Mädchen kamen. Doch sie zeigte es nicht. Sie selbst hatte im Ersten Weltkrieg im Untergrund gearbeitet, in der Organisation Piłsudskis. Aber der Vater wusste nichts und durfte auch nichts wissen. Deshalb ging die Mutter an die Tür, als die Gestapo daran hämmerte. Vier Männer kamen herein: »Wo ist Kamila?«, fragte einer. Die Mutter war erleichtert, es konnte sich nur um eine Verwechslung handeln: »Eine Kamila gibt es nicht bei uns!«, antwortete sie den Gestapo-Männern. »Mutter, lassen Sie es gut sein«, sagte der Dolmetscher. Die Wohnung wurde durchsucht. Sie fragten nach dem Zimmer der Tochter. Marias Mutter glaubte noch immer an eine Verwechslung und zeigte das Zimmer. Zwischen unverfänglichen Büchern, Briefen und Fotos fanden die Beamten die sorgfältig mit Kopierstift abgeschriebenen »Richtlinien zur Erkundung von Militärobjekten«, die »Ewa« ihren Mädchen zum Vervielfältigen gegeben hatte. Maria wusste: Jetzt war sie dran. Wenn sie den Plan von der Kaserne entdecken, ist unsere ganze Familie verloren.

Doch den Plan fanden die Gestapo-Männer nicht. Sie nahmen nur einige von Marias Fotos und Briefen und die belastenden »Richtlinien« mit. Maria nutzte einen unbemerkten Moment, um auf eine Streichholzschachtel zwei Ziffern zu schreiben und der Mutter zuzuflüstern: »Ulica Wspólna. Benachrichtige!« Es war Krystynas Adresse, die zwei Ziffern auf der Schachtel die Haus- und Wohnungsnummer. Frau Kacprzyk erfuhr dort, dass Krystyna bereits in der Nacht zuvor verhaftet worden war.

Im *Pawiak*, dem Gefängnis der Gestapo, durfte Maria am 1. November 1942 auf Deutsch eine Karte an die Familie schreiben. Nach einer langen Liste, was sie alles im Gefängnis benötige, sandte sie jedem Familienmitglied eine Botschaft. Der Mutter wurde Mut zugesprochen. Der Vater um Entschuldigung gebeten. Dem Bruder schrieb sie: »Janusz, es ist mir bange nach dir, aber ich bin stolz, dass ich so muttig Bruder habe.«

Der Bruder hatte gleich nach dem Zugriff der Gestapo die Wohnung der Eltern verlassen und Unterschlupf bei entfernten Bekannten gefunden. Die Verhaftung seiner Schwester gab den Ausschlag für Janusz: Er entschied sich, zu der bewaffneten Einheit zu gehen. Es war der *Kedyw*, der Ende 1942 entstand und dessen Mitglieder unter anderem Sabotageakte durchführten.

Die Angst, den Bruder Janusz durch ihre Verhaftung mit hineingezogen zu haben, verfolgte Maria. Bei den Verhören im *Pawiak* gab sie an, von einem Kollegen in die Heimatarmee eingeführt worden zu sein. Sie sei mit ihm hin und wieder ausgegangen und in ihn verliebt gewesen. Der Gestapo-Beamte wollte Vor- und Nachnamen wissen. Maria dachte sich einen Allerweltsvornamen aus. Dann zuckte sie mit den Schultern: »Den Nachnamen hat er nie gesagt.« Dafür bekam sie einen Schlag ins Gesicht. Wo der Kollege jetzt sei? Das wisse sie nicht, er sei weggezogen und habe sich nicht mehr gemeldet, er habe nun wohl eine andere. Der nächste Schlag war so stark, dass Maria vom Stuhl fiel. Bei den Verhören in Deutschland glaubte man ihr genauso wenig und drohte ihr, man werde sich die Familie, vor allem den Bruder, genauer ansehen. Doch Maria gelang es, den Bruder zu informieren. Am 4. Dezember 1942 schrieb eine »Renata« aus Berlin an Janusz. Sie habe gemeinsam mit Maria in einer überfüllten Massenzelle im Polizeigefängnis am Alexanderplatz gesessen und sei nun entlassen. Sie wisse, dass Maria weitere Verhöre bevorstünden und dass die Gestapo gedroht habe, wenn sie nicht die Wahrheit sage, könne der Bruder ebenfalls verhaftet werden. Janusz war gewarnt.

Maria blieb bei ihrer Version von der Liebesgeschichte mit dem Kollegen. Ihren Bruder zu verraten, kam nicht infrage. Janusz war für sie ungeheuer wichtig. Sie bewunderte den jüngeren Bruder und hatte gleichzeitig Angst um ihn. Helga vertraute Maria »meine öffentliche Geheimnis« an: »Ich habe eine ›große Liebe‹. Meine größte, ewige Liebe ist mein Bruder, mein eigener Bruder. Er ist mein Stolz – prächtiger Kerl. Guter Mensch und schöner Junge.« Und sie schickte ein Foto des schönen Jungen mit, damit sich Helga selbst überzeugen konnte. Nach dem Krieg sollte Janusz Kontakt zu Helga suchen und ihr für die Untergrundarbeit danken, die der Schwester die schwere Zeit in Moabit erleichtert hatte.

6 Rosemaries Einfluss

Nach und nach lernte Helga über die heimliche Post Familienmitglieder und Freunde des Kleeblatts kennen. Zu einigen hielt sie selbst brieflich Kontakt. Und zu manchen sogar persönlich. Im Auftrag von Krystyna suchte sie am 8. September 1943 Ursel und Gerd Terwiel in Berlin-Halensee auf und übergab ihnen einen Stapel Kassiber. Die Briefe, die die Geschwister erhielten, zeigten die Handschrift ihrer einen Monat zuvor hingerichteten Schwester Rosemarie. Sie waren an Krystyna gerichtet. Diese hatte sich schweren Herzens von ihnen getrennt und sie den Geschwistern ihrer geliebten Freundin zur Aufbewahrung gesandt, sie wolle sie sich abholen, »falls ich am Leben bleibe«. In den folgenden Monaten entwickelte sich ein reger Kontakt zwischen den Geschwistern und Krystyna, die sie wie eine Schwester behandelten und mit Lebensmitteln, Zigaretten und warmen Kleidungsstücken versorgten. Helga spielte dabei die Rolle der unverdrossenen Postbotin. Der Weg, den sie teils mehrmals in der Woche antrat, führte sie von Kreuzberg, wo sie wohnte, nach Halensee.

Helga ermöglichte Krystyna einen neuen Traum. Halensee wurde zum Zauberwort und Zauberort. Plötzlich hatte sie neben Helga noch mehr Freunde draußen. Sie fühlte sich in Berlin nicht mehr heimatlos. »Es wäre wirklich zu schön, wenn ich einmal aus Moabit nach Halensee umziehen könnte«, schrieb sie den Geschwistern, die ihr das angeboten hatten, wenn sie entlassen würde oder der Krieg zu Ende sei. »Ach, Gerd, wenn es soweit ist, dann holen Sie mich gleich raus, gell?« Wenn sie abends am Fenster eine von den Zigaretten rauchte, die Gerd ihr geschickt hatte, konnte es passieren, dass sie eine »unvernünftige Sehnsucht« packte, bei ihrem Freund in Halensee zu sein. Mit Gerd und Ursel Terwiel hielt sie das Andenken an deren Schwester Rosemarie wach. Krystyna berichtete ihnen, wie wichtig die Begegnung für sie gewesen war. Zwei Monate hatten die beiden in einer Zelle gelebt, weitere drei Monate als Zellennachbarinnen

Rosemarie »Mimi« Terwiel, um 1935.

intensiven Kontakt durch Gespräche am Fenster gepflegt und bei den Hofgängen Kassiber ausgetauscht. Der Einfluss der zehn Jahre älteren Rosemarie auf Krystyna hatte sich entscheidend auf deren Haltung vor Gericht ausgewirkt.

Rosemarie saß im November 1942 allein in einer Zelle im Berliner Polizeigefängnis, als eine Beamtin Krystyna dazuschob. Krystyna war vor zwei Wochen aus Warschau gebracht worden. Dann trennte man sie von ihrer polnischen Mitgefangenen Cezara Dicksteinowa, die sich so rührig um sie gekümmert hatte, dass Krystyna ihr den Beinamen »Gefängnismütterchen« gab. Verschüchtert stand sie nun in der Zelle der Deutschen. Rosemarie nahm sich sofort der erschrockenen Polin an, der Tränen in den Augen standen: »Kopf hoch!«

Erstaunt erlebte Krystyna, wie mutig und trotzig ihre neue Zellengefährtin, eine kleine und zarte Person, dem Haftalltag begegnete. Bei ihr brannte, wie bei allen Neuankömmlingen, das Licht die ganze Nacht, alle paar Minuten schaute ein SS-Mann durch den Türspion. So sollten Selbstmordversuche verhindert werden. Doch in Rosemaries Zelle erlosch die Beleuchtung auch nach zwei Monaten sogenannter Schutzhaft im Polizeigefängnis nachts noch nicht. Die Bezeichnung Schutzhaft war natürlich ein Hohn. Wer sollte vor wem geschützt werden? Die Gesellschaft vor dem vermeintlichen Verbrecher? Oder der vermeintliche Verbrecher vor der Gesellschaft? Schon in der Weimarer Republik hatte es dieses polizeiliche Instrument gegeben, allerdings zeitlich eng begrenzt. Den Nazis diente die Schutzhaft zur Ausschaltung politischer Gegner und anderer »unerwünschter« Personen. Auf unbestimmte Zeit, ohne Rechtsbeistand und Beweise konnte die Gestapo Menschen in Gefängnissen und Konzentrationslagern festhalten und selbst darüber entscheiden, ob und wann diese vor Gericht gestellt werden sollten.

Das Polizeigefängnis gehörte zum Komplex des Berliner Polizeipräsidiums am Alexanderplatz, einem der größten Gebäude Berlins, direkt an der S- und U-Bahn-Haltestelle Alexanderplatz. Wen die Gestapo nicht in ihre Zentrale in der Prinz-Albrecht-Straße brachte, den verhörte sie in der Regel gleich hier im Gefängnis, oft unter Anwendung physischer und psychischer Gewalt. Krystyna berichtete Helga: »Das Unangenehme am Alex waren die Vernehmungen, bei mir dauerte das manchmal 5–7 Stunden. Immer dieselben Fragen u. Drohungen, als ich zurückkam, zitterte ich von Aufregung. Ich habe ein ausserordentliches Glück gehabt u. wurde nicht geschlagen.« Ihre »beiden Mädchen« Maria und Wanda dagegen hatten dieses Glück nicht. Auch Rosemarie wurde geschlagen.

Die Zelle im fünften Stock hatte nasse und klebrige Wände, war sehr klein, ungeheizt und enthielt nur einen Schemel und ein schmales Bett, das sich die Zellengefährtinnen zum Schlafen teilen mussten. Das war zwar unbequem, aber wärmer. Die beiden Frauen schlossen schnell Freundschaft. Überrascht hörte Krystyna, dass Rosemarie ebenfalls im Untergrund gearbeitet hatte. Ihr Verlobter Helmut Himpel hatte als Zahnarzt nicht nur berühmte Filmschauspieler wie Heinz Rühmann behandelt, sondern heimlich und unentgeltlich auch Juden. Das Paar unterstützte die Verfolgten außerdem mit gefälschten Dokumenten oder Lebensmittelkarten. Die Haltung der beiden entsprang christlicher Überzeugung, das Naziregime lehnten sie als verbrecherisch ab und arbeiteten aktiv dagegen.

Rosemarie hatte nach dem Abitur 1931 Rechtswissenschaft in Freiburg im Breisgau, wo sie Himpel kennenlernte, und in München studiert. Doch Rosemarie brach ihr Studium ab, als sich der Gegenstand ihrer Studien dramatisch zu wandeln begann. 1931, noch in der Weimarer Republik,

Rosemarie Terwiel mit Helmut Himpel, um 1938.

genoss die über Jahrhunderte gewachsene Rechtskultur Deutschlands internationale Anerkennung. Nach Übernahme der Macht begannen die Nationalsozialisten jedoch unverzüglich damit, das Recht systematisch zu demontieren. Zugunsten eines diffusen Kollektivs, der »Volksgemeinschaft«, verschwanden das Individuum und mit ihm seine Rechte im Sumpf des »gesunden Volksempfindens«. An die Stelle der Gewaltenteilung trat das Führerprinzip mit Adolf Hitler an der Spitze. Sein Wille und Wort wurden Gesetz. Als oberster Gerichtsherr behielt sich Hitler die letztgültige Entscheidung über Leben und Tod des Einzelnen vor. Die Studentin Rosemarie erlebte bereits im Frühjahr 1933, wie mit dem »Gesetz über die Zulassung zur Rechtsanwaltschaft« jüdische Juristen »ausgeschaltet« werden sollten. Sie selbst galt als Halbjüdin, obwohl die Mutter zum katholischen Glauben konvertiert war. Da die Nürnberger Gesetze von 1935 ihr jegliche berufliche Perspektive verbauten, beendete sie ihr Studium nicht. Auch die Heirat mit Helmut Himpel blieb ihr durch die rassistische Gesetzgebung der Nazis verwehrt. So lebten beide als Verlobte ab 1940 gemeinsam in Himpels Haus in der Lietzenburger Straße 6 in Berlin, wo er auch seine Praxis hatte. Rosemarie arbeitete als Sekretärin für ein französisch-schweizerisches Textilunternehmen. Neben ihrem Engagement für jüdische Mitmenschen allgemein mühte sich Rosemarie insbesondere, ihre Mutter vor Verfolgung zu schützen. Gemeinsam mit den Geschwistern gelang es, teure gefälschte Papiere zu besorgen, die die Mutter als Halbjüdin auswiesen.

Doch nicht nur die sie selbst unmittelbar betreffenden Repressalien erschütterten sie und weckten ihre Aktivität, sondern auch die gegen andere, noch Schwächere. So wandte sie sich gegen die von den Nazis praktizierte »Euthanasie«, die Tötung von Kranken und Behinderten. Eine Predigt des Münsteraner Bischofs Clemens August Graf von Galen vom 3. August 1941 prangerte diese Morde an. Sie fand den Weg in eine breite Öffentlichkeit, auch durch Rosemarie Terwiel. Mehrere Hundert Male schrieb sie die Predigt ab und versandte sie an Adressen aus dem öffentlichen Telefonbuch. Die große Verbreitung des Textes veranlasste Hitler, sein Vorgehen bei der Ermordung Kranker und Behinderter zu ändern.

Über einen Patienten Himpels entstand bereits 1940 Kontakt zum Freundeskreis um den Offizier Harro Schulze-Boysen, einen der Köpfe des Widerstandsnetzwerkes »Rote Kapelle«. Rosemarie beteiligte sich an der Herstellung und Verbreitung regimekritischer Flugblätter, wie der Schrift »Die Sorge um Deutschlands Zukunft geht durch das Volk!«, die zum Widerstand gegen Hitler aufrief. Über verschiedene Kanäle in der Wehrmacht erreichte dieses Flugblatt sogar Soldaten an der Front. Auch Gerd Terwiel, der Bruder Rosemaries, war an diesen Aktionen beteiligt.

Eine der Zettelklebeaktionen, an denen Rosemarie mitwirkte, richtete sich gegen die im Mai 1942 eröffnete Propagandaausstellung »Das Sowjetparadies«, die den Deutschen die Rückständigkeit der Sowjetunion vor Augen führen und den Durchhaltewillen stärken sollte. Zum Kleben taten sich je ein Mann und eine Frau zu einem »Liebespaar« zusammen, das sich an einer Litfaßsäule miteinander »vergnügte«. Wenn die beiden gingen, haftete an der Stelle, wo sie gestanden hatten, ein handgroßer Zettel an der Säule, auf dem mit Kinderstempeln geschrieben stand: »Das Nazi-Paradies. Krieg, Hunger, Lüge, Gestapo. Wie lange noch?«

Das Netzwerk um Harro Schulze-Boysen und den Wirtschaftswissenschaftler Arvid Harnack besaß verschiedene Verbindungen ins Ausland, die unter anderem nach Belgien, aber auch bis nach Moskau reichten. Wegen ihrer Bestrebungen, Funkkontakt in die Sowjetunion herzustellen, führte die Gestapo die verschiedenen Freundeskreise, denen mehr als 150 Perso-

Erkennungsdienstliche Fotografie von Rosemarie Terwiel, 1942.

nen angehörten, unter dem Sammelbegriff »Rote Kapelle«. Die Mitglieder gaben Informationen an sowjetische Stellen weiter und warnten auf diesem Weg mehrfach, zuletzt im Juni 1941, vor dem bevorstehenden Überfall der Wehrmacht. Doch Stalin tat die Hinweise als Täuschungsversuche ab.

Während viele Aktionen der »Roten Kapelle« von der Gestapo unentdeckt blieben, gelang es im Herbst 1941 einen von Moskau nach Brüssel übermittelten Funkspruch abzufangen, der auch die Adressen der wichtigsten Berliner Verbindungsleute enthielt. Ein Dreivierteljahr lang brauchte die Dechiffrierabteilung beim Oberkommando des Heeres, um die Nachricht zu entschlüsseln. Die Adressen führten schließlich zu Schulze-Boysen und Harnack. Nach und nach wurden ab Ende August 1942 über 100 Frauen und Männer festgenommen.

Hitler fühlte sich von diesem Widerstand besonders herausgefordert, da in der Spitze des Netzwerkes einige Mitglieder seiner Elite aus verschiedenen Ministerien gegen ihn gearbeitet hatten. Auch deshalb sollte die Bestrafung mit äußerster Härte erfolgen. Rosemarie gehörte weder zur Elite noch war sie am Funkkontakt nach Moskau, der als Landesverrat galt, beteiligt. Deshalb rechnete sie zu dem Zeitpunkt, als Krystyna in ihre Zelle kam, nicht mit einem Todesurteil.

Die beiden Frauen richteten in der kleinen Zelle ihr Leben ein. Da sich die Beamten wegen der Läuse und Wanzen fernhielten, blieben sie relativ unbehelligt, nicht einmal Zellenrevisionen hatten sie zu befürchten. »Unter dem Bett könnte man ein Maschinengewehr verstecken«, beschrieb Krystyna später Helga ausgelassen die Situation am »Alex«. Sie plauderten den ganzen Tag mit den Nachbarn, wenn auch in sehr unbequemer Position, mit den Zehenspitzen auf dem Fensterbrett, um den Kopf durch das geöffnete Oberfenster stecken zu können. Dabei wurde es natürlich sehr kalt, es war Winter. Zum Aufwärmen brachte Rosemarie der Freundin das Steppen bei. Stundenlang. Der unter ihnen sitzende Ukrainer Iwan drohte verrückt zu werden.

Viele Stunden saßen sie in Decken gewickelt auf ihrem gemeinsamen Bett. Rosemarie erlaubte der Freundin sie Mimi zu nennen, so wie ihr Verlobter. Krystyna bewunderte die Liebe des Paares. Sie kannte Helmut Himpel nur aus den Erzählungen Mimis und zog aus ihnen den Schluss: »Der Mann war dieser großen Liebe wert.« Mimi litt, weil es Helmut im Gefängnis schlecht ging, er war sehr krank und magerte beängstigend ab. Sie erzählte, dass Helmut gern kochte, viel las und Goldschmiedearbeiten anfertigte. Und dass in dem Keller des Hauses in der Lietzenburger Straße, wo Mimi und Helmut seit 1940 gemeinsam lebten, noch einige gute Flaschen Wein lagen.

Die endlosen Winterabende vertrieben sich die beiden Frauen, indem Mimi die schönsten Lieder pfiff und sich selbst auf dem »Klavier« begleitete. Sie hatte auf ein Brett eine Klaviertastatur gezeichnet und übte darauf. Sie meinte, die Musik hören zu können. Krystyna erzählte polnische Märchen holprig auf Deutsch und gemeinsam dachten sie sich neue aus: Von einem Wunschring, der sie unsichtbar machen würde, und wie sie dann loszögen, böse Beamte oder Gestapo-Kommissare totzuschlagen und Helmut und alle anderen politischen Gefangenen freizulassen. In derlei Geschichten konnten sie sich leicht hineinsteigern. Krystyna las ihrer Zellengenossin aus ihrer polnischen Bibel vor und übersetzte. Eine deutsche Bibel zu besitzen, war der Katholikin Mimi, der der Glaube viel Halt gab, von einer Beamtin mit den Worten verwehrt worden: »Wir sind doch kein Sanatorium.«

Wenn sie das Heimweh überwältigte, versuchten sie es so einzurichten, dass sie nie zusammen weinten, damit die eine die andere trösten konnte. Sie sprachen auch über ihre Situation und einen möglichen Ausweg: Selbstmord. Am Alexanderplatz gab es häufig Selbstmordversuche, viele hielten die Demütigungen bei den Vernehmungen nicht aus und stürzten sich über das Geländer mehrere Etagen hinunter auf den Steinfußboden. »Warum nicht?«, meinte Mimi, die in ihren Verhören geschlagen worden war. Es sei besser, sein Leben selbst in die Hand zu nehmen und es zu beenden, statt »wie ein Schaf zu warten, bis es ihnen passt uns abzuschlachten«. Dennoch kamen beide zu dem Schluss, den Mördern nicht einfach die Arbeit und vor allem nicht die moralische Schuld abzunehmen.

Den Weihnachtsabend 1942 verbrachten die beiden »äusserst gemütlich«, berichtete Krystyna ihren Eltern. Mimi hatte von zu Hause, von den Geschwistern, ein großes Paket mit Lebensmitteln bekommen. Diese sowie zwei Zigaretten und ein Kerzenstummel reichten, um Krystyna »so vergnügt« wie »schon lange nicht mehr« werden zu lassen.

Umso härter war das, was sich außerhalb der »gemütlichen« Zelle abspielte. Weihnachten pausierte zwar auch der Henker in Plötzensee. Doch was die Gefangenen zu dieser Zeit noch nicht wussten: Die ersten Todesurteile des Reichskriegsgerichts gegen Mitglieder der »Roten Kapelle« waren bereits vollstreckt worden. Am 22. Dezember hatte der Scharfrichter die führenden Köpfe des Widerstandsnetzwerkes um Harnack und Schulze-Boysen als Spione und Landesverräter erhängt, an einem eigens dafür in Plötzensee installierten Galgen. Hitler selbst hatte diese Exekutionsmethode, bei der der Tod langsam und qualvoll eintrat, für fünf Verurteilte angeordnet. Andere wurden enthauptet.

Erst Anfang Januar kursierten diese Nachrichten am »Alex«. Weitere sickerten durch, die Rosemaries Hoffnung der Höchststrafe zu entkommen, zunichtemachten: Zeitstrafen für zwei Frauen aus einem der ersten Prozesse im Dezember waren kassiert und in Todesstrafen umgewandelt worden. Die in der Verhandlung vom 14. bis 18. Januar Angeklagten hatten sich an den Flugblatt- und Zettelklebeaktionen beteiligt, ihnen konnte keine Spionage nachgewiesen werden. Dennoch erhielt das Gros der Betroffenen die Todesstrafe. Zwar sprach sich das Reichskriegsgericht für eine Umwandlung einzelner Urteile aus, doch die aufkeimende Hoffnung wurde bald niedergeschlagen. Hitler bestätigte die Urteile und lehnte die Gnadengesuche sämtlich ab. Als »alle kleinen Mädchen aus dieser Sache, wie Cato Bontjes van Beek, Eva Buch usw. dasselbe Urteil erhielten, haben wir verstanden, dass auch für uns die Lage hoffnungslos ist«, schrieb Krystyna, indem sie ihren und Mimis Fall gleichsetzte, an die Geschwister Terwiel. Bei ihr selbst war im Januar zwar noch an keinen Prozess zu denken, dennoch oder gerade deshalb identifizierte sie sich voll und ganz mit der Zellengefährtin. Auch riet Mimi Krystyna, gegenüber der Gestapo auf keinen Fall irgendetwas zuzugeben. Sie hatte in Gesprächen mit anderen Angeklagten im Komplex »Rote Kapelle« erfahren, dass auch kleinste Anhaltspunkte gegen sie verwendet werden würden.

Die 32-jährige Rosemarie Terwiel, durch die Nazis verhinderte Juristin, wusste es längst, aber nun erlebte sie unmittelbar, wie es um das Recht stand. Eine Mitangeklagte in ihrem Prozess fasste die eigenen Eindrücke wie folgt zusammen: »Von Gerechtigkeit kann man beim besten Willen nicht reden. Das Kräfteverhältnis ist in keiner Weise ausbalanciert und die Rechtsprechung geschieht in dem Sinne von: Wer die Macht hat, hat das Recht. Sich schützen und wehren muss jeder Staat. Aber was ich in meinem Fall erlebt habe, sind Desperadomanieren einer Tyrannis, die sich verzweifelt wehrt.« Da Mimi für sich keine Chance mehr sah, setzte sie ihre Kraft daran, den Verlobten Helmut Himpel zu retten, und nahm in den Verhören bei der Gestapo die Schuld auf sich. Allerdings hatte Himpel das Gleiche getan. In den Tagen vor der Verhandlung blieb sie ruhig, sammelte Kräfte, begegnete dem Gefängnispersonal äußerlich freundlich. Die unter den Gefangenen erwartete und eifrig diskutierte Amnestie zum 10. Jahrestag der Machtübernahme durch die Nazis interessierte sie nicht. Krystyna registrierte bewundernd: Mimi trat stets mit einem Lächeln aus der Zelle.

Rosemarie Terwiel freute sich sogar auf den Prozess am 25. und 26. Januar. Nicht der Verhandlung selbst wegen, von der sie nichts erwartete, sondern weil diese seit der Verhaftung die erste – und wohl auch einzige – Gelegenheit bot, Helmut Himpel wiederzusehen. Sie wurden zusammen mit anderen Gefangenen ins Gericht nach Charlottenburg gebracht. Dabei ergab sich die Möglichkeit, miteinander zu sprechen. Rosemarie, ihr Verlobter und zwei andere Beteiligte wurden wegen Vorbereitung zum Hochverrat und Feindbegünstigung zum Tode verurteilt. Gegen eine weitere Beschuldigte erkannten die Richter auf eine Gefängnisstrafe. Es war der siebente von insgesamt über 20 Prozessen gegen die Harnack/Schulze-Boysen-Kreise. Die Anwälte wurden den Angeklagten zugeteilt, vorbereitende Gespräche mit ihnen gab es nicht. Sie saßen im Gerichtssaal weit von ihren Mandanten entfernt und blieben unbeteiligt. Der Verteidiger von Rosemarie Terwiel ergänzte sogar zusätzlich Belastendes, das die Anklage nicht präsentiert hatte.

Mit ziemlicher Sicherheit war es den Aussagen des Paares zu verdanken, dass der gemeinsame Freund, der Pianist Helmut Roloff, am Tag nach ihrer

Verhandlung ohne Anklageerhebung freikam. Bei ihm hatte die Gestapo einen Koffer mit einem Funkgerät gefunden, das Rosemarie und Helmut Himpel ihm in ihrer Wohnung übergeben hatten. Beide konnten glaubhaft machen, dass Roloff nichts von dem Inhalt des Koffers gewusst hatte.

Die zum Tode verurteilte Rosemarie wahrte nach Verkündung des Richterspruches Haltung, bis sie wieder in ihrer Zelle war, wohin die Wachen sie begleiteten. Sie unterhielt sich mit ihnen an der Zellentür mit einem »liebenswürdigen Lächeln«, sodass Krystyna sogar glaubte, der Prozess sei gut ausgegangen ...

Drei Tage nach der Verhandlung verfasste Mimi einen Abschiedsbrief an ihre Geschwister. Die Verurteilten glaubten, die Hinrichtung würde bald erfolgen. Sie schrieb: »Ich habe absolut keine Angst vor dem Tod und schon mal gar nicht vor der göttlichen Gerechtigkeit, denn die brauchen wir jedenfalls nicht zu fürchten.« Sie bat darum, der Mutter, die ihre Tochter und deren Verlobten in der Schweiz glaubte, mitzuteilen, dass beide bei einem Flugzeugunglück – ohne zu leiden – ums Leben gekommen seien. Die Geschwister waren sich einig, dass die herzkranke Mutter, die vor einem Jahr ihren Mann verloren hatte, geschont werden müsse. Da die Prozesse unter absoluter Geheimhaltung stattfanden, bestand keine Gefahr, dass die Mutter von anderen erfuhr, wo sich ihre Tochter wirklich befand.

Doch bis zu ihrer Hinrichtung, ein halbes Jahr später, hatte Rosemarie noch viel Schmerzhaftes durchzustehen. Nach dem Todesurteil erlaubten sich Gestapo-Kommissare im Polizeigefängnis am Alexanderplatz mehrmals einen »Scherz«, indem sie vorgaben, sie seien gekommen, um Rosemarie nach Plötzensee zur Exekution abzuholen. Krystyna erlebte als Zeugin, wie die Freundin sich zu beherrschen vermochte, sie zeigte den Gestapo-Männern und den Beamtinnen nie, was sie fühlte. Sie schien stark und fand Kraft im christlichen Glauben. Ihre Geschwister Ursel und Gerd standen ihr bei.

Doch was dann folgte, überstieg auch Mimis Leidensfähigkeit. Am 3. Februar wurde Helmut Himpel nach Plötzensee überführt. Acht Tage später endete die Schutzhaft für Krystyna und sie kam vom Polizeigefängnis nach Moabit in Untersuchungshaft. Ausgerechnet jetzt, wo Mimi täglich mit der Nachricht von Helmuts Tod rechnete, musste Krystyna die Freundin allein lassen. Rosemarie Terwiel wurde krank. Nach einem Aufenthalt im Frauengefängnis in der Charlottenburger Kantstraße, wo sich ihr Gesundheitszustand weiter verschlechterte, lieferte die Justiz sie am 3. Mai in das Untersuchungsgefängnis Moabit ein. Aufgrund des Kontaktverbots kam sie in eine Einzelzelle im Erdgeschoss, drei Zellen neben der 18. Und da die Häftlinge zum Hofgang etagenweise gingen, begegneten sich Mimi und Krystyna auf dem Moabiter Hof wieder. Am 9. Mai schrieb Krystyna ihren Eltern: »Ich bin jetzt sehr glücklich, weil meine geliebte Freundin aus dem vorherigen Gefängnis nun auch hier ist.«

Der Hofgang war der Höhepunkt des Tages. Anfang Mai meinte es der Frühling besonders gut, die vier Bäume auf dem Hof hatten ihre Blätter entfaltet, in einem Blumenbeet wuchsen Vergissmeinnicht und Maiglöckchen. Der große weiße Gefängniskater streifte über den Hof und schielte nach den Meisen, die auf der Akazie ein Nest gebaut hatten. Was für eine Freude, an einem solchen Tag die Freundin, um die sie sich solche Sorgen gemacht hatte, auf diesem Hof zu entdecken! Sie gingen im Kreis, konnten sich nicht in die Arme fallen. Nicht rufen, nicht sprechen. Und wenn die Beamtin Brenner Aufsicht führte, der Drache *Bazyliszek* mit den bösen Augen, dann durften sie nur geradeaus schauen und sich nicht einmal zulächeln. Doch die beiden konnten sich nun jeden Tag sehen.

Krystyna versuchte, mit der Freundin in eine Zelle zu kommen. Doch Rosemarie musste wegen des Kontaktverbots in Einzelhaft bleiben. Außerdem durfte hier in der Untersuchungshaft eine Polin nicht mit einer Deutschen die Zelle teilen. Dennoch gab es Gelegenheiten zum Austausch. Rosemaries Zelle Nr. 15 befand sich nur drei Zellen von Nr. 18 entfernt, Fenstergespräche waren so möglich. Und sie begegneten sich täglich beim Gang im Freien. Dabei entwickelten die Häftlinge ein findiges Kommunikationssystem. Die Gefangenen traten zunächst aus ihren Zellen, stellten sich neben die Tür und gingen dann in Reihe hintereinander in den Hof und dort im Kreis. Durch ein bereits in der Zelle gelöstes Schuhband, das plötzlich neu geknotet werden musste, konnte man sich in der Reihe zurückfallen lassen, um an die gewünschte Position zu gelangen, hinter die Gesprächspartnerin, wenn man ihr etwas sagen wollte, oder davor, wenn man ihr zuhören wollte. So konnte man doch ein paar Worte wechseln, vor allem aber Kassiber tauschen. Aus dem gleichen Grund erfreuten sich auch die Gottesdienste nicht nur bei praktizierenden Christen großer Beliebtheit. »Kirchgänger! Fahne raus«, hieß es sonntags, im Wechsel katholisch und evangelisch. Die Fahne war eine Blechscheibe, die von den Häftlingen per Seilzug gezogen werden konnte, um Wärter auf sich aufmerksam zu machen. Doch der Kirchgang wurde oft grundlos gestrichen, was die Gefangenen um eine sichere Kommunikationsmöglichkeit brachte: Gottes Wort, gesprochen oder gesungen, schützte so manche Unterhaltung und so manchen Tauschakt in den Reihen der Gottesdienstbesucherinnen.

Als Mimi ein Ausschlag auf dem Rücken plagte, nähten Krystyna und ihre Freundinnen aus der Zelle 18 für sie aus einem Kopfkissenbezug ein weiches Hemd, das milder auf der Haut lag und ihr so Linderung verschaffen sollte. Doch ihr Kontakt hatte Grenzen. Hilflos sah Krystyna, wie es Mimi schlecht ging, als sie von der Hinrichtung Helmut Himpels erfuhr. Sie hatte versucht, sich das Leben zu nehmen. Krystyna litt darunter, nicht zu ihr zu können, um sie zu trösten. »Monate, welche man zusammen im Gefängnis lebt, verbinden die Menschen viel mehr als lange Jahre in der Freiheit«, teilte sie den Geschwistern Terwiel mit. Ihrer Mutter konnte sie nun nachfühlen, wie es ihr weit weg in Warschau ging, wenn sie nichts zu tun vermochte, außer zu beten. Krystyna bat ihre Mutter, für ihre Freundin Mimi mitzubeten.

In den drei Monaten von Mimis Aufenthalt in Moabit wechselten die Freundinnen über 200 Briefe, also etwa täglich zwei. Krystyna notierte für die Geschwister Terwiel: »Wir haben jeden Abend geschrieben u. dann bei der Freistunde die Zettel getauscht.« Als Mimi eine Blutvergiftung an der rechten Hand bekam, schrieb sie tapfer weiter mit links »drollige, ungeschickte Buchstaben«. Die Schmerzen waren so stark, dass sie nachts nicht schlafen konnte, dennoch versuchte sie, »bei der Freistunde ganz brav zu lächeln«. Rosemarie erstarkte wieder. Sie verfasste für Krystyna und ihre Freundinnen deren Gnadengesuche. Sie sagte: »Schade, dass ich dich nicht verteidigen kann, glaubst du, dass ich es gut getan hätte?«

Indirekt hat sie es getan. Ihr Einfluss auf Krystyna war groß. Beide gingen davon aus, dass ihre Fälle gleich behandelt würden. Die Polin vertraute der deutschen Freundin in allen Fragen ihren Prozess betreffend, weil diese Juristin war. Von Rosemarie übernahm Krystyna die ablehnende Haltung gegenüber dem Pflichtverteidiger; sie sollte, so der Rat, auf keinen Fall mit ihm kooperieren. Maria dagegen tat genau das, sie kämpfte zudem und behielt ihr Leben. Dass Krystyna zum Tode verurteilt wurde und nicht kämpfte, ist letztendlich möglicherweise auch auf Mimis Einfluss zurückzuführen.

7 Vor Gericht

Es roch nach Erbsensuppe. Sonnenschein kochte für ihre Polenkinder, zu Hause in der Naunynstraße. Auf dem Tisch lagen die Briefe des Kleeblatts, die sie heute mitgebracht hatte. Helga faltete einen Zettel auseinander, Post von Krystyna. »Wenn sie mich tot machen«, schrieb sie. Nein, das darf nicht geschehen, Krystyna, nein, dachte Helga. Sie machen dich nicht tot, Krystyna. Du wirst leben. Oh nein, sie darf den Kopf nicht hängen lassen, ist das der Dank für all die Mühe? Tja, Mühe, was können wir schon tun. Den Henkern in den Arm fallen können wir nicht. Nein, Krystyna, es gibt eine Begnadigung. Ganz bestimmt. Oder, oder, der Krieg ist einfach aus. Aus. Das wäre besser. Nein, noch besser – wir Deutschen jagen den Hitler zum Teufel! Ja, das wär's! Das ist am allerbesten!

Helga las weiter. »Wenn sie mich tot machen, segle ich auf einer Wolke wie ein dickes Engelchen über Dein Haus um zu sehen, was unsere Helga treibt.« Ach, du dickes Engelchen. Kopf hoch! Nicht über den Tod sprechen, nicht die Traurigkeit siegen lassen. Wir werden das erleben, was du in einem deiner Brief erträumt hast: gemeinsam im Café sitzen, Kuchen essen bis wir platzen und dazu zehn Zigaretten auf einmal rauchen! Maria, das Glückskind, hat keine Todesstrafe. Sie wird überleben. Maria tröstet die anderen, sie macht sich Sorgen, dass sie ins Lager kommt und die beiden anderen allein lassen muss. Warum sind die Urteile unterschiedlich? Warum sterben die einen und die anderen nicht? Was ist das für eine Komödie, wie Krystyna schreibt, die die Herren Generäle aufführen, um viele kleine Mädchen zum Tode zu verurteilen? Und warum hat Maria das Glück zu überleben?

Die »Komödie« hatte bereits in Warschau begonnen. Sie wussten, dass das, was sie taten, gefährlich war. Sie wussten, wenn die Gestapo in der Tür stand, war alles zu spät. Bis dahin hatten Krystyna, Maria und Wanda gedacht, aber nicht weiter. Vielleicht noch: Wenn die Gestapo kommt, gibt

Gefängnis *Pawiak* – Eingangspforte zum Frauengefängnis »Serbien«, 1931.

es ein paar Schüsse und das war's. Das, was Krystyna Komödie nannte – die zahlreichen Verhöre der Gestapo, die Gespräche mit dem Ankläger und dem Verteidiger und schließlich der Prozess vor dem Reichskriegsgericht –, dieselbe Komödie ermöglichte Maria, ihr Leben zu retten. Dass alle diese Vorgänge sich für die Häftlinge unerträglich lange hinzogen, hatte einerseits mit der zugespitzten Situation zu tun – der Widerstand verstärkte seine Aktivitäten im Jahr 1942, woraufhin die Gestapo mit vermehrten Verhaftungen reagierte – und zum anderen mit der sprichwörtlichen deutschen Gründlichkeit und Bürokratie. Kein Stück Papier, kein Taschentuch, kein Unterwäschestück, das nicht seinen Niederschlag in den Akten gefunden hätte. Die Vorschriften des kriegsgerichtlichen Verfahrens taten ein Übriges.

Nach der Verhaftung wurden Krystyna, Maria und Wanda getrennt voneinander in den *Pawiak* gebracht. Das Gestapo-Gefängnis *Pawiak* befand sich auf dem Gebiet des Ghettos in der Nähe des Jüdischen Friedhofs. Es ist noch heute ein Schreckensort im kollektiven Gedächtnis der Warschauer. Von 1939 bis 1944 gingen etwa 100.000 Häftlinge durch das Gefängnis und die Verhörräume im Gestapo-Hauptquartier in der

Schuchallee (Aleja Szucha). 37.000 überlebten es nicht, sie wurden exekutiert oder starben nach Folterungen.

Der *Pawiak* fasste rund 1.000 Personen, war aber in der Nazizeit doppelt bis dreifach belegt. Ein Viertel der Insassen war im Frauengefängnis »Serbien« untergebracht, das sich abseits des großen Hafthauses in einem Bau befand, zu dem man über den Hof gelangte. Die Neuankömmlinge hörten das Knallen des Gefängnistores hinter sich und wurden vom Kläffen der Schäferhunde empfangen, die nachts auf dem Gelände frei herumliefen. Nach einer Leibesvisitation lagen sie in völliger Finsternis auf der Pritsche einer Einzelzelle. Die hygienischen Bedingungen und die Verpflegung waren katastrophal.

Zu den Verhören fuhr man die Gefangenen, Männer und Frauen gemeinsam, mit einem *Buda* – zu Deutsch »Zwinger« – genannten Auto. Der Lastwagen, dessen nach hinten offene Ladefläche eine Plane bedeckte, stand stets in der Nähe des Hundekäfigs, in dem die tagsüber eingesperrten Schäferhunde wild bellten. Die Warschauer kannten die *Buda* und wussten, dass die Menschen, die darin saßen, in die Schuchallee zum Verhör gebracht wurden. Maria erlebte, als das Auto an einer Kreuzung in der Nähe ihrer Wohnung an einer Ampel hielt, wie ein Bekannter sie auf dem LKW erkannte und zum Abschied grüßte.

Im Hauptquartier der Gestapo in der Schuchallee, wo die Prachtbauten verschiedener Ministerien standen, fanden die Verhöre statt. Das Gebäude des ehemaligen Bildungsministeriums hatte sich die Gestapo 1939 zum Sitz gemacht. Gegenüber lag der bei den Warschauern beliebte Łazienki-Park, gestaltet durch den deutschen Landschaftsarchitekten Johann Christian Schuch. Durch den Namen der Straße, die zwischen Park und Gestapo-Zentrale verlief, war auf perfide Weise einer der schönsten Warschauer Erholungsorte mit dem Ort grausamster Folterungen verbunden.

Schon vor dem Verhör wurden die Häftlinge eingeschüchtert. Sie saßen in einem schmalen Raum im Kellergeschoss des Gebäudes, den alle »Straßenbahn« nannten. Dort waren Bänke so hintereinander angeordnet, dass die Gefangenen auf die Rücken der in der nächsten Reihe Sitzenden schauten. Aus einem Raum unweit der »Straßenbahn« dröhnte ein Radio, doch zwischen der lauten Musik hörten die Wartenden immer wieder Schreie. Sie wussten: In diesem Raum wurde gefoltert. »Verschärfte Vernehmung« hieß das im Gestapo-Deutsch.

Zentrale der Warschauer Gestapo in der Schuchallee (Aleja Szucha).

Maria beim Verhör: Hinter einem Tisch saßen einige Männer in Uniform, sie wurde ihnen gegenübergesetzt. Der Dolmetscher übersetzte: Sie solle nichts verdrehen, denn Krystyna habe bereits zugegeben, dass sie gemeinsam in einer Nachrichtenzelle gearbeitet hätten.

In Marias Kopf brodelte es. Was wissen sie? Durch wen bin ich aufgeflogen? Was gebe ich zu, denn sie haben ja Belastendes gefunden. Sie werden mir nicht glauben, wenn ich gar nichts zugebe. Was gebe ich auf keinen Fall zu? Janusz muss draußen bleiben! Überhaupt möglichst keinen anderen belasten und natürlich auch nicht mich selbst. Werden sie mich schlagen? Werden sie mich in den Raum mit dem Radio bringen? Sie werden wohl die Vorgesetzte »Ewa« verhaftet haben. Hat sie mich verraten? Und die beiden anderen? – Ja, ich habe für eine Nachrichtenzelle gearbeitet. Wer hat mich angeworben, mein Gott, wer hat mich angeworben? Es musste nach den Grundsätzen der Konspiration ein guter Bekannter sein.

»Wer? Ein Kollege, der im gleichen Gebäude lernte, in dem meine Berufsschule war. Er hat mich mal angesprochen und nach Hause begleitet. Er gefiel mir, ich gefiel ihm. Da brachte er mich öfter nach Hause. Und dann fragte er mich, ob ich in einer Untergrundorganisation arbeiten würde.« – »Vor- und Zuname!« – »Den Nachnamen hat er mir nie gesagt.« Ein Schlag ins Gesicht. »In welche Klasse geht er?« – »Er ist schon seit einem halben Jahr raus, er ist in die Provinz, er wollte mir schreiben, hat er aber nie getan, wahrscheinlich hat er eine andere ...« Vom nächsten Schlag fiel Maria vom Stuhl. Man setzte sie wieder auf und ließ sie eine Weile allein.

Als die Vernehmer wiederkamen sagte der Dolmetscher: »Welche Aufgaben hast du für die Organisation ausgeführt?« – »Keine. Ich war noch in der Schulung. Ein Unbekannter brachte mir Schulungsmaterial, zuletzt die Richtlinien, die bei mir gefunden wurden.« Der Dolmetscher: »Krystyna hat gesagt, ihr habt seit April zusammengearbeitet, wieso bekam sie Aufgaben und du keine?« Wieder ein Schlag. Maria dachte an den Raum mit dem Radio. Und sie erzählte, dass sie in der Oberfeldkommandantur gewesen sei, um Informationen einzuholen. Aber mehr Aufgaben habe sie nicht bekommen. Erst jetzt begriff Maria, wen sie mit Krystyna meinten. Sie kannte die Kameradin aus der Nachrichtenzelle bisher nur unter Pseudonym. Also war Krystyna auch verhaftet. Die letzte Frage des Verhörs lautete: »Wer außer Krystyna war bei eurer Vereidigung dabei?« DAS hatte Krystyna zugegeben?! »Nein, sie irrt sich, ich war nicht dabei, als sie den Eid leistete.« Diese Lüge blieb unkommentiert. Kein Schlag, nichts. Maria wurde zum Auto geführt. Es blieb für sie bei diesem einen Verhör in Warschau.

Wanda verhörte die Gestapo ebenfalls. Die Beamten zeigten ihr den Plan, den sie selbst geschrieben und dann Krystyna übergeben hatte. In diesem hatte Wanda die Telefonnummer ihres Schwagers vermerkt. Als die Gestapo sie dort nicht fand, nahm sie ihre Schwester als Geisel, bis man Wanda in ihrer Wohnung aufgriff. War es, dass Wanda zu jung wirkte oder zu naiv, sie wurde anscheinend von Anfang an als minder schwerer Fall betrachtet. Die Durchsuchung der Wohnung blieb oberflächlich, die Gestapo fand nichts Belastendes, obwohl Wanda eine Schulungsbroschüre mit Dienstgradabzeichen und Erkennungssymbolen von Wehrmachteinheiten zwischen ihren Sachen verbarg. Wanda wurde nun befragt. Nach Namen, Decknamen. Sie kannte keinen. Keine Krystyna Wituska, keine Maria Kacprzyk, keinen Zbigniew Walc, von dem sie nun wirklich nichts wissen konnte. Auch Wanda wurde geschlagen. Noch Jahrzehnte später erinnerte sie sich an die Pranke des Vernehmers, eines Schlesiers.

Karl Heller, Kriminalkommissar bei der Berliner Gestapo und zuständig für Ermittlungen gegen den Nachrichtendienst des polnischen Untergrunds, 1940.

Auch im *Pawiak* existierten gut organisierte Strukturen des Untergrunds. Ein Teil der Konspirantinnen arbeitete im Lazarett. Sie verschafften den Neuankömmlingen die Gelegenheit, den Angehörigen Nachrichten zukommen zu lassen. Aber weder Maria noch Wanda konnten auf das Angebot eingehen, zu erschrocken und misstrauisch waren sie. Maria bekam sogar einen hysterischen Anfall, weil eine Ärztin ihr als Vertrauensbeweis die Armbanduhr des Vaters zeigte. Doch Maria erkannte die Uhr nicht und glaubte, dies bedeute nun, dass die Familie in ein Konzentrationslager gekommen sei. Als sie sich beruhigt hatte, erfuhr sie, dass sich Krystyna und Wanda ebenfalls im *Pawiak* befanden.

Die drei Frauen wussten nicht, in welchem größeren Zusammenhang sie entdeckt und verhaftet worden waren. Nicht die Warschauer Gestapo hatte sie festgesetzt, vielmehr reisten dafür Berliner Beamte nach Polen. Diese waren seit Februar 1942 mit Ermittlungen gegen ein umfangreiches, das gesamte Gebiet Deutschlands abdeckendes Agentennetz der Widerstandsorganisation *Związek Jaszczurczy* (Organisation Eidechse, ZJ) befasst. Da die Organisation, die sich der Heimatarmee nur teilweise unterstellte, trotz allem mit deren Nachrichtendienst zusammenarbeitete, entdeckte die Gestapo nach und nach auch dessen Informanten, Agenten und Kuriere. Im Zuge der Nachforschungen, die der Kriminalkommissar Karl Heller leitete, wurden – wie ein Polizeibericht festhielt – »durch kriminalistische Kleinarbeit, Dauervernehmungen und entschlossenes Zugreifen« zunächst über 70, später Hunderte Personen festgenommen. Die rekonstruierten Verbindungen führten bis nach Warschau, wo sich die Zentrale des Widerstands befand. Ab Sommer 1943 hatte die aus Spezialisten um Heller gebildete Sonderkommission für mehrere Monate ihren Sitz in Warschau; 1944 zog sie nach Frankreich weiter, um dort gegen den polnischen Nachrichtendienst vorzugehen. Ob Heller Krystyna, Maria und Wanda persönlich verhörte, ist nicht bekannt. Jedoch legen erhaltene Dokumente den Schluss nahe, dass die Verhaftungen der drei auf sein Konto gingen.

Am 3. November 1942, zwei Wochen nach der Verhaftung, sahen sich Maria und Wanda im Zug wieder. Sie, eine ältere Dame und ein elend aussehender junger Mann wurden von zwei ihnen gegenübersitzenden Gestapo-Männern bewacht, die abwechselnd in ein Nebenabteil verschwanden, wo anscheinend gefeiert wurde. Davon abgesehen handelte es sich um einen gewöhnlichen Zug mit ganz normalen Leuten. Der Transport der Gefangenen war so organisiert, dass die anderen Reisenden an dem Abteil mit den Häftlingen nicht vorbeikamen. An den Bahnhofsschildern sahen sie, in welche Richtung die Reise ging: Posen, Frankfurt/Oder, Berlin.

Die nächste Station der Polinnen war das Gefängnis des Polizeipräsidiums Berlin am Alexanderplatz. Nach wie vor in Schutzhaft, folgten hier weitere Verhöre und Ermittlungen bis nach Ansicht der Gestapo Erkenntnisse vorlagen, die für eine Anklage reichten. Sobald diese erhoben wurde, endete die polizeiliche Zuständigkeit. Die Angeklagten wurden dem Gericht überstellt und kamen zur Untersuchungshaft in das Gefängnis Alt-Moabit. Im Fall von Krystyna, Maria und Wanda erklärte sich das Reichskriegsgericht für zuständig, da es durch die Tat »besondere militärische Belange« berührt sah. Viele Fälle, an denen die Wehrmacht kein Interesse zeigte, verhandelte der Volksgerichtshof. Doch das wussten die Frauen bei ihrer Ankunft in Berlin nicht. Erst nach und nach, durch Gespräche mit anderen Häftlingen, deren Fälle ähnlich gelagert waren, konnten sie sich ein Bild machen. Zunächst hieß es warten. Maria traf es am schlimmsten. Im Polizeigefängnis kam sie in eine Massenzelle, in der über 100 Frauen hausen mussten. In dem Raum war längst kein Platz für Neuankömmlinge mehr, doch eine Wärterin drückte Maria regelrecht hinein. Die Häftlinge lagen auf dem Boden wie Sardinen in der Büchse. Von der anderen Seite des Saales rief eine Frau: »Polin?« und winkte Maria zu sich. Die schritt über die Frauen, trat auch immer mal auf ein Körperteil, fühlte, wie man gegen ihre Beine schlug, begleitet von russischen und deutschen Flüchen. In der »polnischen Ecke« angekommen, lag eine Polin auf einem Eisenbett, eine andere darunter. Als die erste wenig später freikam, wechselte die andere auf das Bett und Maria konnte sich darunterlegen, nun immerhin vor Tritten sicher. Die Wärterinnen trauten sich nicht in die Zelle. Flöhe, Läuse, Wanzen hatten sich dort in unglaublichen Massen vermehrt. Die meiste Zeit des Tages verbrachten die Frauen mit der Jagd auf die Insekten. Die Waschbecken waren unzugänglich, weil Gefangene darunterlagen, die vier Toilettenbecken in einem scheußlichen Zustand. Keiner unternahm etwas, dies zu ändern. Neben dem Gestank beherrschte Lärm die Szenerie. Die U-Bahn polterte direkt an der Zelle vorbei. Dennoch sang die zusammengewürfelte Gemeinschaft – außer Deutschen gab es Französinnen, Weißrussinnen, Ukrainerinnen, Serbinnen – allabendlich gemeinsam: »Es geht alles vorüber, es geht alles vorbei. Nach jedem Dezember kommt wieder ein Mai.«

Einige Zeit tat Maria nichts anderes, als auf das schlechte Essen zu warten und Flöhe zu fangen. Doch nach zwei Wochen, ab dem 18. November, gab es wieder Verhöre. Bis zum 29. Dezember wurde sie acht Mal vernommen, insgesamt 28 Stunden lang. Etwa die Hälfte der Verhöre fand ohne Übersetzer statt. Hier entschieden Worte über Leben und Tod. Marias Behauptung, den Namen desjenigen nicht zu kennen, der sie in die Organisation eingeführt hatte, erschien der Gestapo unglaubhaft. Sie aber blieb dabei, nur den Vornamen zu kennen. Man wollte sie anhand Krystynas Aussage, sie hätten zusammen den Treueeid geleistet, überführen. Maria blieb standhaft: Krystyna müsse etwas verwechselt haben. Allerdings wusste sie nichts über Wandas Aussage. Doch Wanda hatte ebenfalls geleugnet, einen Eid geleistet zu haben. Bei diesen Verhören, die im Gefängnis am »Alex« stattfanden, wurde Maria zwar zu ihrer Empörung geduzt und angeschrien, aber nicht geschlagen. Die Gestapo bediente sich diffizilerer Methoden: In den Pausen beobachtete man sie aus einem Nebenzimmer. Die Vernehmer sagten ihr, sie wollten ihr helfen, sie erhielt sogar eine Zigarette.

Marias größte Angst war, dem Druck nicht standhalten zu können. Einmal wartete sie gemeinsam mit der Frau, die sie während der Überführung von Warschau nach Berlin im Zug kennengelernt hatte, auf das Verhör. Die Gefangene drohte psychisch zusammenzubrechen. Sie sollte ihre Kameradinnen verraten. Sie wusste nicht mehr weiter und wollte sich das Leben nehmen. Die Massenzelle, in der Maria saß, befand sich direkt neben der Einzelzelle dieser Frau. Maria kündigte an, in der kommenden Nacht alle paar Minuten an die Wand zu klopfen und, sollte sie keine Antwort erhalten, Alarm zu schlagen. Die Gefangene überlebte. Maria begriff, dass ihre Kräfte wuchsen, wenn sie selbst aktiv würde. Zuerst nahm sie sich die verschmutzten Toiletten vor. Als Klopapier warf man den Frauen alte Zeitungen in die Zelle. Maria, die intellektuell darbte, las sie und stieß dabei auf einen Artikel mit der Überschrift: »Was ist ein Kriegsgericht?« Aus ihm erfuhr sie, dass solche Gerichte gewöhnlich gegen Soldaten Recht sprachen, im Krieg aber auch unter bestimmten Umständen gegen Zivilisten. Die Richter waren studierte Juristen im Rang von Offizieren, teils Oberste oder gar Generäle!? Das beeindruckte Maria. In dem Artikel stand aber auch, dass zur Beschleunigung des Verfahrens die Rechtsmittel der Berufung und der Revision wegfielen. Stattdessen gab es ein Bestätigungsverfahren durch den Gerichtsherrn.

Maria sollte nicht vor irgendein Kriegsgericht gestellt werden. Wie sie von einer Mitgefangenen erfahren hatte, würde über sie das Reichskriegsgericht, der oberste Gerichtshof der Wehrmacht, urteilen. Dieses, so ein hoher Militärjurist 1941, sei zuständig »für gewisse schwere Verbrechen, die beim Inländer das gemeinsame Kennzeichen des Treubruchs gegen Führer, Volk und Wehrmacht tragen, bei Ausländern aber [...] wegen der Gefährlichkeit von Täter und Handlung und der dahinterstehenden Organisation energische und einheitliche Abwehr erforderlich machen«. Zu den »schweren Verbrechen« zählten unter anderem Spionage, Feindbegünstigung, Zersetzung der Wehrkraft und Kriegsverrat. Für alle diese Delikte sahen Gesetze und Verordnungen die Todesstrafe vor. Die in großer Zahl durch das Reichskriegsgericht verurteilten Ausländer gehörten oft den Widerstandsbewegungen in den von der Wehrmacht besetzten Ländern an. Unter ihnen befanden sich über 500 Polen, von denen mehr als 180 die Todesstrafe erhielten. Insgesamt verhängte das Reichskriegsgericht bis 1945 weit über 1.000 Todesurteile.

Fragment des Zeitungsartikels »Was ist ein Kriegsgericht?«
aus dem *Berliner Lokal-Anzeiger*, 27. November 1942.

Durch den Zeitungsartikel begriff Maria, dass sie sich in den Verhören möglicherweise falsch verhalten hatte. Die Persönlichkeit des Angeklagten stand im Mittelpunkt, nicht seine Tat. Ihre Haltung sollte also den Ausschlag geben. Marias gerade gewonnene Fassung drohte wieder ins Wanken zu geraten. Nachdem zwei ihr vertraute Mithäftlinge die Massenzelle verlassen hatten, war sie dort nun die einzige Politische. Es war nicht mehr auszuhalten!

Nach zweieinhalb Monaten in der überfüllten Zelle ließ sie sich Stift und Papier geben und schrieb an den für sie zuständigen Gestapo-Kommissar: »Es ist eine Schande für Deutschland, dass man eine politische Gefangene unter so unmenschlichen Bedingungen gemeinsam mit Kriminellen und Prostituierten hält!« Der Beamte reagierte amüsiert und beeindruckt: »Maria, du bist frech, aber mutig.« Sie bekam eine Einzelzelle in der Männerabteilung, ohne Gestank, ohne den Lärm der U-Bahn, ein Bett mit sauberer, blau karierter Bettwäsche. Maria fand, dass sie es gut mit sich allein aushalten konnte. Sie sang zu ihrer Unterhaltung alle Lieder, die sie kannte, und rezitierte polnische, lateinische, französische und deutsche Gedichte. Abends hörte sie am Fenster die »neusten Nachrichten«, die ein Gefangener aus seinem Fenster rief. Ein Suchscheinwerfer irrte über die Gebäudefront, doch den Rufenden fand er nicht.

Es ist durchaus verwunderlich, dass Maria in dieser Zeit eine Einzelzelle bekam, denn der »Alex« war überbelegt, weil sich unter den Widerständlern um Harnack und Schulze-Boysen viele Frauen befanden. Nach zwei Wochen wurde auch Maria in die Zelle einer dieser Verhafteten aus dem Kreis der »Roten Kapelle« verlegt, zu Ilse Imme. Obwohl sie sich nicht mochten, mussten sie ein Bett teilen. Doch nebenan saß Wanda Kamińska mit Eva-Maria Buch, die ebenfalls zur »Roten Kapelle« gehörte und bei ihrer Zellengefährtin Polnisch lernte. Und noch eine Zelle weiter saßen Krystyna und Rosemarie. Endlich konnten sich die Polinnen austauschen und ihr Vorgehen vor dem Reichskriegsgericht absprechen. Jetzt erst erfuhr Maria, dass der Kontakt Krystynas zu ihrem Verlobten der Auslöser für die Verhaftung der drei gewesen war. Und auch Zbigniew Walc befand sich zu dieser Zeit im Gefängnis am »Alex«.

Am 8. Februar 1943 endete die Schutzhaft. Drei Tage später kamen Maria und Krystyna nach Moabit, Wanda folgte zwei Wochen später. Alle drei brachte die Gefängnisleitung in Einzelzellen unter. Über zwei Monate

Seite aus dem Tagebuch von Maria Kacprzyk. Vermerkt sind unter anderem das Ende der Schutzhaft sowie die Verlegung von Krystyna, Maria und Wanda nach Moabit, außerdem die Verhandlung gegen Olga Jędrkiewicz.

lang passierte für die Untersuchungshäftlinge, die sich nun in der Zuständigkeit des Reichskriegsgerichts befanden, nichts. Doch sie wussten, dass in den nächsten Wochen der Prozess auf sie zukam. Wie sollten sie sich vorbereiten?

Maria genoss zunächst die Veränderung, denn Moabit erschien ihr – wie sie sich später erinnern sollte – beinahe wie ein Hotel. Kein Wunder nach den Gefängnissen, die sie durchlebt hatte. Den *Pawiak* und den »Alex« hätten die Deutschen, so meinte Maria, nicht einmal ihren eigenen Verbündeten zeigen dürfen. Moabit war ein Vorzeigegefängnis, ausländische Kommissionen durften es besichtigen, sogar das Internationale Rote Kreuz. Die Zellen hatten ein hoch gelegenes, aber großes Fenster, an der einen Wand war das Bett und an der gegenüberliegenden ein Tisch zum Hochklappen angebracht. Es war sauber, die Toilette wurde gereinigt, es gab keine Wanzen, keine Läuse... Maria schrieb an ihre Eltern: »Die Zelle ist groß (8 x 4 Schritte), hell, sehr sauber und es ist sehr warm. Wir haben auch den Tisch: stellt ihr euch vor, daß ich erste mal von vier Monate an den Tisch esse. Jedes Tag gehen wir eine halbe Stunde spazieren: das ist sehr angenehm.«

Die größte Überraschung war aber die Gefängnisbibliothek, zwei Bücher pro Woche konnten dort ausgeliehen werden. Mit ihrem »sehr groß Bücherhunger« begann Maria deutsche Bücher zu lesen, um ihre Deutschkenntnisse aufzubessern. Das Einzige, was sie in Vorbereitung auf ihren Prozess tun konnte. Sie glaubte zu diesem Zeitpunkt, dass sie Chancen habe, mit einer Zeitstrafe davonzukommen.

Bis sie Olga traf. Maria kannte Olga bereits aus dem *Pawiak*, wo beide eine Nacht in einer Zelle verbracht hatten. Auch in der Massenzelle am »Alex« waren sich die beiden begegnet, als Olga ihr den Platz unter dem Bett »vererbt hatte«. Sie trafen sich beim Hofgang in Moabit unter den vier Bäumen, die bald Blätter austreiben würden, denn es war März. Die kleine zarte Olga mit dem Madonnenscheitel und die große, zwei Jahre jüngere Maria hatten dabei Gelegenheit, sich auszutauschen. Doch Maria traute ihren Ohren nicht. »Was hast du?« – »Todesstrafe, ja.« – Wie, Olga bekommt die Todesstrafe? Das war doch völlig harmlos, was sie gemacht hat!, dachte Maria.

Olga Jędrkiewicz stammte ebenfalls aus Warschau. Die 1920 Geborene hatte früh den Wunsch verspürt, sich gegen die Besatzer zu engagieren und über ihren Schwager 1940 Kontakt zum Widerstand geknüpft. Olga transportierte für den *ZWZ* und die *ZJ* als Kurierin gefälschte Papiere. Diese waren für Agenten bestimmt, die nach Deutschland reisten. Gelegentlich bewahrte sie auch Dokumente in der Pension ihrer Mutter auf, wo sie als Zimmermädchen arbeitete. In der Regel wusste sie nicht, was sie in den Briefumschlägen beförderte. Die Übergaben fanden auf der Straße statt. Eine Ausbildung hatte sie dafür nicht absolviert. Wie Maria und Wanda nahm die Gestapo Olga in der Nacht zum 20. Oktober 1942 fest. Sie war zuvor etwa einen Monat lang beobachtet worden, nachdem die Gestapo einen Verbindungsmann verhaftet hatte. Bei der Durchsuchung der Wohnung wurde nichts Belastendes gefunden. Olga hatte keine Ahnung, was sie erwartete. Bei einem Verhör fragte der Gestapo-Mann sie: »Was glaubst du, welche Strafe du bekommst?« Olga antwortete: »Zwei, drei Jahre.« Er lachte los und sagte dann auf Polnisch: »Da hast du längst ins Gras gebissen.«

Bei den Verhören stellte sie sich als naives Mädchen dar: Da sei ein gut aussehender Mann gekommen, der ihr gefallen habe und fragte, ob sie den

Umschlag da und dahin tragen würde. Nun, warum sollte sie ihm den Gefallen nicht tun? Und selbstverständlich habe sie nicht gewusst, was sich in den Umschlägen befand. Im Prozess tat der Verteidiger nichts zu ihrer Entlastung, im Gegenteil, er drängte sie, schneller zu antworten, und das bei Fragen, an deren Beantwortung das Leben hing. Das Reichskriegsgericht verurteilte sie wegen Feindbegünstigung und Vorbereitung zum Hochverrat zum Tode.

Als Maria von diesem Hofgang im März in ihre Zelle kam, läuteten bei ihr die Alarmglocken: Auch wenn die Gestapo-Beamten ihr gegenüber von einer möglichen Todesstrafe gesprochen hatten, das hätte ja auch zur Einschüchterung dienen können. Sie hatte geglaubt, diesem Urteil entgehen zu können. Nun stand das Wort mitten in der Zelle. Todesstrafe. Und Maria dachte: Die Scherze sind vorbei, so wird hier gerichtet. Marysia, bereite dich auf den Tod vor, das lässt sich nicht umgehen.

Es war schwer, mit niemandem darüber reden zu können. Mit der Ungewissheit und der Angst allein zu bleiben. Maria schuf sich einen »Gefängnisfreund«, eine Art Tagebuch. Doch selbst mit ihm konnte sie nicht direkt »reden«, das war zu gefährlich. Sie suchte Zitate aus ihrem in den vergangenen buchlosen Wochen trainierten Gedächtnis und wählte aus den Büchern der Gefängnisbibliothek passende Textstellen. Sie notierte Auszüge auf Französisch, Lateinisch, Deutsch und Polnisch. Die Eintragungen in das Tagebuch nach der ersten Begegnung mit Olga zeigten deutlich, wie eng Marias Gedanken um den Tod kreisten. Der »Freund einsamer Tage« ertrug geduldig seitenweise Zitate aus den Stücken »Der Cid« und »Horace« von Pierre Corneille. »Heißt's doch durch schönen Tod Unsterblichkeit ererben«, versuchte sie sich zu trösten. Sie scheute sich nicht, ihr Schicksal an den Größen der Weltliteratur zu messen. Mit lateinischen Versen, wie »Unruhig ist mein Herz, bis es ruht in dir«, suchte sie Linderung für ihre aufgewühlte Seele. In dem Lied »Mein Herze hör ich pochen! Das ist ein seltsam Ding«, das unter den Häftlingen kursierte, fand sie sich wieder. Es drückte die Todessehnsucht aus, die sie nun ergriff:

Die Schläge werden stärker,
ich liege still dabei;
denn ich weiß es, der stärkste der Schläge
schlägt mir das Herz entzwei.

Ich hör' das wilde Hämmern,
ich warte Tag um Tag.
Und lausche mit Sehnen entgegen
dem – letzten – – Schlag.

Mit einem anderen Gedicht sprach sie sich dann wieder Mut zu:

Seht ihr das Flimmern, seht ihr das Schimmern,
seht ihr den schmalen rotgoldigen Schein?
Nimmer dich quäle, nachtmüde Seele.
Siehe, die Sonne verlässt uns nicht.

In Moabit konnte Maria so oft wie sie wollte nach Hause schreiben. Vorsichtig bereitete sie die Angehörigen auf ihr mögliches Urteil vor. »Ich bin mir zu 100 % meines bevorstehenden Urteils sicher, welches das schärfste wird, das man erwarten könnte.« Der Vater riet ihr, ein Treffen mit einem Verteidiger anzustreben und ihm Geld anzubieten. Sie bat daraufhin schriftlich um ein Gespräch mit dem Anwalt, doch sie erhielt keine Erlaubnis. Der Vater ließ nicht locker und ersuchte einen deutschen Geschäftspartner um Hilfe. Dieser bemühte sich beim Gericht darum, mit Maria sprechen zu dürfen, ohne Erfolg.

Schließlich ließ Maria alle Ungeduld und Angst an ihrer Familie aus. Sie beschwerte sich, dass man sich zu Hause so sehr um ihr körperliches Wohl sorge, aber ihr geistiges »ungenüglich« vernachlässige. »Seit zehn Tagen keinen Brief!«, schrieb sie am 14. März. Als danach dann doch Briefe eintrafen, gab sie sich ungnädig. Den wohlmeinenden Trost der Mutter, der Richter werde doch vielleicht ein Herz haben und sie freilassen, wies sie zurück: »Das Kriegsgericht und ein Herz, das ist eine zu paradoxe Zusammenstellung.« Einen Brief vom Vater hatte die Zensur zurückgehalten, weil er »ungeeignet« gewesen sei. »Bestimmt hast du zu viel Interesse gegenüber dem Fall deiner Tochter gezeigt«, kritisierte sie ihren Vater: »Von dir hätte ich es am wenigsten erwartet, dass du dem Herrn Zensor gegenüber nicht loyal bist.« Auch der Bruder Janusz blieb von Vorwürfen nicht verschont.

Sie klagte über körperliche Beschwerden, Pickel plagten sie, die »populärste Krankheit im Gefängnis«, und ein Geschwür auf dem Rücken.

Doch sie versuchte, darüber zu scherzen: »Es ist sehr romantisch für das Vaterland zu schmerzen.« In den zwei Monaten des Grübelns in der Einsamkeit musste Maria wie alle Gefangenen arbeiten: Sie rahmte Dias, auf denen Flugzeuge zu sehen waren. Sie nähte Knöpfe an und bereitete für das Lazarett Mulltupfer vor. An manchen Tagen klebte Maria 1.000 Stück NSDAP-Etiketten auf Propagandablätter, auf denen stand: »Der Kampf ist hart, wir sind härter.« Erstaunlicherweise wurde der Brief, in dem sie das den Angehörigen in zynischem Ton mitteilte, nicht konfisziert. In dieser Zeit konnte sie lange Briefe schreiben, in denen sie ihre Eltern immer wieder bat, bei der Antwort leere Blätter zwischen die Seiten zu legen. Denn sie durfte zwar schreiben, so viel sie wollte, aber separat gesandtes Briefpapier nahm man ihr weg. Maria führte genauestens Buch über die Pakete und Briefe, die sie erhielt. In einem Monat Moabit bekam sie acht Pakete. Doch willkürlich konfiszierte die Haftanstalt einen Teil der Lebensmittel und Medikamente. Manchmal auch das ganze Paket. Deshalb bat sie ihre Familie, lieber mehrere kleine zu schicken als ein großes.

Unerwartet eröffnete Maria das Putzen ihres Zellenfensters eine neue Perspektive. Das Warten auf den Tod sei eine alltägliche Sache, fand sie, dagegen sei Fensterputzen doch eine ungewöhnliche Tätigkeit. Das Fenster der Zelle 28 im ersten Stock war sehr hoch, ein Teil mit undurchsichtigen Milchglasscheiben, das Oberlicht hatte normale Scheiben. Sie sah also normalerweise nur ein kleines Stückchen Himmel und ein paar Dächer. Zum Fensterputzen bekam sie eine Leiter: »Und nun öffnete sich vor meinen Augen eine Wunderwelt. Ich sah zwei große Höfe mit den Bäumen, mit dem Gras, hier und da grün schon. Und sah ich die normalen Leuten und zwei Kinder und ein schwarzen Katz und Vögeln. Es war ein schöner Frühlingstag und die Vögeln zirpten, der Katz miautet, die Kinder (kleine Kinder, zwei, vier Jahre alt) herumliefen und plauderten. Das Geplauder der Kinder ist in jeder Sprache egal lieblich. Ich saß auf der Leiter, ganze in der Sonne und schaute und weinte. Und wusch meines Fenster drei Stunde hindurch.«

Aus dieser Stimmung zwischen Leben und Tod wurde Maria am 13. April 1943 herausgeholt und mit einem Auto durch Berlin gefahren. Die Vorbereitungen für den Prozess begannen. Trotz aller Aufregung war Maria froh, mal etwas anderes zu sehen. Neugierig schaute sie an dem Rücken des Fahrers vorbei. Sie bat ihn, ihr die Stadt zu erklären. Zwischen

Gebäude des Reichskriegsgerichts in Berlin-Charlottenburg, vormals Sitz des kaiserlichen Reichsmilitärgerichts, um 1917.

Brandenburger Tor und Siegessäule, entlang des Tiergartens, war die Straße mit Tarnnetzen überspannt, in denen kleine Tannenbäume steckten, eine Maßnahme um den alliierten Bombern die Orientierung zu erschweren.

Vor einem schlossartigen Gebäude in der Witzlebenstraße in Charlottenburg hielt der Wagen. Edle Steinfußböden, Marmor und Spiegel empfingen sie im Innern. In einem kabinettartigen Arbeitszimmer begrüßte sie Oberkriegsgerichtsrat Hugo Speckhardt. Maria registrierte: ein gut aussehender Offizier in mittleren Jahren und mit Manieren. Speckhardt stellte sich als Ankläger in ihrer Sache vor. Er präsentierte Maria die Ergebnisse der Verhöre: Sie sei eine fanatische Polin, die Spionage betrieben habe. »Aber«, sagte Speckhardt, »ihr Polen habt doch einen viel schlimmeren Feind als Deutschland: die Sowjetunion!« Maria überlegte und antwortete trotzig: »Dann haben wir eben zwei Feinde.«

Doch Speckhardt verfügte über einen weiteren Trumpf. Joseph Goebbels startete in diesen Tagen seine groß angelegte Propagandaaktion zu den Verbrechen in Katyń. Bei diesem Ort unweit Smolensk hatte die Wehrmacht die Leichen Tausender polnischer Offiziere gefunden. Erschossen

Oberkriegsgerichtsrat Hugo Speckhardt, Ankläger im Verfahren gegen Wituska, Kacprzyk und Kamińska.

von Russen. Am Morgen dieses 13. April kam die Meldung erstmalig über den Rundfunk. Speckhardt konfrontierte Maria mit dieser Nachricht und führte sie zu einer Karte. Er zeigte Smolensk und das in der Nähe liegende Katyń: »Das ist die polnische politische Dummheit, die euch nicht sehen lässt, dass Polen Verbündeter des Reiches werden muss. Gegen den Bolschewismus. Eure westlichen Verbündeten sind ja nicht eben zuverlässig.« Maria schwieg. Speckhardt: »Sagen Sie noch immer, dass Polen zwei Feinde hat?«

Speckhardt bescheinigte Maria außergewöhnliche Intelligenz, Belesenheit und politisches Wissen. Und er schloss mit dem Urteil, sie sei eine fanatische Polin. Dies sollte seine Strategie für den Prozess sein: einer fanatischen Polin Spionage nachweisen.

Maria hatte begriffen: Die »fanatische Polin« war ihr Todesurteil! Aber wie konnte sie das ändern, ohne sich und Polen zu verraten? Krystyna hatte sich damit abgefunden und Wanda würde keine Todesstrafe bekommen. Beide lehnten eine Zusammenarbeit mit dem Anwalt, der ihnen zugeteilt wurde, ab. Krystyna, weil Rosemarie sie vor Pflichtverteidigern gewarnt hatte. Die Fälle der drei Frauen sollten in einem Prozess verhandelt werden. Zu ihrem gemeinsamen Verteidiger bestellte das Gericht Alban Rehm. Vier Tage vor dem anberaumten Verhandlungstermin traf er einzeln seine drei Mandantinnen. Krystyna und Wanda zeigten sich nicht sehr gesprächig. Maria dagegen fasste Vertrauen. Vielleicht trug dazu bei, dass ihr Vater sich an Rehm gewandt und ihm eine Bezahlung für die Verteidigung angeboten hatte. Rehm sagte, er respektiere, dass der Vater etwas für seine Tochter tun wolle, aber eine Bezahlung müsse er ablehnen.

Rehm kannte die Vernehmungsprotokolle. Die bei Maria gefundene Schulungsbroschüre bewertete er als sehr belastend. Er sah, dass Maria zugegeben hatte, einen Auftrag für die Organisation ausgeführt zu haben. »Und es gab keine weiteren?«, fragte er nach. Maria antwortete, da sie bei der Gestapo keine weiteren genannt habe, sollten sie nun auch nicht darüber sprechen. Rehm wies sie darauf hin, dass er ihre Antwort vor dem Ankläger des Reichskriegsgerichts wiederholen könnte. Als NSDAP-Mitglied sei er sogar dazu verpflichtet. Maria empörte sich: »Sie sind doch mein Verteidiger, also dürfen Sie das nicht tun.« Rehm war zunächst sprachlos, dann sagte er: »Verzeihen Sie Maria, aber Sie sind ein dummes und naives Kind.«

Anscheinend gelang es Maria, das Stereotyp der »fanatischen Polin« zu durchbrechen, das da hieß: klug und stolz. Stattdessen begegnete Rehm in dieser jungen Frau Naivität und fast kindliches Vertrauen. Er gab ihr eine Zigarette und sagte, dass er sich bemühen werde, sie vor dem Todesurteil zu bewahren, ihr aber keine Hoffnung machen könne. Spionage werde in jedem Land, das sich im Krieg befinde, mit dem Tod bestraft.

Vier Tage blieben Maria noch bis zum Prozess. Sie begann, in ihrer Zelle zu wandern. Sie, die große Strecken zu Fuß bewältigen und kilometerweit schwimmen konnte, ging acht Schritte bis zur Tür und acht Schritte zurück bis zum Fenster. Oberkriegsgerichtsrat Speckhardt, der Ankläger, hatte Zweifel in ihre Seele gestreut: das Massaker von Katyń. Sie kannte die propagandistischen Artikel über das Verbrechen aus dem *Völkischen Beobachter*, den sie nun lesen durfte. Und sie hatte keinen Zweifel, dass die Russen ihre Landsleute ermordet hatten. Welcher Feind war schlimmer, Deutschland oder die Sowjetunion?

Auf dem Regal stand ein Foto von Janusz, er schaute ihr beim Wandern zu und ihr war, als sagte er: »Überlebe, Maria, überlebe!« Sie grübelte:

Dass ich ein freies Polen will, darf ich nicht sagen. Doch aber, dass ich mein Vaterland liebe. Geschworen hatte ich, für die Organisation, falls es sein müsse, das Leben zu geben. Ja, für ein freies Polen das Leben geben. Aber mein Leben gehört nicht nur mir. Ich habe Eltern, einen Bruder.

Schließlich ersann Maria eine Verteidigungstaktik, auch für die zwei Freundinnen: Sie hätten nur zur Übung Aufgaben bekommen, weil sie noch geschult werden mussten, sie seien noch nicht für den Agentendienst geeignet gewesen, sie arbeiteten unzuverlässig und dilettantisch. Diese Strategie akzeptierte der Verteidiger Rehm.

Am Tag vor der Verhandlung wurde sie ruhiger. Sie war nun klar, voller Kraft und im Glauben an sich selbst. Sie schrieb Briefe. Fünf Seiten an die Familie: »Mein Herumlaufen in der Zelle wurde zu einer gefährlichen Manie – sonst verhalte ich mich, als würde nichts Wichtiges passieren. Ich zeige mich unanständig fröhlich, unter diesen Umständen erlaube ich mir sogar, ach du Schreck, manchmal etwas zu singen. Ich bin eine große Angeberin, stimmt's? Aber nur, weil ich stolz darauf bin, dass ich meine weinerliche Frauenseele zähmen kann. Auch morgen wird mich kein Urteil zum Weinen in ihrer Anwesenheit veranlassen. Ach, wenn es schon der morgige Tag wäre.«

Maria wusste, dass es in der Verhandlung auf sie ankam, dennoch war sie Realistin genug und schätzte ihre Chancen halbe-halbe ein. Am Vorabend der Verhandlung schrieb sie auf Polnisch einen Kassiber an Wanda Kamińska, den diese ihr Leben lang aufbewahrte: »Wandusieńka! Mein goldenes Mädchen mit goldenem Herzen! Wie auch das morgige Urteil sein sollte – ertrage es tapfer! Falls mich und Krysia das Schicksal nicht verschonen sollte, weiß ich, Wanduś, das wäre schrecklich für Dich, aber nicht umsonst hast Du ein goldenes Herzchen. Über Dein Urteil – kein Tod – sollst Du Dich freuen, denn das ist unsere Freude und unser Trost. Du bist unser liebes ›Kind‹ und wir werden leichter unser Schicksal ertragen, wenn wir Dich in Sicherheit sehen und wenn wir die Gewissheit haben, dass eine von uns zu unseren Lieben dort in Warschau zurückkehren wird und alles, aber auch alles erzählen und vielleicht die letzen Grüße mitnehmen wird ... – Wenn das Weinen Dir hilft, dann weine, liebes Hündchen, Tränen bringen oft Linderung und Ruhe. – Ich sende Dir, Du Liebhaberin der ›kleinen Welt‹, das Foto meines Kajteks. Möge dieses lachende Gesichtchen deine traurigen Gedanken verjagen, Du wirst mehrere solche eigene ›Kajtusińskis‹ haben, und wir vielleicht auch. Und da Du eine fleißige Biene bist und ständig kleine Wunderwerke bastelst, schicke ich Dir die hellblauen und blauen Fäden. So mögen auch Deine Gedanken und Hoffnungen sein. Deine Maryśka«

Mit Kajtek, zu Deutsch »Knirps«, war Marias Cousin gemeint. Der fünfjährige Andrzej war bei ihrer Verhaftung dabei gewesen. Eine große Hoffnung spricht aus diesen Zeilen, nicht nur, dass Wanda eigene »Kajtusińskis«, Knirpslein, haben wird, sondern sie und Krystyna ebenso!

19. April 1943, der Tag der Verhandlung. Maria hatte sich nicht nur innerlich vorbereitet. Sie trug ein fliederfarbenes Kostüm, eine weiße Bluse und Absatzschuhe. Die Haare waren frisch gewaschen und etwas eingedreht. Ein Blick in den großen Spiegel im Foyer des Reichskriegsgerichts in der Witzlebenstraße stellte sie zufrieden, es konnte losgehen. Der Verhandlungssaal war bis in Schulterhöhe holzgetäfelt, darüber Art-déco-Stuck, an der Decke eine vielgliedrige Jugendstillampe. Auf einer Seite besaß der Saal große Fenster, man konnte eine Terrasse sehen und einen Park, es war ein schöner Frühlingstag.

Die »Kämpfer an der Heimatfront«, als welche sich die Richter selbst sahen, waren: Generalleutnant Ritter von Mann, Generalmajor Schroth, Oberst Röhrs, Oberkriegsgerichtsrat Eichberg, als Verhandlungsleiter bei dieser Sitzung des ersten Senats fungierte Reichskriegsgerichtsrat Werner Lueben. Vertreter der Anklage: Oberkriegsgerichtsrat Hugo Speckhardt. Im Saal saßen als Zeugen zwei Gestapo-Beamte.

Krystyna musste als Erste in den Saal. Sie hielt Marias Strategie nicht für wirkungsvoll und gab zu, Informationen über die Wehrmacht gesammelt zu haben. Dass sie damit den Feinden Deutschlands geholfen habe, sei ihr nicht bewusst gewesen. Sie habe Langeweile gehabt und sich aus Abenteuerlust bereit erklärt mitzuarbeiten. Ihre Aktivitäten stellte sie als nicht sehr erfolgreich dar. Sie gab zu gewusst zu haben, dass die Organisation von Großbritannien aus geführt wurde und die Befehle von der polnischen Exilregierung kämen.

Die Aussage, dass sie gemeinsam mit Maria vereidigt worden sei, widerrief sie. Ansonsten nahm sie die Schuld auf sich. Sie wollte auf jeden Fall die Freundinnen retten. Und sie hatte Rosemaries stolze und unbeugsame Haltung vor Augen: »Sei nicht klein und hässlich, Kryscha. Mach ihnen nicht diese Freude!«

Reichskriegsgerichtsrat Werner Lueben, Verhandlungsleiter im Verfahren gegen Wituska, Kacprzyk und Kamińska, 1941.

Wanda sagte, sie sei aus Neugierde bereit gewesen, für die Freiheit Polens mitzuarbeiten, wisse aber sonst nichts über die Organisation und deren Ziele. Die Ausbildung sei noch nicht begonnen worden.

Maria wurde gefragt, ob sie allein oder mithilfe eines Dolmetschers sprechen wolle. Sie entschied sich für einen Übersetzer, um zwischen den Fragen etwas Zeit zu gewinnen. So, wie sie es sich zurechtgelegt hatte, behauptete Maria, nur Probe- und Übungsaufträge bekommen zu haben. Eine der Fragen, die das Gericht ihr stellte, traf sie unvorbereitet: »Warum haben Sie sich einer Organisation angeschlossen, die dem Deutschen Reich gegenüber feindlich eingestellt ist?« Maria zögerte – bisher hatte sie einen guten Eindruck von dem Gericht. Deshalb traute sie sich. Sie überraschte Verhandlungsleiter Werner Lueben mit der Bitte, diese Frage in Abwesenheit der Gestapo beantworten zu dürfen. Lueben schickte die Beamten aus dem Saal. Eine Polin, der Spionage beschuldigt, ließ die Gestapo abtreten! Eine Genugtuung für alle drei Angeklagten.

Maria erklärte: »Ich bin der militärischen Organisation beigetreten, die sich dem Deutschen Reich entgegenstellt, weil die deutsche Okkupation meinem Volk viel Unglück bringt. Tausende von Menschen werden verhaftet, zu Hause oder in Razzien auf den Straßen. Die Gefängnisse sind voll. Es gibt in Polen Konzentrationslager wie Auschwitz. Einige meiner Bekannten, die dorthin kamen, sind schon tot. Die Häftlinge werden in den Warschauer Straßen am helllichten Tag standrechtlich erschossen oder gehängt, nur so, um Schrecken einzuflößen.« Das Gericht hörte ihr zu. Dann fügte sie hinzu, dass sie nicht aus Hass gegen Deutschland gehandelt habe, sondern aus Liebe zu ihrem Vaterland, dass sie aber keine Chauvinistin sei. Und sie wies auf Leo Schlageter hin, der nach dem Vertrag von Versailles gegen die Franzosen gekämpft hatte und dafür zum Tode verurteilt worden war.

Ankläger Hugo Speckhardt zeigte sich unbeeindruckt vom Auftreten Marias. Er hielt an seinem Vorhaben fest, das Bild einer »fanatischen Polin«, die Spionage betrieb, zu zeichnen. Die Argumentation der Anklage konzentrierte sich ganz auf Marias Person, ihre Aktivitäten im Untergrund spielten hingegen kaum eine Rolle. Speckhardt wiederholte, dass Maria einen Treueeid abgelegt habe. Da Krystyna ihre Aussage korrigiert hatte, rief Maria dazwischen: »Das ist nicht wahr, ich habe keinen Eid geleistet!« Das Gericht befahl ihr zu schweigen. Weiterhin behauptete Speckhardt, dass durch ihre Aktivitäten zur Ermittlung der Adresse des Wachbataillons und durch das Weitergeben der Anschrift eindeutig der Tatbestand der Spionage erfüllt sei. Verhandlungsleiter Werner Lueben wies diesen Punkt jedoch mit dem Argument zurück, dass doch jeder wusste, wo die Einheit untergebracht war. Nach Marias Erinnerung entkräftete Lueben alle Anklagepunkte. Er war, wie Alban Rehm Maria nach der Verhandlung sagte, beeindruckt vom mutigen Auftreten der Polin. Das Gericht folgte der Anklage in dem Vorwurf der Spionage nicht, sondern erkannte auf acht Jahre verschärftes Straflager wegen Vorbereitung zum Hochverrat.

Wanda erhielt drei Jahre verschärftes Straflager wegen Nichtanzeige eines Verbrechens. Krystyna wurde der Spionage, Feindbegünstigung und Vorbereitung zum Hochverrat für schuldig befunden und bekam das Todesurteil. Als das Gericht die Strafen verkündet hatte, lief sie zu den Freundinnen, umarmte und küsste sie. Und sie ging aus dem Saal mit dem gleichen Lächeln, das Rosemarie aufsetzte, wenn sie die Zelle verließ.

Reichskriegsgericht
1. Senat
StPL (HLS) I 37/43
StPL (RKA) III 16/43.

Rote Liste 4M/43

19. 4. 43.

Geheim

0468
26 Abdrucke.
Prüf-Nr. 0003
Eing. d. 27. Mai 1943
S M. geh. 1943 Nr.

Im Namen

des Deutschen Volkes!

Admiral

28. Mai

F e l d u r t e i l .

In der Strafsache gegen
    1. die Verkäuferin (Arbeiterin)
       Christine (Krystina) Ursula W i t u s k a ,
       geboren am 12. 5. 1920,
    2. die Chemieschülerin Maria Zofia K a c p r z y k ,
       geboren am 2. 2. 1922,
    3. die berufslose Wanda K a m i n s k a ,
       geboren am 22. 5. 1923,
    sämtlich aus Warschau,
wegen Spionage und Vorbereitung eines hochverräterischen Unternehmens
hat das Reichskriegsgericht, 1. Senat, in der Sitzung vom 19. April
1943, an der teilgenommen haben
    als Richter:
       Reichskriegsgerichtsrat Lueben, Verhandlungsleiter,
       Generalleutnant Ritter von Mann,
       Generalmajor Schroth,
       Oberst Röhrs,
       Oberkriegsgerichtsrat Eichberg,
    als Vertreter der Anklage:
       Oberkriegsgerichtsrat Dr. Speckhardt,
    als Urkundsbeamter:
       Reichskriegsgerichtsoberinspektor Wagner,
für Recht erkannt:
Es werden verurteilt:
    die Angeklagte W i t u s k a wegen Spionage, Feindbegünstigung
und Vorbereitung zum Hochverrat zum Tode,
                                                                       die

Erste Seite des Urteils des Reichskriegsgerichts gegen Wituska, Kacprzyk und Kamińska.

8 Ostern 1943: Moabit leben

Immer wieder überlegten die Kleeblätter, wie sie Helga und Hedwig Grimpe für die Fürsorglichkeit danken könnten. »Liebes!«, schrieb Maria in einem Kassiber an Helga. »Was bedeutet hier, hinter den Gittern, ein wohlwollendes Lächeln und ein gutes Wort – man fühlt sich für einen Moment wie ein ›normaler‹ Mensch. – Das ist sehr, sehr viel.« Die Todeskandidatinnen trugen Maria, der Überlebenden, auf, diese »Dankbarkeitsschuld« abzutragen, sobald »bessere Zeiten« kommen würden. Doch schon jetzt wollten sie etwas tun. Krystyna dachte daran, ihren Vater zu bitten, den Grimpes Lebensmittelpakete zu schicken. Doch als sie Sonnenschein fragten, ob sie damit einverstanden sei, lehnte sie ab. Hedwig Grimpe bemühte sich darum, das Risiko einer Entdeckung ihrer illegalen Tätigkeit zu minimieren. Es war so schon gefährlich genug. Ein späteres Ereignis bestätigte die Befürchtungen: Sie hatte einer politischen Gefangenen, die der Todesstrafe entgegensah, einige »Gefälligkeiten« erwiesen. Die unbeliebte Kollegin Bauer zeigte sie an. Hedwig Grimpe hatte Glück. Ein beherzter Vorgesetzter hielt seine schützende Hand über sie, sodass sie einer Bestrafung wegen »Begünstigung politischer Gefangener« entging. Sonnenschein vermutete, dass es sich um mehrere Jahre Zuchthaus gehandelt hätte. Bei einer Entdeckung des Kleeblatt-Kontaktnetzes würde sie der Strafe gewiss nicht entgehen und diese mit Sicherheit schärfer ausfallen. Andernorts verkündeten Gerichte für vergleichbare Aktionen gar Todesurteile wegen Feindbegünstigung.

Hedwig Grimpe sah ihre illegale Tätigkeit als kleinen Ausgleich für das, was ihre Landsleute den Polinnen angetan hatten. Die »Politischen« unterschieden sich deutlich von den anderen Häftlingen, schon durch ihre Solidarität untereinander. Das beeindruckte die Wärterin. Ihr besonderer Liebling war der Häftling Nummer 1695/42, Krystyna. Ihr gegenüber hegte sie mütterliche Gefühle, sie sah Parallelen in den familiären Konstellationen, denn Helgas Vater hatte sie früh verlassen. Krystynas Sorge um die allein in Warschau lebende Mutter konnte Sonnenschein ebenso gut verstehen, wie den Gram der Mutter um ihre zum Tode verurteilte Tochter im fernen Berlin. Sonnenscheins besondere Fürsorge schloss nach und nach auch die Freundinnen Krystynas ein.

Nach dem Prozess hob das Gericht die Isolationshaft auf. Krystyna, Maria und Wanda beantragten eine Zusammenlegung. Schon am Osterwochenende, wenige Tage nach der Verhandlung, durfte Maria in Wandas Zelle im dritten Stock. Krystyna kam zu Olga in die Zelle 18 im Erdgeschoss. Die dem Himmel nähere Zelle im dritten Stock feierte das Überleben. Unten versuchte man, sich mit dem Tod zu arrangieren.

Krystyna als »frisch« zum Tode Verurteilte stand unter besonderer Beobachtung durch die Wärterinnen. Selbstmord? Nein, nein. Das schrieb sie nicht nur den Eltern zur Beruhigung, sie würde niemals Hand an sich legen. Das hatte sie gemeinsam mit Rosemarie beschlossen, nicht den Henkern die Arbeit abnehmen und damit die Schuld!

Nachdem sich Krystyna im Gerichtssaal über die milderen Strafen für die Freundinnen gefreut hatte, kam ihr nun in der Zelle mit Olga das eigene Urteil zu Bewusstsein. Aus dem Gedächtnis schrieb sie unmittelbar nach der Verhandlung das Nietzsche-Gedicht »Yorick als Zigeuner« nieder, das mit den Zeilen »Dort der Galgen, hier die Stricke« beginnt. Dabei vertauschte sie bezeichnenderweise die Adverbien: »Hier der Galgen, dort die Stricke«. Für sie hieß es nicht, dort – irgendwo – ist der Galgen, sondern hier. HIER. Auch eine andere Passage bezog sie unbewusst auf ihre Situation: »Sterben, sterben WERD ich nicht«. Bei Nietzsche heißt es: »Sterben? Sterben kann ich nicht!«

Die Gedanken an die Familie, besonders an die Mutter, trieben Krystyna Tränen in die Augen. Daheim hatten sie die Nachricht über das Strafmaß bereits vom Verteidiger erfahren. Aber sie musste ihnen schreiben, sie trösten. Dort, wo sie hingehen würde, warteten bereits Jugendfreunde, die schon tot waren, Zbigniews Bruder und andere. Angst vor dem Tod – phhh, in Krystyna erwachte der Trotz, »nicht mehr als vor einer unangenehmen Operation«, verkündete sie den Eltern.

Es gab außerdem noch einen Hoffnungsschimmer. So schwer es fiel, den »Führer« um ihr Leben zu bitten, natürlich würde Krystyna wie Olga ein Gnadengesuch schreiben. Und bis zur Entscheidung darüber blieb noch Zeit, vermutlich mehrere Monate. Viel Zeit, um über den Tod nachzudenken und lange Briefe zu schreiben. Nur Zbigniew sollte nichts über ihr Urteil erfahren: »Der Junge ist sowieso traurig genug.« Sie hatte ihn bereits bei ihrer Begegnung im Gefängnis am Alexanderplatz auf »alles Schlimme« vorbereitet, und er hatte versprochen, keine Dummheiten zu machen. »Ich bin für ihn nichts mehr als ein schöner Traum gewesen.«

Über die Gesellschaft von Olga freute sie sich. Sie kannten sich von der Überführung aus Warschau nach Berlin und waren glücklich, beieinander zu sein. Olga lebte schon sechs Wochen mit dem Todesurteil und konnte Krystyna beistehen. Nach den Monaten der Isolationshaft konnten sie nun endlich reden, reden, reden. Was sie in den vielen Wochen Einsamkeit alles gedacht hatten. Wie viele gemeinsame Bekannte sie in Warschau hatten! Sie sangen zusammen und trösteten sich gegenseitig. »Alles geht vorbei«, dieser an viele Zellenwände gekritzelte Allerweltsspruch bekam eine neue Bedeutung.

Sie nahmen Kontakt mit der glücklichen Zelle unterm Gefängnisdach auf. Krystyna schickte ihre trotzige Nietzsche-Variation. Maria erschrak, ausgerechnet dieser »heidnisch-germanische« Nietzsche mit seinem Hass. »Nicht du wirst sterben, Krystyna, sondern sie!«, kommentierte sie das Gedicht, das sie in ihren Gefängnisfreund, das Notizbuch, aufnahm.

Wie sollten sie sich an ihrem Glück freuen können, wenn es den Freundinnen so schlecht ging? Für Maria und Wanda war es ein unglaublicher emotionaler Spagat, einerseits froh zu sein darüber, dass sie selbst mit dem Leben davon kommen sollten, und gleichzeitig zu wissen, dass nicht nur Olga, sondern nun auch Krystyna das »schwarze Hemd« anziehen musste.

Am Morgen des Ostersonntags sahen sie sich alle vier in der Kirche. Wanda steckte den Todeskandidatinnen ein rotes Ei zu. Olga bedankte sich in einem Kassiber dafür und ergänzte: »Ich habe mich riesig über Eure Urteile gefreut und freue mich immer noch. Marysienka, ihr werdet euch bestimmt nicht länger quälen als ein halbes Jahr.« Maria, die bereits Olgas glückliches Temperament kennengelernt hatte, tröstete sich damit, dass die beiden »Todesurteile« sich gegenseitig stützen konnten, und sie beschloss, daran zu glauben, dass Olgas und Krystynas Urteile nicht vollstreckt würden. Erst dann konnte sie selbst sich freuen. Darüber, mit dem »goldenen Herz« Wanda zusammen sein zu dürfen und endlich sprechen zu können.

Sie genossen den Blick in den blauen Himmel, Wolken wie »im Traum« und Sonne, die die Zellenwände »vergoldet«. Der Kastanienbaum vorm Fenster stand in voller Blüte. Duft von Flieder wehte herauf. Wanda, die die Isolationshaft in dieser Zelle verbracht hatte, war ein Vogelmütterchen geworden, sie streute den Spatzen und Meisen Krümel auf das blechverkleidete Fensterbrett. Sie lauschten dem Klopfen der Schnäbel auf dem Blech. Jetzt, zu Ostern, gab es für die gefiederten Schützlinge alle Leckerbissen aus den polnischen Paketen der Familien: Eier, Kuchen, Zucker. Auch den Frauen hinter den Gittern ging es gut. An den Feiertagen war selbst die Gefängniskost gehaltvoller: Erbsensuppe, Milch, Käse und Schmalz gab es laut Kostbuch Ostern 1943 im Gefängnis Moabit. »Wie in einer Pension«, meinte Wanda, »sogar das Essen kommt aufs Zimmer.« – »Naja«, entgegnete Maria, »dann bestelle bitte mal den Reparaturdienst. Das Toilettenbecken ist der reinste Springbrunnen. Eine Zumutung für mich, die Tochter eines Sanitäringenieurs!« Nein, in ihre Stimmung passte kein Gedanke an den Tod. Selbst den Angehörigen Briefe zu schreiben war schwierig, denn den Verlauf des Prozesses zu schildern war verboten. Doch, sie wusste, dass sie sich verteidigt hatte, schrieb Maria, »und dass ich lebe, dass ich leben werde und dass Frühling ist und dass vielleicht … das Leben gar nicht so schlecht ist.« Die 21-Jährige rechnete sich aus, dass sie 29 Jahre alt sein würde, wenn sie das Gefängnis verließe. »Lacht ihr?«, fragte sie daraufhin ihre Eltern und Janusz. Sie konnte es sich nicht vorstellen und ließ es sein. Mit Wanda genoss sie, am Leben zu sein, und diese Auferstehung feiern zu können – bei »Kakao mit Zucker«.

Doch vergaßen sie bei all ihrem Glück Krystyna nicht. Gemeinsam schrieben sie einen Brief an Frau Wituska, ein »Credo« für Krystynas Leben mit »tausend Beweisen« für ihr Überleben. Ebenso optimistisch beurteilten sie Olgas Chancen. Wenn sie das nicht glauben würden, könnten sie sich nicht an ihrem eigenen Überleben freuen.

In Warschau erfuhren die Familien sehr bald von den Urteilen. Die Stimmung in der Stadt war aufgewühlt, am 19. April, dem gleichen Tag, an dem in Berlin der Prozess stattgefunden hatte, brannte das Ghetto: Der Aufstand der letzten, noch nicht in die Vernichtungslager deportierten Juden begann. Vier Tage nach dem Prozess hielt Krystynas Mutter ein Schreiben aus Berlin in der Hand: »Auf Ersuchen Ihrer Tochter unterrichte ich Sie davon, dass Ihre Tochter wegen Spionage in Tateinheit mit einem

Verbrechen eines hochverräterischen Unternehmens zum Tode verurteilt ist.« Verteidiger Alban Rehm ermunterte Frau Wituska, ein Gnadengesuch einzureichen, er würde selbst eines für Krystyna formulieren, ein Erfolg sei nicht ausgeschlossen: »Es besteht kein Anlass, alle Hoffnung zu verlieren.« Wandas Mutter erfuhr einen Tag später das Urteil ihrer Tochter. Nur die Eltern Marias erhielten vor Ostern keine Post. Als am Ostermontag Frau Wituska mit der furchtbaren Nachricht von Krystynas Todesurteil in der Wilczastraße erschien, verstärkte das noch die Unruhe der Eltern, weil die Befürchtung nahelag, Maria habe die gleiche Strafe bekommen. Ein Bekannter der Kacprzyks suchte wiederum Wandas Familie auf und erfuhr dort, dass Wanda mit dem Leben davonkommen würde. Das beruhigte sie zwar ein wenig, aber die Tatsache, dass die anderen noch vor den Feiertagen Post vom Anwalt erreicht hatte und sie nicht, konnte Marias Familie nicht verstehen und ließ sie Schlimmes ahnen.

Am Dienstag nach Ostern traf schließlich ein Brief des Rechtsanwalts ein, am 24. April geschrieben. Es war der zweite Brief, auf dem ersten hatte eine falsche Hausnummer gestanden. Die Nachricht verbreitete sich schnell unter den Verwandten und Freunden. Alle kamen und brachten Blumen, die sie um Marias Bild stellten. Die Mutter schrieb: »Das Leben schafft komische Paradoxien. Tränenreiche Freude anlässlich einer langen Haftstrafe für polnische Kinder.« Die Mutter konnte es sich nicht versagen, Maria darauf hinzuweisen, dass sie Recht behalten hatte, dass es Richter mit Herz gebe, was Maria so höhnisch zurückgewiesen hatte: »Siehst du mein Kind, dein Richter Herr Oberst, über den du so nett in deinen Briefen sprichst, sowie auch dein Verteidiger stellten sich als Menschen mit Herz heraus, obwohl sie aus dem gegnerischen Lager kommen. Natürlich wäre es mein Wunsch, dass du frei kämst, aber das wäre eine zu große Erwartung. Jetzt freue ich mich darüber, dass du lebst und deinen schlauen, lieben Kopf nicht unter das Henkersschwert legen musst.« In ihrem Brief nahm Marias Mutter auch Bezug auf den Aufstand: »In Warschau kam es zur endgültigen Liquidation des Ghettos. Schon seit zwei Wochen brennt das Ghetto. Über das, was dort passiert, können wir nicht schreiben und es ist besser, es nicht zu wissen. Es sind zu schreckliche Geschichten.«

Marias Vater zeigte eine seltsame Art, auf die Botschaft zu reagieren, dass seine Tochter dem Todesurteil entgangen war. Zuerst warf er ihr vor, dass sie dem Rechtsanwalt nicht die richtige Hausnummer gegeben hatte.

Dann bat er sie, an sich zu denken und rief zu Opportunismus und Anpassung auf. Sie solle sich mit dem Verteidiger und dem Gefängnispersonal arrangieren, Demut zeigen. Kacprzyk hatte erst durch die Briefe seiner Tochter von ihrem rebellischen Wesen erfahren und es entsetzte ihn. Er versuchte aus der Ferne zu intervenieren, auf Gehorsam gegenüber dem Vater zu pochen und machte seine Tochter damit sehr unglücklich.

Die Familien in Warschau hielten zusammen. Sie hatten sich vorher nicht gekannt. Die Ungewissheit, das Bangen und die Hilflosigkeit schweißten sie zu einer Schicksalsgemeinschaft zusammen. Maria beauftragte ihre Mutter damit, zum 3. Mai 1943 eine Messe für die vier in den Zellen 93 und 18 in Moabit sitzenden Polinnen in der Kirche zum Heiligen Alexander lesen zu lassen. Die Kirche befindet sich in der Nähe der Straßen Wspólna, wo Frau Wituska, und der Wilcza, wo Kacprzyks wohnten. Das Gotteshaus im Stil des Pantheons gilt als Wahrzeichen für die Unabhängigkeit Polens. Doch alle Messen dieser Kirche waren in diesem Frühjahr 1943 zwei bis drei Monate im Voraus gebucht, die Mutter musste eine abgelegenere Kirche suchen. Kontakt gab es auch zu Olgas Mutter. Die Familien und Freunde lasen gemeinsam die Briefe aus Moabit. Die Häftlinge wussten das und fügten stets lange Listen der zu Grüßenden an. Manchmal wurden sogar Nachrichten aus Moabit über Warschau wieder nach Moabit zurücktransportiert. So erfuhr Krystyna aus einer Karte ihrer Mutter, dass Zbigniew sich im gleichen Gefängnis befand. Einem wurde in vielen Briefen gedacht, dem Zensor. Dabei handelte es sich um jene unbekannte Person, die ein- und ausgehende Post auf ihren Inhalt prüfen musste. Oft bedauerten sie den Zensor, weil sie mit der Länge der Briefe seine Geduld so strapazierten. Dass er keineswegs unbedingt ein übler Kerl sein musste, sollte Maria in ihrem zweiten Prozess erfahren, in dem ein solcher Briefprüfer als Zeuge auftrat.

Eine Woche nach dem gemeinsamen Prozess wurden Maria und Krystyna zum Präsidenten des Reichskriegsgerichts gefahren, zu Admiral Max Bastian. Als Gerichtsherr entschied er über Bestätigung oder Aufhebung der Urteile. Fanden sie nicht seine Zustimmung, konnte er eine neue Verhandlung anordnen. Andernfalls waren die erkannten Strafen vollstreckbar; Todeskandidaten blieb in solchen Fällen nur noch die Möglichkeit, über ein Gnadengesuch eine Abänderung des Urteils zu erwirken. Maria nutzte das Gespräch, um sich für Krystynas Rettung einzusetzen.

Dabei belastete sie sich selbst. Sie sagte, sie hätten das Gleiche getan, deshalb fände sie es ungerecht, dass Krystyna mit dem Tode bestraft werde. Ob aufgrund dieser Aussage, wegen Ungereimtheiten in ihrer Urteilsbegründung oder anderer Umstände, Bastian bestätigte Marias Urteil nicht. Doch das erfuhr sie erst zwei Monate später.

Unmittelbar nach Ostern reichte Alban Rehm das Gnadengesuch für Krystyna ein. In dem Schreiben zur Benachrichtigung über den Ausgang des Prozesses hatte der Anwalt Krystynas Mutter mitgeteilt, dass er das Gesuch selbst abfassen würde, sie aber zusätzlich auch eines verfassen könne. Am 13. Mai schrieb Maria Wituska daraufhin an den Präsidenten des Reichskriegsgerichts: »Meine obenerwähnte Tochter Krystyna Wituska ist kraft Urteils des Reichskriegsgerichts, St.P.L./RKA/III 16/43 mit dem Tode bestraft worden. Die Obenerwähnte ist meine einzige Tochter und wohnte mit mir zusammen wie auch war für mich in meinem schweren Leben die einzige Trost und Hilfe. Infolge der Kriegstätigkeiten bin ich aus meinem Gut ausgesiedelt, habe im Kriege meinen einzigen Bruder und meine Mutter verloren, mein Ehemann hat mich verlassen und ich verbleibe derzeit in sehr schweren materiellen Lebensverhältnissen. Ich beehre mich den Herrn Präsidenten höflichst anzuflehen, meiner Tochter Krystyna Wituska das Leben gütigst schenken zu wollen und wende mich mit der ergebensten Bitte, meine Tochter gütigst begnadigen zu wollen.«

Warum sie ihre zweite Tochter Halina verschwieg? Vielleicht, weil sie ihr wirklich keine Hilfe war, sie lebte mit ihrer Familie zu dieser Zeit in Litauen. Oder um die Situation möglichst dramatisch darzustellen: »in meinem schweren Leben die einzige Trost und Hilfe«. Frau Wituska hatte getan, was sie konnte, ihre wirtschaftliche Situation geschildert und sich vor dem Präsidenten des Reichskriegsgerichts gedemütigt. Auch Krystyna reichte ein Gnadengesuch ein. Rehm hatte versprochen, ihr dabei zu helfen. Krystyna aber verließ sich mehr auf die Hilfe ihrer Freundin Rosemarie Terwiel, die ihr den Wortlaut des Gesuchs per Kassiber zusandte.

Nun lief eine Art letzte Frist. Nach den Erfahrungen der Häftlinge vergingen in der Regel etwa 100 Tage bis zur Entscheidung über die Gnadenbitten. Krystynas Mutter beantragte in dieser Zeit eine Besuchserlaubnis. Da in Moabit nur zehn Minuten Besuchszeit gewährt wurden und deutsch gesprochen werden musste, wandte sich Krystyna an das Reichskriegsgericht. Dieses konnte eine längere Sprechzeit bewilligen und es durfte vor allem polnisch gesprochen werden. Als das Gericht den Antrag ablehnte, reagierte Krystyna erleichtert, sie glaubte, dass ihre Mutter die Begegnung nicht verkraften würde.

In diesen Wochen rückten die Polinnen immer enger zusammen. Zwar erreichten Maria und Wanda nicht, mit Olga und Krystyna zusammengelegt zu werden, wie sie es gern wollten. Doch dafür stießen weitere Verurteilte aus der Heimat zu ihnen und vergrößerten den Kreis der Leidensgenossinnen.

In die Zelle 18 zu Krystyna und Olga kam Monika Dymska aus Thorn (Toruń), eine Lehrerin und Leiterin einer Pfadfindergruppe. Sie war für den ZWZ und später für die Heimatarmee tätig gewesen. In deren Auftrag hatte sie die sogenannte Deutsche Volksliste unterschrieben. Damit war sie deutsche Staatsbürgerin geworden und hatte bei der Gestapo arbeiten können. Sie war entdeckt worden, als sie Informationen aus geheimen Dokumenten abgeschrieben hatte. Auch gegen sie hatte das Reichskriegsgericht auf Todesstrafe erkannt. Monika war zwei Jahre älter als Krystyna und Olga. Da sie Nähmaschine nähen konnte, steckte die Gefängnisverwaltung sie zu den »Schneiderinnen« in die Zelle 18.

Die 18 war nun keine gewöhnliche Zelle mehr, die Bewohnerinnen nannten sie selbst »Modesalon KOM«. KOM als Abkürzung für Krystyna, Olga, Monika. Eigentlich als Einzelzelle geplant, besaß die 18 gerade mal eine Grundfläche von genau 8,98 Quadratmetern. Etwa zwei Meter in der Breite und vier in der Länge. In dem kleinen Haftraum standen am Tag drei Nähmaschinen, die nachts auf den Flur geräumt wurden. Das größte Talent besaß Olga, die »sehr hübsche Kleidchen« nähte. Monika machte Knopflöcher und Krystyna Hohlsäume. Genäht wurden schwarze Blusen für Kriegerwitwen und bunte Blusen für Bombenopfer. Jeden Tag, außer Sonntag, acht Stunden lang. Die Stimmung schwankte. Manchmal erschien das Bild des »schwarzen Hemdes« bedrohlich. Manchmal versuchten sie sich vorzustellen, wie dieses Kleidungsstück, das wie kein anderes für den Tod stand und das ja auf alle drei wartete, aussehen würde. »Welchen Schnitt hat es?«, fragte Krystyna Olga. Um die dunklen Gedanken zu vertreiben, zogen sie die bunten Blusen, die sie genäht hatten, übereinander und tanzten wilde Indianertänze. »Und wir lachen so laut, daß wir als die fröhlichste Zelle gelten«, schrieb Krystyna den Eltern. Sie genossen nach den langen Monaten der Einsamkeit die Gemeinschaft, das Jungsein.

Sie sangen und sangen: Marienlieder, Volkslieder, Soldatenlieder, Schlager. Und benahmen sich wie »ausgelassene Pensionstöchter«. Keine wollte glauben, dass sie ihr Leben lassen sollte. Alle waren sich sicher, dass sie sich in Freiheit wiedersehen würden.

Der Tag begann in Moabit um sechs Uhr. Krystyna stand als Erste auf und machte Gymnastik. Sie trug ein Nachthemd, das sie wie alle vom Gefängnis bekommen hatte. »Dick, lang, weit«, sie sah »furchtbar ulkig« darin aus. Vater Wituski hatte schöne seidene Wäsche geschickt, aber die durfte Krystyna nicht tragen. Also turnte sie in ihrem dicken, langen und weiten Nachthemd. Bei der Größe der Zelle lässt sich das schwer vorstellen. An der linken Wand das Klappbett, in dem Krystyna schlief. Eine Matratze geradeaus unterm Fenster für Olga, eine an der rechten Wand für Monika. Bei einer Matratzengröße von 90 mal 200 Zentimetern blieb zwischen Krystyna und Monika ein Gang von ungefähr 20 Zentimetern Breite. Wenn Krystyna turnte, konnte sie das nur zwischen Bett und Tür gemacht haben, auf der ein mal zwei Meter großen Fläche befanden sich aber noch: die Toilette, die Waschschüssel, ein paar zusammengestellte Schemel und eine Knopflochmaschine. Krystyna zeichnete in einem Brief die Zelle, wie sie am Tag und in der Nacht eingerichtet war. Die Zeichnung ist natürlich nicht maßstabsgerecht und zwischen den Matratzen scheint noch Platz gewesen zu sein. Entweder waren die Matratzen also viel schmaler, oder, was auch denkbar ist, Krystyna hatte nach einem Dreivierteljahr Gefängnis die heute nur noch schwer vorstellbare Enge nicht mehr so empfunden.

Selbst wenn Olga auch hätte Frühsport machen wollen, es wäre kein Platz mehr dafür gewesen. Aber Olga fand diese Anstrengung angesichts der Zukunftsaussichten sowieso überflüssig und blieb liegen. Wenn sie aufstand, küsste sie als Erstes die Fotos der Mutter und der kleinen Schwester. Dann stritten sich die drei um die einzige Waschschüssel mit kaltem Wasser, mit dem sie sich »von Kopf bis Fuß« wuschen. Alle zwei Wochen wurden Handtücher, Waschlappen und Hemden gewechselt. Und – welch ein Luxus – alle zwei Wochen durften sie in »hübschen« Badezimmern baden. Nach der kalten Morgenwäsche zogen sie private Sachen an. Krystyna trug einen dunkelblauen Rock und eine hellblaue Trikotbluse, darüber eine Schürze. Das Bettzeug wurde beiseite geräumt und der Fußboden gewischt. Krystyna gab die »Hausfrau« und bereitete alles zum Frühstück

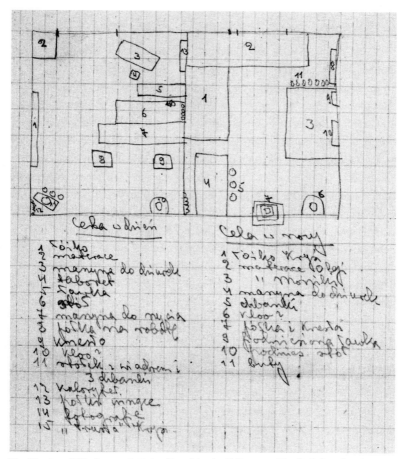

Von Krystyna Wituska angefertigter Grundriss der Zelle 18 am Tag (links) und nachts (rechts). Tagsüber beherrschten die Nähmaschinen (3, 7) die Zelle. In der Nacht war das Bett (1) heruntergeklappt und zwei Matratzen (2, 3) wurden auf dem Boden ausgelegt. Das Fenster befand sich gegenüber der Toilette (6, 10).

vor. Die beiden anderen wuschen danach das Geschirr ab. Dann kamen die Nähmaschinen vom Flur in die Zelle. Der Raum war kühl, sie sahen »blass, wie Kellerpflanzen« aus. Nur am Morgen schien eine Stunde lang die Sonne hinein. Acht Stunden mussten sie nähen. Das taten sie nicht ungern. Der »Modesalon KOM« hatte einen guten Ruf in Moabit. Manche der Beamtinnen ließen dort sogar für ihren privaten Gebrauch nähen. Dennoch freuten sich die »Schneiderinnen« auf ein kleines Stück Privatleben nach der Arbeit.

Dazu gehörte auch die Unterhaltung mit den Zellennachbarinnen durch das hohe Fenster. Es befand sich in zwei Metern Höhe und maß etwa 70 mal 70 Zentimeter. Zum Sprechen stellten sie sich auf eine der Nähmaschinen und zogen sich an den Gittern hoch. Auf dem Hof, auf den sie schauten, standen vier Bäume, einige Beete mit »erbärmlichen« Blumen waren zu sehen und 16 Tomatenstauden, zählte Krystyna in einem Brief an die Eltern auf. Es roch nach Kaninchenställen, was Krystyna an ihre Kindheit in Jeżew erinnerte. In der Akazie war ein Meisennest, ein großer weißer Kater strich lüstern um den Baum, ansonsten brachte er den Garten in Unordnung. Auch ein schwarzer Kater strolchte gelegentlich vorbei. Vor dem fürchtete sich Olga allerdings, denn er bringe Unglück, sagte sie. Nach dem Abendbrot halb sechs begann die schönste Zeit: Da wurde gelesen, da wurden Püppchen aus Stoffresten und leeren Garnrollen gebastelt. Außerdem nähten und bestickten die Frauen Tücher. Den Stoff schnitten sie nicht selten von ihren Kleidungsstücken ab und zogen die Fäden zum Sticken aus ihren Pullovern und Schürzen. Manches Tuch versahen sie so mit den Schriftzügen Moabit, ZJ und ZWZ, die Abkürzungen der polnischen Widerstandsorganisationen vereinigt mit dem Namen des deutschen Gefängnisses: die Eckpunkte ihres Lebens auf einem kleinen Tuch. Von den Familien werden diese später wie Reliquien verwahrt.

Die Zelle 11 war eine geräumige Gemeinschaftszelle, genau 44,95 Quadratmeter groß. Das »Weibergefängnis« Moabit beschrieb in seiner Form als lang gestrecktes Gebäude einen leichten Bogen. Die Zelle 18 befand sich am linken Ende des Bogens, die 11 etwa in der Mitte. In diese große Zelle kamen Maria und Wanda nach nur einer Woche Zweisamkeit in ihrer »Pension« im dritten Stock, die sie unter großem Bedauern verließen. 21 Frauen waren in der neuen Zelle untergebracht, es gab nur vier Betten, alle anderen schliefen auf Matratzen. Dazu kamen zwei große Tische, zwei Milchglasfenster, durch einige Ritzen konnte man einen Garten mit Flieder sehen. Die Zelle war stickig, die Toilette stank. Das Waschen geriet zur Qual, denn es gab zu wenig Wasser. Nur drei Mal am Tag konnten sie ihre Notdurft verrichten. In der Zelle sei es sehr laut, klagte Maria.

Die Frauen waren in der Mehrzahl politische Gefangene aus vielen Ländern. Einige wenige »Kriminelle«. Maria fand, dass im Vergleich zur

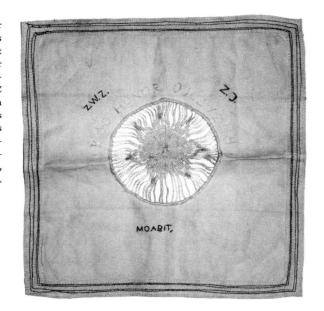

Während der Haft angefertigtes Taschentuch mit den Kürzeln der Widerstandsorganisationen *ZWZ* und *ZJ* sowie dem Leitspruch des polnischen Militärs »Bóg – Honor – Ojczyzna« (Gott – Ehre – Vaterland), 2011.

Massenzelle am »Alex« hier die »Aristokratie« saß. Sie gewöhnte sich an diese neuen Bedingungen, die sich bald verbesserten, da die Zahl der Mithäftlinge nach einem Monat um die Hälfte sank.

Man glaubte in der 11, dass die »Schneiderinnen« in der Zelle 18 besser behandelt würden. Deshalb galt es als Traum, in eine der »luxuriösen« Einzelzellen zu kommen, auch wenn man dort zu dritt untergebracht war. Andererseits fand Maria es gerecht, dass die drei Todeskandidatinnen Olga, Monika und Krystyna dieses »Privileg« genossen. Sie würde weiterleben. Eine ihrer Tätigkeiten in der Zelle 11 war das Verpacken von Vogelfutter. Die Häftlinge wogen und füllten das Futter für Stubenvögel ab. Mit einer Vorrichtung wurden die Tüten verschlossen. Nebenbei aßen sie das süße Futter gegen den allgegenwärtigen Hunger. Wanda, Maria und noch eine dritte Mitgefangene nutzten diese Gelegenheit, um ein bisschen Zersetzung zu betreiben. Sie schrieben auf kleine Zettel »Der Krieg ist verloren« und schoben sie vor dem Verschließen in die Tüten. Die anderen wussten nichts von diesem riskanten Unternehmen. Doch die Vogelliebhaber draußen ahnten wohl, dass der Krieg verloren ging, keiner zeigte die Vogelfutterverpackerinnen an.

Wanda beschrieb die Atmosphäre in der Zelle als besonders. Bestimmend war ihre Namensvetterin: Wanda Nr. 2, Wanda Węgierska. Sie trat als große, schöne, temperamentvolle Frau in Erscheinung. Häufig sprach sie über ihre Familie, vor allem über den Vater, der in deutscher Haft ermordet worden war. Nach seinem Tod hatte sie sich ganz der Untergrundarbeit gewidmet. Sie war Kurierin im ZWZ und in der ZJ gewesen. In dieser Funktion bereiste sie mehrfach Deutschland, vor allem das Ruhrgebiet, aber auch den Großraum Berlin. Dabei bestand ständig die Gefahr, beschattet und enttarnt zu werden – eine Situation, der sie sich bewusst war. Im Institut für Nationales Gedenken in Warschau liegt eine umfangreiche Akte zu Wanda Węgierska. Darin finden sich minutiöse Beschreibungen über ihre Observation durch die Gestapo, wer sie in welchem Zug »begleitete«, wie der nächste »unauffällige« Beamte aussah, der die Beobachtung übernahm, in welcher Hand er welche Zeitung als Erkennungszeichen trug. Vor ihrer letzten Reise teilte sie ihren Auftraggebern in Warschau die Befürchtung mit, dass sie überwacht werde. Dennoch drängte man sie, die Fahrt anzutreten. Im April 1942 wartete im Hotel in Berlin bereits die Gestapo und nahm sie fest. Wanda Nr. 2 führte umfangreiches Material mit sich, das sie schwer belastete, darunter Stadtpläne, in denen Industriebetriebe eingezeichnet waren, Pläne, die den Alliierten zur Orientierung bei der Bombardierung dienen sollten. Gleichzeitig wurden viele ihrer Informanten verhaftet, aber auch Verwandte. Ihre Geschwister und die Mutter verschleppte die Gestapo ins Konzentrationslager Auschwitz. Nach Wandas Verhaftung brachte man sie nach Warschau und ließ sie als Lockvogel »frei«. Die Gestapo führte sie durch Lokale und Caféhäuser mit dem Ziel, jene, die sie grüßten, zu verhaften und zu verhören. Während des Aufenthaltes in der Zelle 11 im Mai 1943 brachte man sie für eine Woche zum Polizeigefängnis am Alexanderplatz und konfrontierte sie mit Bekannten, die glaubten, Wanda Nr. 2 habe sie verraten.

Bei Wanda Nr. 2 liefen viele Fäden zusammen. Durch die Ermittlungen gegen sie und ihre Informanten stieß die Gestapo auch auf Zbigniew Walc. Seine Verhaftung im Juni 1942 stand damit in unmittelbarem Zusammenhang mit der Verhaftung von Wanda Nr. 2 Wochen zuvor. Da die Gestapo Krystyna festnahm, weil sie in Verbindung mit ihrem Verlobten stand und daraufhin Maria und Wanda gefasst wurden, schloss sich der Kreis plötzlich in der Zelle 11 in Moabit. Doch über die konspirative Arbeit herrschte

Wanda Węgierska.

Stillschweigen. So wussten Maria und Wanda nicht, dass ihr Fall mit dem von Wanda Nr. 2 verknüpft war. Selbst wenn sie es gewusst hätten, es hätte keine Vorwürfe gegeben, da die Widerständler um die Methoden der Gestapo wussten, auch, dass Aussagen unter Folter zustande kamen.

Auch die Insassinnen der Zelle 11 sangen und lasen viel. Maria hielt in ihrem Notizbuch den Text der »Hymne« aller Häftlinge fest: »Die Gedanken sind frei«. Verbunden mit diesem Lied, das die polnischen Häftlinge schon am Alexanderplatz lernten, waren Gedanken an dortige Mithäftlinge. Maria erinnerte sich an das Pfeifen der Cato Bontjes van Beek, die unermüdlich versuchte, andere Gefangene aufzumuntern. Sie gehörte zu den Jüngsten im Netzwerk um Schulze-Boysen und Harnack und sah ebenfalls der Todesstrafe entgegen: »Und sperrt man mich ein im finsteren Kerker, das alles sind rein vergebliche Werke. Denn meine Gedanken zerreißen die Schranken und Mauern entzwei«.

Maria notierte auch, welche Bücher sie gelesen hatte. Von Paul Keller, einem in der ersten Hälfte des 20. Jahrhunderts sehr beliebten schlesischen Schriftsteller, lasen mehrere Frauen in der Zelle 11 den Roman »Insel der Einsamen«. »Oh ja! Das droht mir glücklicherweise nicht mehr!«, kommentierte Maria den Titel. Sie notierte aus dem Buch ein Zitat: »Die Natur ist nie sentimental. Die Menschen lassen sich so leicht von der Natur stimmen und bestimmen, sie lachen im Frühling und sind traurig am Herbsttag, sie haben Sehnsucht, wenn die Wolken am Himmel ziehen und wollen mit Quellen plaudern und mit den Stürmen fliegen. Die Natur ist fühllos ihnen gegenüber, sie sendet einen Regenschauer auf den bunten Hochzeitszug, sie läßt über einem offenen Grabe die Lerchen jubilieren und die Schmetterlinge tanzen.«

Bezogen die jungen Frauen das auf ihre Situation? Sie, die zwar durch Ritzen ihres Milchglasfensters einen Blick auf den Flieder erhaschten oder beim Hofgang Bäume rauschen hörten, den Wind spüren konnten – sich sonst aber auf ihre Erinnerung verlassen mussten, wenn es darum ging, wie eine Lerche klingt oder wie Schmetterlinge in der Sonne spielen. Wenig später begann Maria, einzelne getrocknete Blumen in ihr Notizbuch zu kleben. Wenn auch die Natur draußen ungerührt ihr Spiel trieb, so war sie doch gewillt, sich von den wenigen trockenen Blütenblättern, die ihr die Freundinnen schenkten, trösten zu lassen.

Wanda Nr. 2 bastelte Bridgekarten und spielte mit Maria und zwei weiteren Frauen. »Ruhige Tage mit Bridge«, hieß es in Marias Notizbuch. Wenig später würde es keine Ruhe mehr geben, die Überlebenden sollten die Geschehnisse der nächsten Tage nie vergessen.

9 Moabit: Die letzte Nacht

Es gab eine Fortsetzung des Lebens der Polinnen in den Zellen 11 und 18 in der kleinen Gemeinschaft von Mutter und Tochter Grimpe in der Naunynstraße in Berlin-Kreuzberg. Im Juni 1943 erlebten sie innerhalb weniger Tage den schmalen Grat mit, der Leben und Tod voneinander trennte. Das Unfassbare war geschehen: Olga war begnadigt worden. Das, worauf alle zum Tode Verurteilten unvernünftig hofften. Dieser kleine Lichtschimmer, der sich trotz aller Vernunft nicht ausblenden ließ. Olga begnadigt! Gleich ging ein Gefängnisgerücht um: »Schon lange ist keine Polin mehr hingerichtet worden, der Wind hat sich gedreht, nun gar wird eine begnadigt. Wir werden überleben? Vielleicht!« Sofort schöpften die Grimpefrauen auch Hoffnung für Krystyna. Sie würden sich wiedersehen, in Freiheit.

Wenige Tage später sah Helga ihre Mutter völlig verstört. Kryscha? Sie war die unangefochtene Nummer eins in den Herzen der Grimpes, und der erste Gedanke galt ihr. Nein, Hedwig Grimpe schüttelte den Kopf und streckte Helga eine Hand entgegen. Auf dem Handteller lag eine Haarklemme. »Die ist von Wanda Nr. 2, sie und Monika – gestern hingerichtet.«

Nein, da darf man doch nicht einfach zuschauen, man muss etwas tun. Helga war entschlossen zu handeln, nur wie? In diesen Tagen fiel ihre Entscheidung, sich mit Hitlers Feinden zu verbünden. Sie begann die heimliche Korrespondenz mit »ihren« Polinnen, dem Kleeblatt, und knüpfte den Kontakt zu deren Familien.

Das Begnadigungsschreiben trug Hitlers Unterschrift. Er behielt sich als oberster Gerichtsherr das Recht vor, über Todesurteile gegen Frauen selbst zu entscheiden. Im Fall der Olga Jędrkiewicz gab es eine Begnadigung. Wie war es dazu gekommen? Es gibt hierzu nur wenige Dokumente, auch Olga selbst kann mit ihren Erinnerungen lediglich begrenzt zur Erklärung beitragen. Jedoch ergeben die vorhandenen Puzzlestücke zusammengesetzt ein einigermaßen schlüssiges Bild.

Olgas Mutter besaß eine Pension in Warschau, in der auch Deutsche unterkamen. Darunter befand sich ein Mann, der im Rahmen der Truppenbetreuung der Wehrmacht Veranstaltungen für Soldaten organisierte. Maximilian Körtling war in St. Petersburg geboren, besaß aber die deutsche Staatsbürgerschaft. 1944 führte ihn Goebbels' Reichskulturkammer als Gastspieldirektor. In den Revolutionswirren in Russland am Ende des Ersten Weltkriegs hatte er beide Beine verloren. Dennoch absolvierte er ein Musikstudium in Berlin, spielte Bratsche und Violine. Im Krieg reiste er viel und wenn er nach Warschau kam, mietete er sich in der Pension von Olgas Mutter ein. Eines Tages hatte er eine Razzia beobachtet und seiner Wirtin entsetzt davon berichtet, wie die Deutschen mit den Polen umgingen. Olgas Mutter beschrieb ihm, dass diese *Łapankas* Alltag waren und die Angst davor groß sei. Körtling meinte, wenn ihr oder einer ihrer Töchter etwas passiere, wenn eine von ihnen verhaftet würde, solle sie sich an ihn wenden, er habe einflussreiche Freunde.

Körtling hielt offenbar sein Versprechen und nutzte seine Verbindungen, um Olga zu helfen. Er wollte sie selbst davon in Kenntnis setzen und besuchte sie in Moabit. Zu diesem Zweck bekam er für den 8. April 1943 vom Reichskriegsgericht eine »einmalige Sprecherlaubnis mit Begrüßung« über genau 15 Minuten. Er machte ihr Mut, sagte, dass sie sich keine Sorgen machen brauche, alles werde gut. Doch sie konnte sich mit ihrem Retter nicht verständigen. Stattdessen dachte die Polin: »Das ist nun der letzte Mensch aus der Freiheit, den ich zu Gesicht bekomme.« Körtlings Freunde müssen tatsächlich die richtigen Hebel in Bewegung gesetzt haben: Olga wurde am 27. Mai 1943 begnadigt. Ganze zwei Wochen dauerte es, bis die Nachricht sie erreichte.

Am 11. Juni wurde Olga zur Gefängnisvorsteherin gerufen. Krystyna und Monika befürchteten das Schlimmste. Sie glaubten, Olga werde nun die Bestätigung des Todesurteils mitgeteilt. »Wir standen grade auf dem Flur und warteten auf die Freistunde, als Ola kam, ihr Gesichtchen strahlte schon von weitem vor Freude.« Wie ein Lauffeuer verbreitete sich die Nachricht in der Abteilung. Ein Jubelschrei erschütterte die Gefängnismauern. Maria notierte: »Olga begnadigt. Einer der glücklichsten Tage in meinem Leben!!! Zurück im Leben!« Olgas Urteil lautete nun auf fünf Jahre verschärftes Straflager. Sie selbst konnte es am wenigsten fassen: So schnell konnte man nicht umdenken, wenn man auf den Tod gefasst war.

Sie durfte wieder ins Leben treten. Die Gefühle in den Zellen 11 und 18 schlugen hoch. Es ging nicht nur um Olga. Alle hofften nun auf eine Wendung auch für die anderen Todeskandidatinnen. Es kam neues Leben in den Gefängnisalltag, neue Gedanken, ein Stück Zukunft. Aber auch Wehmut angesichts des bevorstehenden Abschieds, denn Olga würde bald in ein Straflager überführt werden. Genau wie Wanda, das »goldene Herz«, deren Urteil wenige Tage zuvor, am 4. Juni, bestätigt worden war.

In Marias Freude über Olgas umgewandeltes und Wandas bestätigtes Urteil mischte sich ein wenig Sorge. Warum hörte sie nichts vom Gericht? Sie war doch gemeinsam mit Wanda in einer Verhandlung gewesen. Sollte ihr Urteil nicht bestätigt werden? Nein, nein, sie wollte glauben, dass alles gut würde. Die Stimmung in der Abteilung war einfach wunderbar. Zurück im Leben! An die Mutter schrieb Maria: »Mami, mein goldenes Mamilein! So eine Freude habe ich in meinem ganzen Gefängnisleben nicht verspürt! Weißt du, Mutti, ich bin zu dem Schluss gekommen, dass man erst im Gefängnis sein muss, um so einen Tag zu erleben!!! Wir sind verrückt vor Freude! Das Leben kann nicht so schlimm sein, wenn man solche Momente erleben kann. – Unsere wunderschöne, geliebte Olenka wird ihr schwarzes Köpfchen nicht unter die Guillotine legen müssen!« Dass Olga nun drei Jahre Straflager weniger absitzen sollte als sie, kommentierte sie sportlich: »Mein Rekord, acht Jahre anstatt der Todesstrafe, wurde ›beschämend‹ geschlagen!«

Es waren nun »nur« noch vier Todesurteile, auf deren Umwandlung alle hofften. Plötzlich ging die Nachricht um, dass sämtliche Todesstrafen gegen die Polinnen aufgehoben würden, ein Gerücht, dem alle nur zu gern Glauben schenkten. Um das zu feiern, wurde natürlich gesungen. Singen war das Mittel für und gegen alles. Die Häftlinge sangen gegen Angst, gegen Hunger, bei schlechten Nachrichten und auch bei freudigen. Singen als Droge, als kleiner Rausch. Es stärkte das Gemeinschaftsgefühl, das Innerste wurde nach außen gekehrt: ein Ausdruck für die vielen verschiedenen Emotionen und vor allem waren die polnischen Lieder ein Anker in die geliebte Heimat.

In dieses Hochgefühl fuhr eine Nachricht, die allen Hoffnungen Hohn sprach. Am 23. Juni 1943, es war ein gefürchteter Mittwoch, rief die Gefängnisvorsteherin Wanda Nr. 2 und Monika zu sich. Sie teilte ihnen mit, dass beide Gnadengesuche abgelehnt worden waren. Am übernächsten Tag

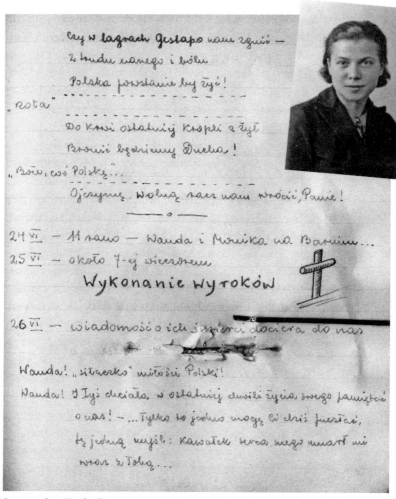

Seite aus dem Tagebuch von Maria Kacprzyk. Vermerkt sind unter anderem der Abtransport von Wanda Węgierska und Monika Dymska sowie die Vollstreckung der Todesurteile in Plötzensee am 25. Juni 1943. Zu sehen ist die Haarklemme von Wanda, die Maria Kacprzyk von Hedwig Grimpe überreicht bekam. Mit der Klemme hatte Maria das Foto ihrer Freundin befestigt.

sollten sie nach Plötzensee zur Hinrichtung verbracht werden. Wie auch bei dem freudigen Ereignis wenige Tage zuvor, blieb die Beamtin nicht unberührt von der Nachricht, die sie zu überbringen hatte. Die Vorsteherin fragte, ob sie etwas für die beiden tun könne. Wanda Nr. 2 hatte am 23. Juni Namenstag, ein Ereignis, das den Polen wichtiger als der Geburtstag ist. Sie wünschte sich von der Vorsteherin, dass sie und Monika gemeinsam von ihren polnischen Freundinnen Abschied nehmen könnten. Die Vorsteherin erlaubte für diese letzte Nacht, vom 24. zum 25. Juni, dass die drei Frauen aus der 18 mit in die Zelle 11 geschlossen wurden. Eine gewiss ungewöhnliche Situation. In der Zeit bis zum Zusammenschluss verabschiedeten sich Olga und Krystyna von Monika. In der »fröhlichsten Zelle« von Moabit breitete sich Grauen aus. Für Olga war es besonders schwer. Sie konnte nicht begreifen, warum ausgerechnet sie überleben sollte, während die anderen der Tod erwartete.

Dennoch nutzten sie die Zeit, um gemeinsam ein Namenstaggeschenk für Wanda Nr. 2 anzufertigen. Aus einem Bettlaken schnitten sie ein taschentuchgroßes Stück und zogen Fäden für einen Hohlsaum. Zu einer locker gelegten Kette fügten sie rot-weiß gestickte Glieder, die drei Blumenensembles umschlossen. Unter ein rotes Herz stickten sie: »Amor Omnia Vincit.« – »Liebe besiegt alles.« Die Fäden für die Stickereien zogen sie aus ihren Kleidungsstücken. Unten war die Handarbeit mit dem Datum des Namenstages, oben mit Noten versehen. Sie standen für den Beginn der polnischen Nationalhymne »Jeszcze Polska nie zginęła«.

So leidenschaftlich die polnischen Häftlinge sich freuen konnten, wie der Auszug aus Marias Brief an ihre Mutter zeigt, so stark vermochten sie auch zu trauern und vor allem einen Ausdruck für die Trauer zu finden. Ein Taschentuch, gedacht, um Tränen aufzunehmen – für die Todgeweihte. Ein Symbol für die Tränen, die sie, die das stickten, um sie weinten? Auch dieses Taschentuch wird in der Familie bis heute aufbewahrt.

Am Abend des 24. Juni rückten in der großen Zelle 11 die acht Frauen zusammen, die an diesem Abschied nur indirekt teilnahmen. Die sieben, die gemeinsam den Abschied feierten, waren: Wanda Nr. 2, Maria, das »goldene Herz« Wanda und Lena, dazu kamen Olga, Krystyna und Monika, die die Nacht mit in der Zelle 11 verbringen durften. Sieben Frauen, davon vier Todeskandidatinnen. Die zwei, die in dieser Nacht verabschiedet wurden: Wanda Nr. 2 und Monika. Krystyna und Lena warteten noch auf die Bestätigung des Todesurteils oder die Bewilligung des Gnadengesuchs. Daneben die beiden, die bald ins Straflager überführt werden würden: das »goldene Herz« Wanda, bei der nie infrage stand, dass sie überlebte und die eben begnadigte Olga. In großer Ungewissheit über ihr Schicksal verharrte Maria, die nun bangte, dass ihr Urteil, das bisher nicht bestätigt worden war, in ein Todesurteil umgewandelt werden könnte. Eine Gefühlslage, die sich nicht beschreiben lässt. Sie saßen eng beieinander – und sangen. Man konnte auch beim Singen die Tränen laufen lassen. Maria notierte Auszüge aus den Liedern dieser Nacht. In ihnen drückten sich ihre Liebe zu Polen aus, der Schmerz über das Leiden des Volkes, aber auch der ungebrochene Kampfeswille und der Glaube an Gott. Genau diese Melange der Gefühle ist es wohl, die Außenstehende sprachlos macht und die für sie kaum nachzuempfinden ist.

Die Gefängnishymne der Polinnen war ein Lied über das Konzentrationslager Auschwitz. Es wurde am Alexanderplatz gesungen. Dort hatte es Krystyna von einem Zellennachbarn gelernt, der sich in ihre Stimme verliebte, Janek aus Suwałki. Er war aus Auschwitz geflohen und hatte sich dabei verletzt. Er brachte dieses Lied aus dem Lager mit. Auschwitz galt den Polen als Synonym für das, was Deutsche ihnen angetan hatten. Fast jeder hatte einen Verwandten dort verloren: »Auschwitz wird morgen mit meinem Blut getränkt/Irgendwo wird bitter meine Mutter weinen.« Maria notierte zu dem Lied: »Uns, den Verbliebenen, feierlich gewidmet«.

Einige der Frauen hatten den Pfadfindern angehört: Wanda Nr. 2, Monika, Maria, Lena. Natürlich sangen sie auch Pfadfinderlieder oder solche aus den Untergrundorganisationen, wie dem ZWZ, in dem viele Pfadfinder zusammentrafen. »Wir, die erste Brigade der ZWZ-Gruppe, wir warfen unser Schicksal auf einen Scheiterhaufen, auf einen Scheiterhaufen, auf einen Scheiterhaufen.« In einem anderen Lied hieß es: »Ob wir auf dem Kampffeld sterben oder in den Lagern der Gestapo verenden – aus unserem Streben und Willen wird Polen auferstehen, um zu leben!« Den Grundtenor der Lieder bildete die Überzeugung, dass das Sterben nicht umsonst gewesen sein durfte, aus all dem Blut sollte sich Polen wieder erheben.

Es wurde nicht nur gesungen. Olga hatte Bridgkarten angefertigt und sie der leidenschaftlichen Bridge-Spielerin Wanda Nr. 2 zum Namenstag geschenkt. Sie spielten einen ganzen Robber, eine Abfolge von mehreren

Spielen. Bei dem Spiel konnten nur vier Frauen mitmachen, die anderen drei schauten zu oder sangen leise weiter. Das Licht blieb die ganze Nacht an. Am Morgen des 25. Juni verabschiedeten Wanda Nr. 2 und Monika sich von dem »goldenen Herz« Wanda, von Lena und Maria.

Doch für die anderen zog sich der Abschied noch lange hin. Noch blieben Wanda Nr. 2 und Monika in Moabit, sie wurden in die Zelle 18 gebracht. Gemeinsam mit Olga und Krystyna verlebten sie dort mehrere Stunden. Olga beschrieb diese Zeit in einem Kassiber an Maria und Wanda: »Wir haben über Allgemeines gesprochen, weil wir dem Gespräch den Anstrich einer Plauderei geben wollten, und doch spürten wir alle das Messer an unseren Kehlen. Das Gespräch brach ständig ab. Am meisten erzählte Wanda; sie erzählte von den Zuständen in eurer Zelle, [...] über den Aufenthalt am Alexanderplatz. Monika saß neben mir auf dem Stuhl und sagte gar nichts. Wir haben noch zwei Zigaretten geraucht. Wanda nahm aus ihrem Koffer Medizin raus, die sie uns gab und Fotos. Die Fotos für euch hat sie unterschrieben und bat darum, dass sie in die 11 geschickt werden. Sie wollte euch unbedingt noch einmal küssen. Sie erzählte von dem Abschied mit Marysia und Wanda, ihr sollt sehr geweint haben. [...] Monika war sehr blass als sie uns verließ, sie küsste uns beide und ging als Erste mit ihrem Paket. Wanda küsste erst die eine, dann die andere. Krysia hat sie gesagt, dass sie ihr ab und zu zulächeln soll, wenn sie nicht mehr da ist und zu mir ›Gott sei mit dir‹. Sie nahm ihre beiden Taschen und leicht gebeugt verließ sie die Zelle. So hab ich zum letzten Mal im Leben Wanda gesehen.«

In Monikas Paket und in Wandas Taschen befanden sich die letzten wichtigen persönlichen Dinge, die die Justiz nach ihrem Tod an die Familien weiterleitete. So das Taschentuch, das die Freundinnen Wanda zum Namenstag gefertigt hatten. Und eine Art Tagebuch von Wanda. Sie hatte es in eine polnische Ausgabe des Romans »Verzauberte Seele« von Romain Rolland geschrieben. Enge Zeilen füllen die Ränder der Seiten oder den Platz unter Kapitelschlüssen. Vom 12. August 1942 bis Anfang 1943 notierte sie Gedanken in Briefform an ihre Familie, an die Mutter, den Bruder, die Schwester und deren Kinder. Sie erinnerte sich an ein Verhör bei der Gestapo: »Mir wurde gesagt, ich sei ein Mensch mit Charakter. Und weiter, dass nur zwei Prozent der Frauen logisch denken können und das bestätigten sie mir. Ungewöhnlich, dass sie dies mit dem Begriff der fanatischen Polin in Einklang bringen können, als die sie mich einschätzen. Menschen mit Charakter schätzen und bewundern sie und behandeln sie gut. Sie sagten: Sie sind hart – mit Schlägen bekommen wir nichts aus Ihnen heraus.« Das kleine Buch in einer Lederhülle erreichte nach Wandas Tod die Familie.

Monika schrieb in ihrem letzten Brief an die »teuersten Schwestern« über die Begnadigung, auf die sie bis zum letzten Moment gehofft hatte. Und darüber, dass der »Führer« – das Wort notierte sie deutsch in ihrem sonst auf Polnisch verfassten Brief – von seinem Recht auf Gnade keinen Gebrauch gemacht habe. Sie mochten ihr alles Schlechte verzeihen, bat Monika, den Schwestern wünsche sie Glück und Freude im Leben, Gottes Segen. »In diesen letzten Stunden denke ich an eure große Liebe. Nika«, so schloss der Brief.

Zwischen 1933 und 1945 ließ die NS-Justiz im Strafgefängnis Plötzensee nahezu 3.000 Menschen nach Todesurteilen verschiedener Gerichte hinrichten. Der Gefängnispfarrer Harald Poelchau war bei vielen Exekutionen anwesend. Oft begleitete er die Todeskandidaten in ihren letzten Stunden, half beim Verfassen der Abschiedsbriefe und hielt in vielen Fällen illegalen Kontakt zu den Familien der Verurteilten. In seinen Erinnerungen beschrieb er den Vorgang der Urteilsvollstreckung mit der Guillotine in Plötzensee. Demnach erschien in der letzten halben Stunde vor der Hinrichtung ein abgestumpfter, alter Schuster in der Todeszelle. Den Männern zog er die Hemden aus, denn sie wurden mit bloßem Oberkörper hingerichtet. Die Frauen sollen ein »schwarzes Hemd« bekommen haben, das sie unter Aufsicht einer Beamtin anstatt der eigenen Sachen überzuziehen hatten. Die Schuhe tauschte der Schuster gegen Holzpantinen. Zu seinen Aufgaben gehörte es auch, den Frauen die Haare abzuschneiden. Wanda hatte halblange, dunkle Haare, die sie mit Klemmen nach hinten steckte. Sie überreichte eine Haarklemme der sie begleitenden Beamtin, die sie später Hedwig Grimpe übergab. Vom Todestrakt im Gefängnis begleitete der Pfarrer die Todeskandidaten zum Hinrichtungsschuppen, der sich im Gefängnishof befand. Dort verlas der Leiter der Vollstreckung das Urteil und wendete sich anschließend mit der Aufforderung an den Scharfrichter: »Walten Sie Ihres Amtes.« Der Henker zog daraufhin einen den Raum teilenden schwarzen Vorhang auf. Dahinter wurde die Guillotine sichtbar, auf die die Scharfrichtergehilfen die Verurteilte legten. Der Scharfrichter betätigte einen Hebel und das Fallbeil fiel herunter. Monika und Wanda starben gegen sieben Uhr abends am 25. Juni 1943. Zwischen ihren Hinrichtungen lagen nur wenige Minuten.

Die Übergabe der Haarklemme von Wanda Nr. 2 an Maria einen Tag später, zeigte den Freundinnen an, dass das Urteil vollstreckt worden war. Hedwig Grimpe, die Maria die Spange gab, weinte dabei und sagte, ihre Kollegin habe ihr berichtet, Wanda und Monika seien tapfer bis zum Schluss geblieben.

Der Tod der Freundinnen bedeutete einen schweren Einschnitt für die »polnische Familie«. Olga haderte mit ihrem Überleben. Sie fragte in einem Kassiber an Maria, Lena und Wanda, »das goldene Herz«, zwei Tage nach dem Abschied, warum sie bleiben durfte und die anderen beiden sterben mussten: »Ihr könnt euch gar nicht vorstellen, wie sehr ich unter ihrem Tod leide. Keine von euch ist in derselben Lage wie ich. Warum wurde ich begnadigt und nicht Wanda oder Monika, warum! Wenn ich daran denke, bekomme ich Lust mir die Haare auszureißen – meinen Kopf gegen die Wand zu hämmern. Noch ein Beweis dafür, dass die Deutschen all unsere wertvollen Menschen vernichten, deshalb wurde ich begnadigt, weil ich keinerlei Werte verkörpere, es fehlt mir an Intelligenz und Cleverness. Solche Menschen können leben, da der Feind keinerlei Nutzen durch sie hat. Ich hab jetzt verstanden, wozu und wofür ich leben soll. Wenn ich nichts kann und dumm bin, dann werde ich alles daran setzen um mich zu bilden und das Maximum aus meinen Fähigkeiten herauszuholen. Jetzt sehe ich das Ziel in meinem Leben, Arbeit und noch einmal Arbeit für mein Vaterland, damit ihre Aufopferung, ihre Anstrengungen, ihr heldenhafter Tod nicht umsonst gewesen sind. Denkt daran, dass wir, die, die noch am Leben sind, ihre Arbeit fortführen müssen.«

In den Tagen danach herrschte in der Zelle 18 schreckliche Stille. Olga und Krystyna spürten den Verlust von Monika fast körperlich. Sie suchten ihre dunklen Augen. Gleich fängt sie an zu singen, unsere Monika, dachte Olga, um schmerzlich festzustellen, dass sie nie mehr singen würde. Sie und Krystyna sprachen kaum miteinander in diesen Tagen, um nicht wieder über die Toten reden zu müssen.

Olga bat die Freundinnen aus der Zelle 11, Maria, Lena und Wanda, das »goldene Herz«, dass sie Krystyna beistünden, auch in ihrem Kummer um Rosemarie. Olga befürchtete, dass Krystyna daran zerbrechen würde.

Bald müsse sie Krystyna allein lassen. Sie machte sich große Sorgen: »Ich habe eine große Bitte an euch, nach den letzten Ereignissen ist meine – ich habe sie mir schon zu eigen gemacht – Krysia sehr traurig und redet ständig über die Todesstrafe. Das hat einen fatalen Einfluss auf sie. Sie hat panische Angst davor, dass Mimi etwas zustoßen könnte. Das könnte Krysia völlig brechen. Ihr müsst einen langen, herzlichen und munteren Brief an sie schreiben. Schreibt, dass es schwer für euch ist und dass ihr traurig seid. Ich weiß, dass vor allem du, Marysia, sehr gefühlvoll bist und sehr empfindsam, was menschliches Leid betrifft. Heitert sie nicht auf, denn ihr wisst doch, dass Aufheiterungen in unserer Lage wie bloße Phrasen klingen. Wie man es schreiben sollte, wisst ihr besser als ich.« Abermals eine Art Testament. Das gemeinsame Leid hatte sie noch ein Stück mehr zusammengeschweißt.

Maria hatte es sich angewöhnt, den Freundinnen, von denen sie sich verabschieden musste, in ihrem Notizbuch eine Art Nachruf zu schreiben. »Wanda! Du ›Athletin‹ in der Liebe zu Polen! Wanda! Du wolltest im letzten Moment deines Lebens an uns denken! – ... Nur das kann ich Dir heute mitteilen, diesen einen Gedanken: Ein Stück meines Herzens starb mit Dir ...« – »Monika! Kleine, stille und gute Monika! Unsere größte und ewige Optimistin! Wie schwer fiel es Dir wohl zu sterben... Aber Du bist so mutig gestorben!«

Eine wichtige Stütze war den Polinnen der christliche Glaube. Wanda Nr. 2 hatte erst nach ihrer Verhaftung im Gefängnis zur Religion gefunden. Und auch Maria, die später bekennende Atheistin wurde, gab der Glaube im Gefängnis Kraft. Sie lernte von Wanda ein Lied, in dem es hieß: »Christus [...] verändere unser blutiges Schicksal in ein lichtes Leben, lass uns mit Ruhm auferstehen!« Es waren Worte wie diese, an die sie sich halten konnten, die ihnen Kraft gaben, diese schrecklichen Tage im Juni 1943 zu überstehen. Und ihnen allen stand noch Furchtbares bevor.

10 Abschiede

Zu Beginn der Kleeblatt-Zeit im Sommer 1943 traute sich Maria nicht, dem Sonnenscheintöchterchen zu schreiben. Seit einer Woche sah sie Krystyna fast jeden Tag einen kleinen Zettel an Helga kritzeln. Diese ließ in ihren Briefen auch stets Maria und Lena grüßen. Doch dann fasste sich Maria ein Herz und schrieb selbst an Helga, voller Zweifel noch, weil ihr Deutsch nicht so gut war wie Krystynas: »Man hat keine Freude, eigene Sprache so verkrüpelt zu sehen.« Auch hatte sie Angst, das Mädchen zu langweilen. Diese Angst konnte Helga ihr nehmen. Sie ermunterte alle drei, ihre Gedanken, ihre Hoffnungen und Ängste aufzuschreiben. Und sie heftete Marias Brief in den Leitzordner zu Krystynas Briefen, in das Kleeblattalbum.

Nach der letzten Nacht mit Wanda Nr. 2 und Monika standen Anfang Juli 1943 schon bald die nächsten Abschiede bevor: die Überführung Olgas und Wandas in das Straflager Witten-Annen bei Dortmund. »Sie fahren direkt in die Hölle der Bomben«, schrieb Maria, die von den schweren Luftangriffen der Alliierten auf das Ruhrgebiet wusste. »Langsam fällt unser Häuflein auseinander«, trauerte Krystyna, die Wanda am 4. Juli in der Gefängniskapelle zum letzten Mal sah. »Lass Deine Öhrchen niemals hängen und bleibe gesund«, notierte sie in einem Abschiedsbrief an Wanda. Und – dass sie sich vielleicht wiedersehen würden. Diese Hoffnung durfte nie aufgegeben werden.

Olga würde Wanda bald folgen. Krystyna fürchtete sich vor dem Tag, an dem ihre Zellengenossin sie verlassen musste. Sie betrachtete Olga, die in der »Sofaecke« saß, wie sie die Matratze in der Zelle 18 nannten, und Post von zu Hause las. Und sie hatte Angst, dass Olga weinen würde, wie meist bei den Briefen von der Familie. Doch als sie nach einer Weile wieder hinsah, war Olga eingeschlafen. Eine Woche später war der gefürchtete Tag da, Krystyna stand allein in der Zelle, die am Abend zuvor noch gebebt hatte, vom Steppen und Polkatanz und vom gemeinsamen Gesang.

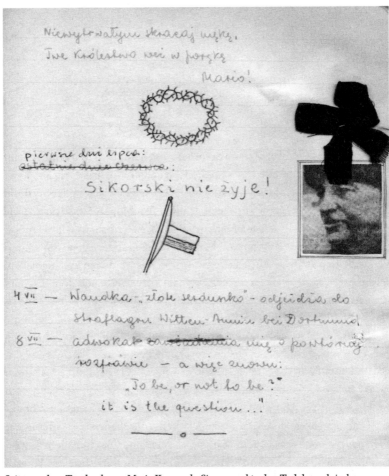

Seite aus dem Tagebuch von Maria Kacprzyk. Sie vermerkte den Tod des polnischen Exil-Premiers Sikorski Anfang Juli 1943. In den unteren Zeilen befasste sie sich mit der verweigerten Bestätigung ihres Urteils, von der sie am 8. Juli erfuhr.

Ein fröhlicher Abschied war das gewesen, nur die letzte Suppe, die sie und Olga gemeinsam gegessen hatten, ausgerechnet die Sonntagsbohnensuppe, hatte nicht richtig schmecken wollen.

Nun, allein in der Zelle, kamen Krystyna all jene düsteren Gedanken, die der Abschied von Olga verdrängt hatte: Wie wird es sein, wenn die Vorsteherin mich zum letzten Gang ruft und wie muss ich mich darauf vorbereiten? Doch nicht nur ihr eigenes Schicksal bewegte sie. Besonders bedrückte sie der Gedanke, dass Maria nun einen zweiten Prozess haben würde, ihr Urteil über acht Jahre verschärftes Straflager hatte der Präsident des Reichskriegsgerichts nicht bestätigt. Wie froh war sie gewesen, dass die Mädchen, die durch ihre Schuld verhaftet worden waren, überleben würden. Und nun sollte Maria möglicherweise auch zum Tode verurteilt werden?! Was gab es noch zwischen acht Jahren Straflager und Tod? Auch Zbigniews Prozess stand unmittelbar bevor. Warum hatte es sich so lang hingezogen bis zum Prozess? Er saß bereits seit über einem Jahr und befürchtete ein strenges Urteil. Und in Warschau saß die Mutter allein und hatte bald Namenstag. Krystyna stickte für sie ein Tüchlein. Drei Blumen versinnbildlichten die Freundinnen, die gemeinsam ein Vierteljahr in der Zelle gelebt hatten, eine gelbe Blume für Olga, eine rote für Monika und eine blaue für sie selbst.

Doch schon der kommende Tag brachte eine Überraschung. Vor der Zelle 18 standen Maria und Lena – mit ihren Sachen unter dem Arm, wie Pensionstöchter, die in ein anderes Zimmer ziehen. Das Kleeblatt fand zusammen. Solche Entscheidungen trafen Gericht und Gefängnisleitung auch, um eventuellen Selbstmordversuchen der Todeskandidatinnen vorzubeugen. Möglicherweise löste man in diesem Fall aber zugleich ganz pragmatisch das ständige Platzproblem: Von sieben Polinnen waren vier weg, blieben drei, die konnten dann auch in eine Zelle. Erstaunlicherweise berücksichtigten die Verantwortlichen nicht, dass sich Maria und Krystyna so für Marias zweite Verhandlung absprechen konnten.

Für die drei stand indes das Glück, zusammen zu sein, im Vordergrund. »Wir stellen uns vor, wir sind nicht im Gefängnis, sondern in einem ziemlich strengen Mädchenpensionat u. die Beamtinnen sind unsere bösen Lehrerinnen«, weihte Krystyna Helga in ihre Phantasien ein. Und dass sie versuchten, sich das Leben so lustig wie möglich zu machen. Maria musste nun auch nähen, was ihr gar nicht schmeckte: Knopflöcher, das Langweiligste von der Welt! Da macht es schon mehr Spaß, Lena ein bisschen Deutsch beizubringen. Und natürlich zu singen »Die Gedanken sind frei«. Lena schrieb an Helga über Maria: »Wie schön klingelt ihre Stimme!«

Lena war das »Küken« der Zelle, sie kam auf Olgas Matratze unter dem Fenster. Ein »Küken« mit Todesurteil wie Krystyna, die Zellenälteste. Sie hatte in den letzten Tagen vor allem durch Fenstergespräche viel Zuwendung von Maria erfahren. Maria, die Größte, aber die Jüngste, die trotz eigener Sorgen nie vergaß zu fragen, wie es den anderen ging. Sie glaubte inzwischen, sie würde nach ihrem Prozess die dritte Todeskandidatin der Zelle werden.

Am 8. Juli 1943 traf Maria ihren Rechtsanwalt Alban Rehm, der ihr mitteilte, dass ihr Urteil vom Präsidenten des Reichskriegsgerichts Max Bastian nicht bestätigt worden war. Er vertrat die Meinung, das Strafmaß sei nicht hoch genug. Rehm bestätigte Marias Ahnung: Der Vertreter der Reichskriegsanwaltschaft würde in der neuen Verhandlung die Todesstrafe fordern. An das Gespräch mit dem Ankläger Lüth, der sich die Beschuldigte am 20. Juli, zwei Tage vor der Verhandlung vorführen ließ, konnte sich Maria später nicht erinnern. Möglicherweise, so meinte sie, sei er »nicht so gesprächig« wie Speckhardt gewesen, der Ankläger im ersten Prozess im April. Maria wusste, dass abermals der Verdacht der Spionage auf ihr lastete. Es galt ihn auszuräumen, wie sie es bereits einmal geschafft hatte. Denn Spionage bedeutete Todesstrafe.

In der Verhandlung am 22. Juli sagte Maria aus, sie habe für den ZWZ gearbeitet, weil sie überzeugt gewesen sei, dass die Organisation einen Aufstand zur Befreiung Polens vorbereitete. Doch dass eine Verbindung zur Exilregierung in England bestand, habe sie nicht gewusst. Alban Rehm verteidigte seine Mandantin erneut engagiert. Er hatte Krystyna als Zeugin geladen, die bestätigte, dass Maria von der Verbindung nach England nichts gewusst, sich noch in der Ausbildung befunden und Aufgaben nur zur Probe bekommen habe. Rehm entschärfte den Vorwurf, Maria sei eine unversöhnliche Gegnerin Deutschlands. Im ersten Prozess habe sie sich bei der Formulierung ihrer Aussagen nicht bemüht, weil sie sich sicher gewesen sei, die Todesstrafe zu bekommen. Und der Verteidiger präsentierte einen zweiten Zeugen: den Zensor der Briefe. Dieser bestätigte, dass Maria in ihrer Korrespondenz mit den Eltern keine Hoffnung ausgedrückt hatte, der Höchststrafe zu entgehen, vielmehr fest mit dem Todesurteil rechnete.

Die Verteidigungstaktik griff. Der Verhandlungsleiter, Reichskriegsgerichtsrat Otto Barwinski, und seine Beisitzer, ein Vizeadmiral, ein Generalmajor, ein Oberst und ein Oberkriegsgerichtsrat, sahen den Vorwurf der Spionage und Feindbegünstigung nicht als erwiesen und verurteilten Maria wegen Vorbereitung zum Hochverrat erneut zu acht Jahren ver-

Ausschnitt einer Tagebuchnotiz von Maria Kacprzyk zu ihrer zweiten Verhandlung am 22. August 1943.

schärftem Straflager. Sechs Monate der Untersuchungshaft wurden angerechnet.

Alban Rehm hatte Maria mit den ihm zu Verfügung stehenden Mitteln verteidigt, andere Anwälte hingegen setzten sich in den Prozessen vor dem Reichskriegsgericht weit weniger für ihre Mandanten ein. Warum sich Rehm so für sie verwendete, lässt sich vielleicht mit Marias Verhalten erklären. Ihre Einstellung nötigte dem Juristen offensichtlich Respekt ab. Der 47-jährige Rehm arbeitete als Offizialverteidiger für das Reichskriegsgericht und andere Militärgerichte. Im Jahr 1942 verteidigte er 65 Mandanten, teils in mehrtägigen Prozessen. Er war überzeugter Nationalsozialist und bereits 1930 in die NSDAP eingetreten, Mitgliedsnummer 294.640. 1933 zählte die NSDAP vier Millionen, 1945 siebeneinhalb Millionen Mitglieder. Als Maria nach dem Krieg all derer gedachte, denen sie ihr Leben verdankte, erkundigte sie sich auch nach seinem Verbleib. Helga konnte dazu nur wenig herausfinden; es handelte sich dabei mehr um Gerüchte als belegbare Fakten: Rehm soll später selbst als Richter tätig gewesen sein und eine Vielzahl von Todesurteilen ausgesprochen haben. Bei Kriegsende sei er nach Süddeutschland geflohen und dort verhaftet worden.

Zum zweiten Mal hatte Maria ihr »schlaues Köpfchen« vor der Guillotine gerettet. Um ihr zu helfen, fand sich sogar Krystyna zur Zusammenarbeit mit Rehm bereit und tat damit etwas, das sie in ihrem eigenen Prozess noch abgelehnt hatte. In der Zelle sprachen sie in den Tagen vor dem

Prozess wohl kaum über etwas anderes. Krystyna war in Marias Überlegungen involviert und darum bemüht, die Freundin zu retten.

Nachdem sie ihre Aussage in der Verhandlung gemacht hatte, saß Krystyna, von Soldaten bewacht, gemeinsam mit anderen Häftlingen in einer Zelle im Gebäude des Reichskriegsgerichts. Die Zeit erschien ihr endlos lang. Sie wusste nicht, wie sie es ertragen sollte, würde auch Maria die Todesstrafe bekommen. Nach dreieinhalb Stunden sah sie Maria lächelnd über den Hof kommen. Auf dem Weg zurück nach Moabit wirkten sie so froh, dass ihre Bewacher fragten, ob sie freigesprochen seien. Die Soldaten staunten nicht schlecht, als sie erfuhren, dass von den glücklich strahlenden Mädchen eine zu acht Jahren verschärftem Straflager und die andere zum Tode verurteilt war.

Am gleichen Tag schrieb Maria jubelnd an die Eltern und Janusz: »Das Leben ist nicht so schlecht, wenn es so interessant sein kann. Oh, wie arm sind die Menschen, deren Lebenstage Rosenkranzperlen ähneln, einer wie der andere und jeder nächste langweiliger und weniger interessant.« Hier hatte sie noch Paul Keller im Ohr. Aus seinem Roman »Insel der Einsamen« hatte Maria ein paar Sätze in ihr Notizbuch übertragen, kaum einen Monat war das her: »Was nützt es dem Menschen, wenn alle seine Tage ruhig und friedlich dahin rinnen, einer wie der andere, farblos und ohne eigene Art. Und wenn er am Schlusse seines Lebens zurückschaut wie auf einen glatten grauen See, von dem sich nichts abhebt. Ich möchte nicht so leben.«

Intensiv erlebte Maria das dichte Aufeinanderfolgen von tiefem Schmerz und unglaublicher Lebensfreude, es erschöpfte sie, aber sie nahm es mit großer Dankbarkeit an. In dem Brief an die Familie verlieh sie ihrer Hoffnung Ausdruck, das gute Ende ihres Prozesses würde Auswirkungen auf Krystynas Fall haben. »Die Begnadigung von ihr und Lena sind im Moment meine aktuellsten und tiefsten Wünsche!« Das Zusammensein mit beiden fand sie eine »traumhafte Konstellation«, manchmal packte sie gemeinsam die Sehnsucht nach den beiden Freundinnen in Witten-Annen und die schmerzhafte, aber auch »stolze« Erinnerung an die beiden Toten.

Doch es waren auch die ganz alltäglichen Dinge, mit denen sich die Kleeblätter beschäftigten. Was sie anziehen sollten, etwa. Sie wollten auch im Gefängnis hübsch aussehen. Deshalb bat Maria die Eltern um leichte, bunte Unterröcke. Sie wünschte sich ein »saphirblaues Kleid mit rotem Gürtel«. Dieser sollte aber nicht aus Samt sein oder mit Blumen bedruckt. Und eine Schürze, wie sie Krystyna von ihrer Mutter bekommen hatte. Sandalen mit einem niedrigen Absatz, rot oder lila, zwei Paar Socken, die zu den Sandalen passten, aber nicht rot oder lila sein sollten. Eine dünne lila Bluse, dünne Hausschuhe. Eine gewöhnliche Seife und eine mit Geruch, Waschpulver, einen nicht zu kleinen Spiegel. Einen Füller mit Ersatzfeder, sowie lila Tinte, einen Briefblock und Umschläge. All diese Wünsche teilte sie ihren Eltern in einem Brief mit. In den zwei folgenden tauchten diese Wünsche in leicht abgewandelter Form wieder auf. Vermutlich waren die Pakete der Familie konfisziert worden. Auf den Wunschlisten an die Familien stand neben Kleidungsstücken ganz oben die Bitte nach Briefpapier. Dies beschlagnahmte die Gefängnisleitung jedoch meist, während Hygieneartikel, Haarshampoo, Zahnpulver, Seifen und Zellstoff in der Regel den Weg zu den Häftlingen fanden.

Wichtige Zäsuren während der Zeit hinter Gittern waren die Besuche von Angehörigen. Maria wartete vergebens auf den angekündigten Besuch ihres Vaters. Die beiden »Todesurteile« Krystyna und Lena durften ihre Väter für wenige Minuten sehen. Krystyna war so glücklich darüber, dass ihr Gefängnis und Todesstrafe wie ein »nächtlicher Spuk« vorkamen. Und sie prahlte vor Helga, dass sie es geschafft hatte, den Eindruck zu vermitteln, es gehe ihr »wirklich glänzend«. Krystyna konnte dem Vater kurz Sonnenschein Hedwig Grimpe zeigen und sie schickte ihn zu den Geschwistern Terwiel. Um ihre Töchter ganze zehn Minuten sehen zu können, nahmen die Väter von Lena und Krystyna die in Kriegszeiten beschwerliche Reise von Warschau nach Berlin auf sich.

In dieser Zeit folgten gute und schlimme Nachrichten dicht aufeinander. Jede Woche hatte ja einen schrecklichen Mittwoch.

Der Prozess gegen Zbigniew Walc fand am 3. August 1943, einem Dienstag, statt. Krystyna war als Zeugin geladen. Die Anklage lautete auf Vorbereitung zum Hochverrat. Es ging um Walc' polnische Briefpartnerinnen, mit denen er in der Neubrandenburger Zeit in Kontakt gestanden hatte. Er konnte glaubhaft darstellen, dass es bei dem Austausch lediglich um »innerpolitische Fragen Polens« gegangen sei. Seine Familie habe teils deutsche Wurzeln, deshalb habe er sich nie für eine deutschenfeindliche Organisation eingesetzt. Als er erfuhr, dass seine Verlobte Krystyna

Wituska für eine Organisation arbeitete, die mit der Exilregierung in London in Verbindung stand, habe er versucht, sie davon abzubringen.

Das Gericht befand ihn lediglich der Nichtanzeige eines Verbrechens für schuldig und unter Berücksichtigung des Umstandes, dass diejenige, die er hätte anzeigen müssen, seine Braut war, und er auch versucht hatte, sie von ihrer Tätigkeit abzubringen, erkannten die Richter nur auf ein Jahr Straflager. Sechs Monate der Untersuchungshaft wurden angerechnet. Ein scheinbar mildes Urteil, vor allem wenn man bedenkt, dass es über ein Jahr gedauert hatte, bis es zum Prozess gekommen war. Zbigniew wurde nur als kleines Rädchen in dem komplexen Gebilde des polnischen Nachrichtendienstes gesehen, ein Rädchen, das nicht wichtig schien. Tatsächlich hatte Wanda Węgierska, in deren Umfeld er verhaftet worden war, eine weit zentralere Rolle als Agentin zwischen Polen und Deutschland gespielt. Zbigniew war gerettet. Nur noch ein halbes Jahr sollte er in ein Straflager! Noch wurde Krystynas Freude nicht durch das Wissen getrübt, dass die Deutschen Ausländer nach verbüßter Strafe selten einfach nach Hause entließen … Krystyna war glücklich. Sie konnte ihn am Tag nach der Verhandlung sogar kurz sprechen: »Zbyszek war strahlend vor Freude, und ich stellte mit Befriedigung fest, dass er fabelhaft aussieht«, schrieb sie ihrer Mutter.

Die Freude dauerte nur Stunden. Der nächste Tag war ein Mittwoch, und die Nachricht, dass Rosemaries Hinrichtung unmittelbar bevorstand, erreichte die Zelle 18. Rosemaries Gnadengesuch war gemeinsam mit 16 anderen am 21. Juli 1943 von Adolf Hitler abgelehnt worden. Am 4. August erfuhr Mimi, dass sie am kommenden Tag in das Frauengefängnis Barnimstraße, die Durchgangsstation nach Plötzensee, gebracht werden würde. Sie verabschiedete sich von ihren polnischen Freundinnen, indem sie ihnen die Noten der polnischen Nationalhymne aufschrieb und diese an ihrem letzten Abend am Fenster pfiff. Ausgerechnet die allseits unbeliebte Beamtin Brenner, *Bazyliszek* mit den bösen Augen, brachte Krystyna in Mimis Zelle zu einem letzten Abschiedstreffen. Krystyna rechnete dies der Wärterin hoch an und sah ihr deshalb manch folgende Schikane nach. Die nächsten Tage ohne Nachricht zu bleiben und doch das Schlimmste zu ahnen, war für Krystyna furchtbar. Sie erfuhr erst am 14. August, zehn Tage nach der Trennung, von Sonnenschein, dass Mimi am 5. August abends mit 15 anderen Verurteilten der »Roten Kapelle« hingerichtet worden war.

In zahlreichen Briefen an ihre Familie, auch an Helga, gedachte Krystyna der Freundin nach deren Tod mit Respekt, Hochachtung und Liebe. Mit Maria und Lena sprach sie viel über Mimi, von den Geschwistern erhielt sie mehrere Fotos. An Ursel und Gerd Terwiel schrieb sie: »Ich habe schon so viele anständige Menschen sterben gesehen, dass ich nach Helmuts und Mimis Tod im Zweifel war, ob noch welche übrig geblieben sind.«

Wie gut Mimi auch die anderen Polinnen kannte, zeigt ein kleines Gedicht, das sie über die Bewohner der Zelle 18 schrieb. Maria notierte es in ihrem Tagebuch:

Es lebten drei Polenkinder
immer fröhlich und vergnügt
in Zelle Nr. 18
Berlin-Alt-Moabit.
Vom Schicksal zusammengetragen,
fern von Heimat und Elternhaus,
man hörte sie niemals klagen,
sie hielten tapfer aus.
Sie liebten mit heißem Herzen
ihr geknechtetes Vaterland.
Und erlebten mit tausend Schmerzen
des grausamen Siegers Hand.
Sie dienten der polnischen Erde
und taten ihr bestes geben.
Dann wurden sie alle gefangen,
nun forderte man ihr Leben!
Doch lebten sie frei und heiter,
das Schicksal bezwang sie nicht.
Vielleicht geht das Leben doch weiter!
Kleinkriegen tun sie uns nicht.
Und Olga wurde begnadigt,
der Jubel war grenzenlos!
Sie dankten Gott auf den Knien,
denn seine Liebe ist groß.
Doch eine musste sterben,
die kleine Monika,

die überzeugt vor allem,
dass nah die Freiheit war.
Sie starb als stolze Polin,
ging aufrecht in den Tod,
so wie man es erwartet
als polnischer Patriot.
Es ist so still geworden,
wo früher viel Lachen erklang,
wo man die Polka stampfte
mit Jubel und Gesang.
Auch Olga wird bald scheiden,
dann wartet Christine allein!
Du lieber Gott, schenk ihr das Leben –
Ewig wollt ich Dir dankbar sein!

Das Gedicht besingt die Gemeinschaft der Zelle 18 aus der Zeit des »Modesalons«. Es entstand nach der »letzten« Nacht, Monika war schon hingerichtet, Olga noch nicht ins Straflager verlegt worden. Es ist Rosemaries Nachruf an die vergnügte Gesellschaft in der Zelle 18, verfasst zwischen dem 26. Juni und dem 11. Juli 1943. Von den über 200 Briefen von Mimi hatte Krystyna mehr als die Hälfte aus Angst vor Revisionen vernichtet. Die restlichen befanden sich in einem »traurigen Zustand«, weil sie ständig woanders versteckt werden mussten. Hinter dem Fenster, im Rocksaum, in einer Türspalte. Wäre Krystyna in eine andere Zelle oder in ein anderes Gefängnis verlegt worden, wären die Briefe verloren gewesen. Nach Mimis Tod vertraute Krystyna Helga ihr Geheimnis an und Helga trug die Briefe aus dem Gefängnis zu den Geschwistern Terwiel nach Halensee, wo sie wiederum vor der Mutter versteckt werden mussten, die nicht wissen durfte, wo ihre Tochter war …

Und wieder nahte ein unheilvoller Mittwoch. Marias beste Freundin aus der Gemeinschaftszelle 11 wurde zur Vorsteherin gerufen. Rita Arnould gehörte dem belgischen Zweig der »Roten Kapelle« an. Sie war Funkerin und Kurierin gewesen und bereits am 13. Dezember 1941, ein Dreivierteljahr vor der Gruppe um Harnack und Schulze-Boysen, verhaftet und im April 1943 zum Tode verurteilt worden. In der Zelle 11 hatte sie gemeinsam mit Maria und Wanda Nr. 2 die kleinen Flugblätter ins Vo-

Teil eines Tagebucheintrags von Maria Kacprzyk vom 31. August: »Bestätigung meines Urteils, also Adieu Kriegsgericht! Und graues, trauriges Gespenst Plötzensee – Land des schwarzen Hemdes!«

gelfutter gesteckt, die verkündeten, dass der Krieg verloren sei. Als Nachruf notierte Maria: »Rita! Werde ich in meinem Leben noch jemanden finden, mit dem ich mich so gut verstehen werde wie mit Dir? ... Nein, wohl nicht ... Ich habe Freunde, die meinem Herzen nahe sind, aber nicht meiner Seele ... Niemand kann Dich ersetzen. [...] Rita, Du fehlst mir so sehr ...« Helga schrieb sie, Rita sei ihr als Freundin so wichtig, weil beide ähnlich dachten und empfanden: »In ihrer Seele gab es keinen Platz für Hass und Rache.« Einen Vergleich mit Krystynas Schmerz um Mimi wollte sie nicht anstellen, weil sie zu kritisch dazu sei. Krystyna habe Mimi vergöttert, Maria fühlte sich »nicht fähig, jemanden verehren und vergöttern, ich habe zu viel strenger Kritizismus dazu«.

Am 31. August erfuhr Maria von der Bestätigung ihres Urteils: »Adieu Kriegsgericht! Und graues, trauriges Gespenst Plötzensee – Land des schwarzen Hemdes!«, schrieb sie jubelnd in ihr Notizbuch. Nun wartete sie auf ihre Überführung ins Straflager und überlegte, wem sie ihren Gefängnisfreund, wie sie ihr Notizbuch nannte, anvertrauen könnte, damit »er« die dunklen Zeiten überstand. Eine der letzten Eintragungen lautete: »20. September Fordon.« Sie kam nicht, wie erhofft, nach Witten-Annen zu Olga und Wanda. Am Tag vor der Abreise schrieb sie einen langen Brief an ihren fünfjährigen Cousin. Er war bei der Verhaftung dabei gewesen und sie erinnerte ihn daran. »Und da kamen einige deutsche Männer und haben mich nachts von zu Hause mitgenommen.« Sie schrieb, dass sie sich nun in einer großen Stadt in Deutschland befinde, wo die »gleichen Menschen« lebten wie in Polen. Der einzige Unterschied sei, dass die Menschen anders sprechen würden, statt »Mamusiu« sagten sie »Mutti«. Sie schrieb, dass sie keine Spaziergänge machen könne, weil sie im Gefängnis lebe, »eine Art Haus, in dem es ganz viele kleine Zimmerchen gibt, die immer abgeschlossen sind«. Sie teilte dem Jungen mit, dass sie ihm nicht sagen könne, weshalb sie eingesperrt sei und dass er es erfahren werde, wenn er groß sei. »Ich kann dir, Jędruś, nur so viel sagen, Marysia hat nichts Schlimmes getan.« Sie habe »nur richtig handeln« wollen. Der Brief an den kleinen Andrzej zeigt die erstaunliche Haltung Maria Kacprzyks. Auch wenn man berücksichtigt, dass sie beim Schreiben an die Zensur denken musste: Kein Hass auf die Deutschen blitzt in ihren Worten auf oder bebt darunter. Und das in Marias Situation im September 1943!

Die Trennung von Krystyna und Lena fiel schwer. Und – der Abschied von Moabit. »Mutti«, schrieb Maria, »die Welt besteht aus so vielen Paradoxien! Glaubst du mir, dass ich mit Bedauern daran denke, nie wieder hierher nach Moabit zurückzukehren … Stell dir das mal vor! Mich macht es traurig, dass ich nicht zurückkehren werde … ins Gefängnis. Aber ich habe noch nie und nirgendwo so viel erlebt, wie in den 11 Monaten am Alex und hier! Ich lasse hier einerseits Erinnerungen des tiefsten Schmerzes, kraftloser Verzweiflung, Traurigkeit ohne Grenzen zurück und andererseits Erinnerungen an helle und angenehme Momente, Momente des unvorstellbaren Glücks umhüllt von einer starken, herzlichen Freundschaft. Ich lasse im alten, treuherzigen Moabit Erinnerungen meiner geistigen Flüge, große Momente, die die Seele für immer geprägt haben, interessante Momente zurück.« Die Erinnerung an die Erlebnisse in Moabit sollten ihre Haltung in den kommenden 16 Monaten im Frauenzuchthaus Fordon prägen.

11 Maria in Fordon

Maria würde also Moabit verlassen. Sie suchte ein »Obdach« für ihren Gefängnisfreund, das Moabiter Notizbuch. Das zu führen war nicht verboten, sie musste es nicht einmal vor den Revisionen verstecken. Aber nun? Man würde ihr nicht erlauben, das Buch mit nach Fordon zu nehmen oder nach Hause zu schicken. Der einzige sichere Ort war bald gefunden: Helga. »Ich habe an Dich ein grosse Bitte, sehr grosse«, schrieb Maria – und vertraute die »Denkschrift« der Freundin an.

Das Notizbuch enthielt Textausschnitte aus Romanen, die sie im Gefängnis gelesen, Gedichte und Lieder, die sie im Gefängnis gelernt hatte, polnische, deutsche, französische und lateinische Zitate. Texte zur Stärkung, zur Selbstvergewisserung, zum Trost. Aber auch wichtige Daten ihres Gefängnislebens waren darin festgehalten. Den Tag der Verhandlung vor dem Reichskriegsgericht illustrierte ein Reichsadler nebst Hakenkreuz. Sie klebte einen Kassiber von Olga ein, in dem diese sich über den positiven Ausgang des Prozesses von Maria freut. Vignetten zeigen einen Sonnenaufgang, sie selbst hinter Gittern, immer wieder Blumen. Getrocknete Maiglöckchen, von Lena in die Zelle geschmuggelt, eine Ähre, ein Zweig Heidekraut in Briefen von zu Hause mitgeschickt. »Jede seiner Seiten gibt mir tausend Erinnerungen.« Maria wollte, dass diese Moabiter Bibel, dieses Zeugnis ihrer Gefängnisexistenz überlebte. Wegen der damit verbundenen Gefahr mahnte Maria Helga, dies mit ihrer Mutter abzusprechen.

Sonnenschein weinte, als Maria Moabit verließ, wieder eines ihrer Polenkinder weniger. Aber dieses könnte überleben. Ob Maria es schaffen wird? »Ich bin teuflisch stark«, schrieb sie in einem letzten Brief vor der Abreise nach Fordon an Helga. Diese glaubte fest daran, dass Maria Gefängnis und Krieg überleben und dass sie sich wiedersehen würden. Der Gefängnisfreund erhielt derweil »Unterschlupf« bei Helga, die ihn gemeinsam mit dem Kleeblattalbum durch alle Bombennächte trug.

Fordon war 1943 eine kleine Stadt, etwa zwölf Kilometer östlich von Bromberg (Bydgoszcz). Maria kam also in ein deutsches Zuchthaus, das mitten in ihrer polnischen Heimat – jetzt zu den »eingegliederten Ostgebieten« zählend – lag. Das Reichsjustizministerium wies für die ausschließlich für Frauen bestimmte Haftanstalt eine Belegfähigkeit von 362 Gefangenen aus. 1941 besichtigte Staatssekretär Roland Freisler, später Präsident des berüchtigten Volksgerichtshofs, das Zuchthaus und lobte anschließend »die mustergültige Einrichtung der Arbeitsbetriebe«. Das festungsartige Gebäude begrenzte den Markt Fordons auf der einen Seite, auf der anderen befand sich die Kirche zum Heiligen Nikolai, deren Glockenschlag den Alltag der Gefangenen begleitete. Das Mitte des 19. Jahrhunderts gebaute Gefängnis lag direkt an der Weichsel. Wenn es die Sichtblenden an den Fenstern zuließen, konnten die Häftlinge aus den oberen Fenstern über die Mauer auf den Fluss und die dahinter befindliche Auenlandschaft sehen. Am gegenüberliegenden Ufer thronte das Schlossensemble Ostrometzko (Ostromecko): ein Barockschlösschen und der Neue Palast im klassizistischen Stil, umgeben von einer Parklandschaft, ein kleines Sanssouci, das den Gefangenen aus der Ferne entgegenleuchtete. Wenige Meter vom Zuchthaus entfernt führte eine Brücke über den Fluss. Sie galt zu jener Zeit mit über 1.300 Metern Länge als die längste Brücke Deutschlands. Regelmäßig ratterte ein Eisenbahnzug darüber.

Marias Empfang in der Haftanstalt war demütigend. Man ließ sie lange mit dem Gesicht zur Wand im Flur stehen. Der Leiter, Verwaltungsoberinspektor Franke, fragte Maria aus, nach dem Prozess, ihrer Verurteilung. Dabei duzte er Maria und unterstellte ihr, sie habe vor Gericht nicht alles zugegeben und sei nur deshalb der Todesstrafe entkommen. Der Beamte drohte damit, dies dem Reichskriegsgericht mitzuteilen. Es blieb bei diesem Einschüchterungsversuch. Sehr schwer fiel es Maria, sich von den eigenen Kleidungsstücken zu trennen. Sie bekam ein weißes Hemd und eine Art Unterhose, die knielang war und unten zugeknöpft wurde. Vorn war ein Schlitz. Dazu trug sie ein schwarzes Kleid und einen steifen Kaftan darüber, dicke graue Strümpfe und Sandalen. Nichts passte richtig. Sie und die anderen Gefangenen sahen hässlich aus, wie sie fand, und alle gleich. Doch sie waren nicht gleich. Die Mitgefangenen saßen wegen Vergehen gegen die Bestimmungen zur Bewirtschaftung von Lebensmitteln, Schwarzschlachtens oder Nichterfüllung der Ablieferungskontingente in

Blick auf Fordon über die zugefrorene Weichsel. In der Bildmitte das Hauptgebäude des Frauenzuchthauses, um 1939.

der Landwirtschaft. Maria vermisste Verbündete im Geiste, politische Gefangene. Wie sehnte sie sich nach den anderen. Sie hatte so gehofft, auch nach Witten-Annen zu kommen, zu Olga und Wanda. Die Nachrichten, die sie – über die Verwandten in Warschau – aus Witten-Annen erreichten, klangen gut. Erstaunlicherweise nahm Maria diese Informationen für bare Münze, obgleich sie es besser hätte wissen müssen. Schlechte Nachrichten wären nie aus Witten-Annen herausgekommen. Sie beneidete die Freundinnen, sie waren ja zu zweit! Maria litt an geistiger Unterforderung und an Einsamkeit.

Der entscheidende Unterschied war sicher, dass Olga und Wanda sich gegenseitig in der Nähe wussten. Dabei wäre es fast anders gekommen. Denn während der Zeit des Transports ins Straflager hatte sich Wanda eine unglaubliche Gelegenheit geboten. Im Polizeigefängnis Bochum lag in einer Zelle ein Haufen Stroh, eine von Läusen bewohnte Decke sollte als Bettzeug dienen. Dort ekelte sich Wanda so, dass sie die Nächte auf einer Bank sitzend verbrachte. Sie bat um Arbeit und wurde in die Küche geschickt, wo man sie freundlich empfing und ihr erlaubte, sich zu duschen. Sie schälte Kartoffeln und Gemüse. Ein älterer Herr begleitete sie nach draußen, wo die Abfälle entsorgt wurden. Dort sah sie – ein offenes Tor. Jetzt! Loslaufen? Loslaufen! Nein, ohne Geld und Kontakte hatte das keinen Sinn. Traurig warf sie die Kartoffelschalen weg und kehrte in die Küche zurück.

Wenige Tage später kam Olga dazu. Welch eine Freude! Dann ging es ins Lager. 22 Kilometer nach Dortmund. Die sie begleitenden Wachen sahen, wie freudig erregt sich die beiden Polinnen unterhielten und erlaubten ihnen, zu Fuß einen Vorort zu durchqueren, nachdem sie versprochen hatten, nicht so laut und so viel polnisch zu reden und keinen Fluchtversuch zu unternehmen. Ein schöner Spaziergang durch saubere Straßen mit Hortensien in den Vorgärten. Den Rest des Weges fuhren sie mit dem Bus. Als würde es ins Ferienlager gehen und nicht ins »verschärfte« Straflager. Im Untersuchungsgefängnis Dortmund bekamen sie Gefängniskleidung und derbe Holzschuhe, in denen das Laufen schwerfiel. Doch das konnte ihre Freude, beieinander zu sein, nicht trüben. Ihr polnisches Geplapper und der Krach, den sie mit den Holzpantinen machten, gingen einer Wärterin so auf die Nerven, dass sie ihnen eine Strafe verordnete: Matratzen klopfen. Die Matratzen mussten aus dem dritten Stock eine Metallwendeltreppe hinuntergetragen werden und das in den klobigen Pantinen. Die Wärterin scheuchte sie und schimpfte, weil sie angeblich zu langsam waren, das Lachen verging ihnen bald. Mittags blühten Blasen an den Händen vom Klopfen und an den Füßen von den Pantinen. Es war ein Vorgeschmack auf das Lager, in das es noch am selben Tag ging.

Die Häftlinge des Lagers Witten-Annen arbeiteten für die Wickmann-Werke. Die Firma, gegründet 1918 in Dortmund, stellte ursprünglich Sicherungen und Blitzschutzgeräte her. Im Krieg wurde die Produktion auf die Bedürfnisse der Rüstung umgestellt. Die Sicherungen kamen in Bordnetzanlagen von Kriegsschiffen und Flugzeugen der Wehrmacht. Für U-Boote fertigte Wickmann Sicherungskästen. Ein Teil des Werksareals wies Bombenschäden auf, dort befand sich das Lager für die bis zu 300 weiblichen polnischen Häftlinge, die in der Produktion eingesetzt wurden. Der »Privatknast auf dem Firmengelände«, wie die Autoren einer Wickmann-Chronik diesen Bereich nennen, bestand aus Baracken mit Zellen für 18 Personen. Olga und Wanda wurden getrennt untergebracht, der Kontakt der Insassen verschiedener Haftträume war verboten. Die Zellenbelegung ging gemeinsam zur Toilette, zum Waschen, zur Arbeit. Bei derartigen Gelegenheiten fiel es den beiden »Moabit-Veraninnen« nicht schwer, ihre monatelange Erfahrung der illegalen Verbindungsaufnahme anzuwenden. Wandas 17 Mithäftlinge galten sämtlich als »Kriminelle«, Frauen die wegen Diebstahls, Beziehungen zu Ausländern und Prostitution saßen. Es gab lediglich eine »Politische« neben Wanda. Daneben mussten im Werk in großer Zahl Zwangsarbeiter aus Frankreich und der Sowjetunion arbeiten. Und es gab »Freie«, normale Beschäftigte, die jeden Abend nach Hause gingen. Der Kontakt zu ihnen war natürlich verboten. Dennoch fanden die Gefangenen Möglichkeiten dazu. Das Wichtigste, worüber sie sich austauschten, war die Lage an der Front. Manche schmuggelten Zeitungsartikel ins Lager.

Olga drehte Schrauben in eine Vorrichtung. Eine langweilige, aber keine schwere Arbeit. Auch das hatte sie vermutlich ihrem Beschützer, Maximilian Körtling, zu verdanken, der dafür sorgte, dass die schmächtige Olga keine schweren Tätigkeiten verrichten musste. Zwölf Stunden wurde täglich gearbeitet, später sogar in Tag- und Nachtschicht. Im Sommer bewirtschafteten die Gefangenen danach noch den Lagergarten. Doch die Arbeit an der frischen Luft tat gut, außerdem konnte man mal etwas Grünes mitgehen lassen. An einem Sonntag im Monat durften sie Briefe auf Deutsch schreiben. Die übrigen Sonntage vergällte ihnen die allmächtige Lagerkommandantin mit Aufgaben wie Ausbessern von Lagerkleidung, Beete in Ordnung halten oder Platten verlegen – und Geschrei. Durch die vielen Bombenangriffe in der Nähe hatten sich die Dächer der unbeheizten Baracken verschoben und es regnete hinein. Wandas Mutter bemühte sich um ein Treffen mit ihrer Tochter. Doch dies wurde mit der Begründung abgelehnt, die Reichsbahn sei überlastet. Wie schwer Wanda und Olga es auch hatten, Maria hätte sofort mit ihnen getauscht.

In ihrer Funktion in der Hausmutterei, der Anstaltswirtschaft, übergab Maria auch den zu Entlassenden die private Kleidung. Dabei ergab sich eine gute Gelegenheit, Gefangenen, die freikamen, Post mitzugeben, die sie im Kleider- oder Mantelsaum einnähten und so aus der Haftanstalt schmuggelten. Für Maria blieb dies der einzige Weg, ihrer Familie mitzuteilen, dass sie lebte. Ansonsten lag die Korrespondenz brach. Im Oktober 1943 wunderte sich der Vater, dass seine Post aus Moabit zurückkam mit dem Vermerk, seine Tochter sei dort nicht mehr. Zwar hatte Maria unmit-

Blick in einen Innenhof des Frauenzuchthauses Fordon, um 1939.

telbar nach ihrer Ankunft in Fordon einen Brief an die Eltern schreiben dürfen, doch anschließend galt vorerst »Funkstille«. Die »Vorschriften über den Verkehr der Straflagergefangenen mit der Außenwelt« im Frauenzuchthaus Fordon bestimmten, dass in den ersten sechs Monaten weder Besuche noch Briefe empfangen werden durften. Außer dem »Zugangsbrief« zur Benachrichtigung der Angehörigen war keine Korrespondenz gestattet. Erst nach Ablauf des halben Jahres konnten die Häftlinge alle zwei Monate einen Brief schreiben – allerdings nicht auf Polnisch – und einen empfangen. In Päckchen durften lediglich Hygieneartikel enthalten sein, Waschlappen, Zahnbürsten, Zahnpulver. Alles andere war verboten: Zigaretten, Lebens- und Genussmittel, Briefmarken, Fotos.

Doch Marias Zugangsbrief wurde konfisziert. Sie hatte geschrieben, dass sie 27 Personen in der Zelle seien, »sehr wenig politisch wie ich«. Zudem forderte sie ihre Eltern auf, gleich zu schreiben und nicht sechs Monate zu warten. Und sie bat Mutter und Bruder, »an meine Mädchen in Moabit und Witten« zu schreiben. »Ich sehne mich schrecklich nach Krystyna und überhaupt nach Moabits Atmosphäre. Ich lasse mich aber nicht klein kriegen!« Eine rebellische Gefangene. Selbst wenn der Brief beim stets um Ausgleich bemühten Vater angekommen wäre, er hätte sich wohl nicht darüber gefreut. Inzwischen durch den Anwalt über Marias Aufenthaltsort informiert, schrieb Mieczysław Kacprzyk an den Leiter des Zuchthauses. Franke rief Maria zu sich, bot ihr einen Stuhl an und schaltete über seiner Tür ein rotes Licht ein, was bedeutete, dass er nicht gestört werden wollte. Franke reichte Maria die Karte ihres Vaters, die an den »Gefängnisdirektor« adressiert war. Kacprzyk fragte in der Karte höflich nach, warum er keine Post von seiner Tochter bekomme. Dass er angeschrieben wurde, schmeichelte Franke und er sagte Maria, er habe dem Vater bereits mitgeteilt, dass sie gesund sei und in Kürze selbst schreiben würde. Plötzlich waren es keine sechs Monate mehr, die sie bis zum nächsten Brief zu warten hatte, sondern nur sechs Wochen, und die seien, so der Beamte, gerade um. Franke, der zu Beginn sehr unangenehm zu Maria gewesen war, zeigte sich nun von einer anderen Seite. Und er sollte in den kommenden Monaten immer mal wieder seine Hand schützend über sie halten.

Maria war keine einfache Gefangene. Die Staatsanwaltschaft Berlin, die den Vollzug der Strafe überwachte, führte ein sogenanntes Vollstreckungsheft, in dem sich auch ihre Auflehnungen niederschlugen. Die NS-Justiz bezeichnete Maria zwar lediglich als »Gestrauchelte«, also nicht als Gewohnheitstäterin. Trotzdem kam sie in Fordon auf die Liste der »besonders fluchtgefährdeten Personen«. Drei Hausstrafen verzeichnen die erhaltenen Dokumente, zweimal wegen einer zerschlagenen Fensterscheibe, einmal, weil in ihrer Rocktasche ein »mit Fleisch belegtes Brot« gefunden wurde. Mehrmals kam Maria in Arrest.

Auf einem sogenannten Vormeldebogen konnten die Gefangenen Wünsche äußern. Maria bat im November 1943 um die Erlaubnis, ein Buch lesen zu dürfen. Vermerk des Staatsanwaltes: abgelehnt.

Den zweiten offiziellen Brief, den Maria nach einem halben Jahr schrieb, behielt die Zensur wieder ein. Man teilte ihr mit, die Formulierung »Gott gäbe, unsere Wiederschau wird baldiger wie wir hoffen ...« habe Anstoß erregt. Als Maria protestierte, dass doch alle dies schrieben, wurde ihr geantwortet, es sei ein Unterschied, ob jemand, der schwarz geschlachtet hatte, diese Äußerung tue oder eine »Politische« wie sie. Den nächsten Brief, er wurde ihr am 11. Juni 1944 erlaubt, diesmal nach zwei Monaten, hielt die Gefangene dann provokant kurz: »Meine Lieben! Euren lieben

Brief vom 26. April hab ich am 12. Mai erhalten. Ich danke Euch herzlichst. Bei mir ist nichts Neues: es geht mir gut, bin gesund und munter. Wie immer, meine Gedanken sind stets bei Euch, meine Allerliebsten. Im August werde ich wieder an Euch schreiben, jetzt aber warte ich auf Euren Brief, möglichst lang und ausführlich. Seid alle herzlichst gegrüßt und geküßt von Eurer Euch sehr liebenden Tochter und Schwester.« Eine ganze Seite blieb frei! Es war Marias Protest gegen die Zensur ihrer Briefe.

Doch längst hatte sie Wege gefunden, illegal Nachrichten abzusenden. Im Dezember 1943 erreichten auf unbekannten Wegen zwei lange, auf Französisch geschriebene Briefe die Familie. Vater Kacprzyk wird entsetzt gewesen sein. In fiebrigem Grundton, voller Ungeduld weihte Maria die Familie in ihre Fluchtpläne ein und forderte sie zur Mithilfe auf.

Die Gedanken an Moabit hatten sie nicht mehr losgelassen: die ermordeten Freundinnen Monika und Wanda Nr. 2, die bange Frage, ob Krystyna und Lena noch lebten. Immer wieder bat sie ihre Familie, an »meine Mädchen in Moabit« zu schreiben. Sie selbst empfand es als »paradox«, aber sie sehnte sich nach dem Gefängnis in Berlin! In Fordon gehe es ihr nicht schlecht, sie sei satt wie nie zuvor, würde inzwischen gut behandelt. Dennoch: »Die ganze hiesige Atmosphäre ist so todlangweilig, so nichtig, kleinlich – ich ersticke, ich protestiere! Und ich muss hier weg.« Nach 13 Stunden harter körperlicher Arbeit in der Hausmutterei hatte sie, wenn sie in die Zelle kam, nur noch eine Stunde Licht. Sie war körperlich ermüdet, es blieb keine Zeit für ein »geistiges Leben«.

Und so plante Maria die Flucht. Sie brauchte Zivilkleidung, falsche Dokumente und Geld. 400, 500 Reichsmark, wenn keine Papiere zu besorgen seien, dann noch mehr! Das alles sollte in Waschmittelkartons ins Zuchthaus geschickt werden, mit doppeltem Boden, unter falschem Namen. In ihrer Funktion in der Hausmutterei gingen die Pakete zuerst durch ihre Hände. Als Codewort für die falschen Dokumente sollte in den Briefen das Wort »Brille« stehen. Tatsächlich ist in der späteren Korrespondenz immer mal wieder von einer »Brille« die Rede.

Den Brief mit den Fluchtplänen schickte sie auf einem anderen Weg nochmals ab. Sie war schon seit einigen Wochen in einer kleineren Zelle mit nur noch sechs Mitgefangenen im Keller der Haftanstalt untergebracht. Sie schrieb auf dem Bauch liegend im Bett, immer mit der Befürchtung, dass jederzeit die Tür geöffnet und sie erwischt werden konnte. Im Brief zum Jahreswechsel erklärte sie der Familie, wer »Teddy« war. Denn sie konnte ihre Freude nicht für sich behalten: Sie hatte eine Nachricht von Helga nach Fordon bekommen!

Die Erfahrungen aus Moabit hatten Maria mutig gemacht. Dass sie das Risiko einging, zeigt wie groß ihre Not war. Denn sie brachte mit dieser illegalen Korrespondenz nicht nur sich und ihre Familie in Gefahr, sondern auch Sonnenschein und Helga in Berlin. Andererseits wusste Maria, dass nicht gewinnt, wer nichts wagt. Da niemand ihre unerlaubt abgesandten Briefe entdeckte, traute sie – in diesem Fall – der Überbringerin zu Recht. In dem erwähnten Silvester- und Neujahrsbrief ließen sie ihre Gedanken, die sie mitteilen musste, die unbequeme Lage vergessen: »Heute ist Silvester – das alte, grausame Jahr 1943 verlässt uns. Heute früh hat es frisch geschneit und alles ist ringsum weiß – das vergreiste Jahr ergraute, als es sich umdrehte und all den Schrecken erblickte, die sich in seinem Verlauf ereignet hatten. Und du, Neues Jahr, was bringst du uns? Ich weiß, für mich wirst du, wie das frühere, das Jahr des großen Abenteuers sein – wirst du aber mir so gnädig sein, wie dein Vorgänger, wirst du mein junges Leben verschonen?«

Trotz des Verbotes erreichten Maria Fotos und Lebensmittelpakete. Die sonst sehr ungnädige Hausmutter gab erstaunlicherweise fast alles aus den Paketen an sie weiter, allerdings mit der Auflage, nichts zu teilen oder aus der Kleiderkammer zu schaffen. Aber genau dazu eigneten sich die riesigen Unterhosen bestens, in die Maria und eine Zellenkameradin alles stopften. So konnten sich die sieben Frauen in der Kellerzelle einen schönen Heiligen Abend machen, mit Kuchen, Marmelade, Äpfeln, einem Gläschen Pilze und sogar »etwas Stärkerem« sowie der für das polnische Weihnachtsfest unentbehrlichen Oblate, die sie teilten.

Überschattet wurden die »satten« Feiertage vom Treiben einer Wärterin, die »vom Teufel besessen« die Gefangenen quälte, scheuchte und beschimpfte, dass Maria Tränen in den Augen standen. Besonders dies fand Maria beschämend, lieber hätte sie gespuckt, statt zu weinen. Sie hasste Fordon. »Wie flach, langweilig und grau leben wir hier! ... Gott, ich ersticke!«

Als sie ihre Fluchtgedanken einer Zellenkameradin mitteilte, erklärte diese sie für verrückt. Sie beobachtete offensichtlich, wie Maria einen illegalen Brief schrieb und in der Wäschekammer zwischen Bettwäsche versteckte. Bereits am nächsten Tag hielt die Hausmutter den Brief in der Hand. Maria vermutete, dass ihre Mitgefangene sie verraten hatte. Aus Angst, im Falle einer Entdeckung selbst der Mittäterschaft angeklagt zu werden. Vier Tage Karzer! Ein kahler, dunkler Raum ohne Bett oder Matratze, keine Heizung. Es war Februar. Und die Weichsel kaum 100 Meter entfernt!

Auch ein zweiter Brief, diesmal an den Bruder, wurde auf die gleiche Weise verraten. Zu ihrem Glück enthielt er keine Angaben über die geplante Flucht. Sie beschrieb das Leben in Fordon, ihre Sehnsucht nach der Weichsel, die sie durch den oberen Schlitz der Sichtblende vor dem Fenster der Zelle sehen konnte und durch die Fenster der Flure, die keine Blende besaßen, sodass »man durch sie allerlei Wunder erspähen kann«. Wieder Karzer. Trotz der üblen Bedingungen war Maria stolz, den Karzer kennengelernt zu haben. »Was wäre ich für eine Gefangene, wenn ich die Strafkammer nicht kennen würde!« Dort begegnete sie auch Klara, ebenfalls eine »Politische«, die eine Beamtin auf einem Rundgang begleitete. Mit Klara verband sie von da an eine Freundschaft, sie versorgte Maria per Kassiber mit Nachrichten aus dem Verwaltungsbüro, wo sie arbeitete. So erfuhr Maria, was in Polen und an den Fronten vor sich ging.

Diesmal wurde sie schon nach zwei Tagen aus dem Karzer erlöst. Hatte der Leiter des Zuchthauses hier nachgeholfen? Ganz bestimmt sorgte Franke dafür, dass Maria eine neue Arbeit bekam. Weg von der schrecklichen Hausmutter, die die Gefangenen hasste, und weg von der schweren Arbeit. Weg aber auch von den günstigen Ausgangsbedingungen für ihre »bunten Pläne«, die Flucht. Die »Brille«, ihr Synonym für die gefälschten Dokumente, schrieb sie nach Hause, brauche sie im Moment nicht mehr. Maria kam in die Malerei und in eine neue Zelle, in der sämtliche 19 »Malerinnen« untergebracht waren. Sie bemalten für eine Spielzeugfirma Holzfiguren. Cowboys und Indianer, aber auch »wundervolle Soldaten« von sechs Zentimetern Größe. Am liebsten würde sie dem kleinen Cousin Jędrek welche schicken. Elf Stunden am Tag atmeten die jungen Frauen Dämpfe verschiedener Lösungsmittel ein: Benzin, Terpentin, Azeton. Sie hatten Kopfschmerzen und sahen blass aus. »Wir waren wohl nicht übel durchgiftet.«

Maria stellte sich geschickt an und durfte nicht nur die Uniformen der feindlichen Soldaten malen, sondern auch ihre Gesichter, wofür sie hin und wieder eine Scheibe Brot extra bekam. Der Arbeitssaal war groß und gut beheizt, damit die Malerinnen nicht unter klammen Fingern litten. Das Schönste für Maria waren aber die großen Fenster, zwar vergittert, aber ohne Sichtblenden. Sie konnte, wann sie wollte, den Blick heben und die »goldene« Weichsel sehen, das Schloss in der Ferne und die schöne lange Brücke. Dennoch wurde die Zeit lang, die Frauen warteten voller Ungeduld auf das Mittagessen und den nächsten Zug auf der Brücke. Und die Sehnsucht, die Gitter hinter sich zu bringen, wuchs.

Maria stieg zur Vorarbeiterin auf. Die Arbeit machte ihr Freude. Dennoch sah sie neidisch zu, wie im Frühling einige Mitgefangene aufs Feld gingen. Sie durfte das nicht, ihre Strafe war zu hoch. Der Frühling machte ihr zu schaffen. »Hinter dem Fenstergitter grünt das Land«, sie wollte die Gitter »rausreißen oder den Schädel an ihnen aufschlagen«. Sie schrieb ein Gedicht, das in Fordon durch die Zellen gereicht wurde:

Die Blüte des weißen Birnbaums
Stecke ich mir in die Seide meines Haars
Ich sauge den Duft der Blätter ein
Mit meiner sehnsüchtigen Seele

Meine Schultern entblöß ich
Die Sonnenstrahlen ziehe ich auf mich
Mit der Blüte geschmückt
Von dem Duft benommen

Mit der Sonne in meinem Herzen
Werde ich den Weg gehen
Wo die Fährten des Glücks sind
In die weite freie Welt

Der Frühling führte Marias Gedanken auch wieder zurück nach Moabit. Zur Zelle 11, wo sie mit Lena, den beiden Wandas und Rita gesessen hatte und nicht weit entfernt die 18 gewesen war, mit Krystyna, Monika und Olga. Dazwischen die Zelle 15 mit Rosemarie. Sie dachte an den Flieder im Hof und an die Fenstergespräche, den Gesang allein oder mehrstimmig im Chor, an die Bridgeabende. Dazu hatte sie erst ins Gefängnis kommen müssen: um Bridge zu lernen. Und hier in der Ferne jagte ihr der »schwarze« Moabiter Mittwoch besonderen Schrecken ein, denn sie musste damit rechnen, dass Lena, dass Krystyna für immer gehen könnten. Die Ungewissheit machte sie verrückt. Den Mittwoch erlebte sie in Fordon stets wie »benebelt« vor Angst um die Freundinnen.

12 Träume

Zitternd fuhr Helga nach Halensee zu Gerd Terwiel. Krystyna oder Lena, eine von beiden würde morgen in die Barnimstraße gebracht! Wieso eine von beiden? Ja, das wusste sie auch nicht, nur, dass eine Kollegin der Mutter, die böse Brenner, den beiden diese Nachricht gebracht hatte. Gerd, dem Krystyna inzwischen wie eine Schwester ans Herz gewachsen war, wusste nicht, was er tun sollte. Er griff eine Zigarettenschachtel, sie enthielt nicht mehr viele Zigaretten, aber er wusste, dass Krystyna »vorher« unbedingt rauchen wollte. Mehr konnte er nicht tun. Helga fuhr in die Naunynstraße und schrieb einen langen Brief an die polnische Freundin. Noch am gleichen Abend bekam Krystyna beides, Brief und Zigaretten.

Später waren Lena und Krystyna beschäftigt, sie schrieben Abschiedsbriefe. Unmittelbar nach *Bazyliszeks* unheilvoller Nachricht hatten sie sich gestritten. Die Beamtin mit den bösen Augen hatte verkündet: »Morgen bringe ich eine von euch beiden in die Barnimstraße! Und das wird mir ein Vergnügen sein.« Danach überließ sie die jungen Frauen dem Schrecken und Lena und Krystyna fiel nichts Besseres ein, als darüber zu streiten, wer gemeint sein könnte. »Mein Todesurteil steht fest«, sagte Krystyna, »in deinem Fall wurde nachverhandelt.« – »Aber«, rief Lena, »ich war bei der Verhandlung nicht dabei, also ging es nicht um mich, sondern um die anderen. Ich sitze schon länger als du! Ich bin dran.«

Und so ging es eine Weile hin und her, bis sie sich besannen und sich sagten, sie müssten die Zeit besser nutzen und Abschiedsbriefe schreiben. Gearbeitet wurde an diesem Tag nicht mehr. »Warum arbeiten, wenn wir morgen sterben?«, fragte Lena. Zum Weinen hatten sie keine Zeit, das machte eine Zellennachbarin für sie. Nachts sangen sie gegen ihre Angst.

Am nächsten Tag schon verflog die Angst. Es war – ein »Versehen«. Die Beamtin Brenner erhielt für ihre Falschmeldung eine Verwarnung und sollte fortan ungewohnt freundlich zu den Gefangenen der Zelle 18 sein. Auch die anderen Wärterinnen widmeten den beiden besondere Aufmerksamkeit, sie schauten ständig durch den Türspion, ob es den Gefangenen auch gut ging. »Wie im Zoo«, beschwerte sich Lena bei Helga. Krystyna verzieh der Brenner diesen »Schreck« schnell. Sie war der Beamtin noch immer dankbar, dass sie es ihr ermöglicht hatte, von Rosemarie Abschied zu nehmen. Krystyna roch an Gerds Zigaretten, die sie erst rauchen konnte, wenn das Licht in der Zelle gelöscht war. Helga wurde beauftragt, Gerd telefonisch Entwarnung zu geben und für die Zigaretten zu danken. Doch Helga telefonierte nicht, sondern fuhr wieder zu ihm nach Halensee, wo sie Fotos von Rosemarie betrachtete. Beide schrieben gemeinsam einen Brief an Krystyna. Die freute sich und war gleichzeitig traurig, dass sie den Brief wie immer aus Sicherheitsgründen vernichten musste. Und sie war ein wenig neidisch, dass Helga Rosemarie so nah sein durfte, und sie wünschte sich, Helga möge »alle Einzelheiten« des Besuches aufschreiben, damit sie sich vorstellen könne, »dass ich auch dort gewesen bin«.

Dem Leben zurückgegeben, drehten sich alle Gedanken der Gefangenen um den Frontverlauf. »Die Russen kommen!« Krystyna fand es zwar schrecklich, wenn die Russen nach Polen kommen würden, aber es schien »die einzige mögliche schnelle Lösung«: die Niederlage der Deutschen im Osten. Die Chance freizukommen, zu überleben, nicht von Hitler begnadigt zu werden. Nein, das musste ein Ende haben! »Du lieber guter Gott, lass mich doch jetzt nicht sterben!!! Wo es draußen so gut steht.« Helga machte den beiden Mut. Krystyna fragte zurück: »Glaubst Du wirklich, dass es nicht mehr lange dauern wird???« Die Träume bekamen neuen Zündstoff.

Am Abend, wenn das Licht gelöscht war und nachdem Krystyna ihre Zigarette am Fenster geraucht und mit Lena die Sterne betrachtet hatte, krochen sie auf ihre Matratzen, die nun nebeneinander auf dem Boden lagen, und sprachen stundenlang. Oft über Erinnerungen an die Kindheit, die so unendlich weit weg schien. »Wir hatten eine Kutsche, die war innen mit nachtblauer Seide ausgepolstert, silberne Sternchen waren aufgenäht, wie Prinzessinnen im Märchen saßen meine Schwester und ich in der Kutsche«, erzählte Krystyna. »Und wenn wir mal Pipi mussten, dann gab es dafür einen Topf. Zum Entleeren wurde der einfach aus dem Fenster gehalten.«

Lena dachte an ihre vier Schwestern, nein eine Kutsche hatte es bei ihnen zu Hause nicht gegeben. Aber es wurde Brot gebacken. Der Schwager buk es und das roch so gut. Wie mochte es den Verwandten in Warschau gehen, waren noch alle beisammen, hatten sie genug zu essen, was würde aus ihnen werden, wenn die Russen kamen? Lenas Mutter wusste nicht, dass ihre Tochter im Gefängnis saß. Der Vater wollte nicht an ein Todesurteil glauben, er hatte das Familiengold versetzt, um sie freizukaufen. Lena ahnte, dass das illusorisch war, traute sich aber nicht, dem Vater die Hoffnung zu nehmen.

Lena, die Ungeschickte, die Naive, die die Verdunklung kaputt gemacht hatte und das Kabel von der Nähmaschine. Die Deutsch erst lernte und in jeder ihre Lehrerin suchte, in Maria, mit deren Weggehen ihr »Wörterbuch« verschwand, in Krystyna, die ihr Übungsaufgaben aufschrieb. Und in Helga, die sie bat, ihr Deutsch zu korrigieren. Als Helga dies ernst nahm und in einem Brief die Fehler anstrich, verzweifelte Lena und bettelte um Gnade. Die ungeschickte Lena trat versehentlich Krystynas Füller kaputt. Ein Füller allein war im Gefängnis schon eine Kostbarkeit. Lena konnte nur mit einem silbernen Löffel mit ihrem Monogramm mithalten. Und sie wusste, dass dieser Füller für Krystyna mehr bedeutete als ein normales Schreibgerät. Der Füller war ein Geschenk von Karol. Karol Szapiro, ein Jude mit gefälschtem Pass, der während der Warschauer Zeit Krystynas Deutschlehrer gewesen war. Doch nicht nur das. Während sie sich mit Zbigniew durch das gemeinsame Schicksal verbunden fühlte, sonst aber inzwischen freundschaftliche, gar mütterliche Gefühle für ihn hegte, liebte sie Karol. Das wusste Lena, und sie wollte unbedingt den Füller reparieren lassen oder einen Ersatz besorgen. Sie bat Helga heimlich, Krystyna sollte nichts davon wissen, Gerd zu fragen, ob er einen Bleistift von Mimi besorgen könne. Lena wusste, dass dieser Krystyna viel bedeuten würde. Er wäre vielleicht ein Ersatz für den kaputten Füller von Karol. Tatsächlich aber schaffte es Helga, den Füller wieder zusammenzukleben. Krystyna war glücklich, aber sie verbat sich für die Zukunft solche Geheimnisse! Sie sei die Zellenälteste, Helga ihre Freundin und Gerd fast ihr Bruder. Und Lena habe nicht hinter ihrem Rücken ihre Freundschaft zu strapazieren!

Lena hatte in der Zelle die Rolle der »Kleinen«, Naiven zugewiesen bekommen. Da nützte es auch nichts, dass sie einen Tag älter als Krystyna war. Unter fünf Schwestern die vierte, schien sie sich offensichtlich daran gewöhnt zu haben, die »Kleine« zu sein. Alle Schwestern hatten im Widerstand gearbeitet. Der Vater, vor dem Krieg Bankbeamter, lehnte jede Zusammenarbeit mit den Deutschen ab. 1939 ausgebombt, lebte die Familie in großer Not. Czesław Lasik, ein Freund der Familie, unterstützte die Dobrzyckis mit Lebensmitteln. Hin und wieder bat er Lena, Briefe für ihn zu überbringen. Einmal sah sie, dass Lasik viel Geld bei sich trug. Von da an mied sie den Kontakt und suchte sich eine Hauslehrerinnenstelle in Modlin bei Warschau. DAS hatte Lena der Gestapo und dem Gericht erzählt. Nein, sie habe nicht gewusst, dass Lasik im Untergrund tätig gewesen war.

Czesław Lasik war eine zentrale Figur im Nachrichtendienst des ZWZ und der Heimatarmee im nördlichen Teil Polens. Im Großraum Danzig baute der gelernte Landwirt ab Mitte 1941 ein Agentennetz auf, sammelte die gewonnenen Informationen ein und überbrachte sie als Kurier nach Warschau. Dort tauchte er häufig bei Familie Dobrzycki auf. Im Juni 1942 nahm die Gestapo Lasik und Lena im Zuge einer großen Verhaftungswelle unter Mitgliedern des Nachrichtendienstes fest. Mehrere Dutzend Personen gehörten der Gruppe an, viele verurteilte das Reichskriegsgericht zum Tode, andere kamen in Konzentrationslager. Lasik, der vor Gericht seine eigenen Handlungen unumwunden zugab, versuchte jedoch seine Mitangeklagten zu entlasten. Offenbar erachtete der Präsident des Reichskriegsgerichts die Schuld Lenas nicht als vollständig erwiesen. Jedenfalls bestätigte Bastian das Todesurteil von Anfang Januar 1943 wegen Spionage, Feindbegünstigung und Vorbereitung zum Hochverrat nicht, sondern ordnete zwei Monate später »weitere Erhebungen« an. Diese Entscheidung verlängerte auch Lasiks Leben, denn ihn brauchte das Gericht dadurch weiter als Zeugen.

Natürlich kannten die beiden sich näher, als Lena bei der Gestapo und in der Verhandlung zugegeben hatte. »Im nächsten Brief werde ich Dir von der Liebe erzählen«, kündigte sie Helga einmal an. Der Brief ist nicht erhalten oder es kam nicht dazu. Neugierig war Helga bestimmt, denn sie kannte Stefan, den angeblichen »Vetter« Lenas, der sie regelmäßig in Moabit besuchte und ihr immer Blumen mitbrachte. Sie hielt den Kontakt zu Stefan Łukomski, der in Neubrandenburg arbeitete und den Grimpes Lebensmittel mitbrachte, die Sonnenschein ins Gefängnis schmuggelte. Er war nicht Lenas große Liebe, das wusste Helga.

Von Helga Grimpe nach einer Skizze Krystyna Wituskas gestaltete Seite des Kleeblattalbums. In einem Kassiber notierte Krystyna dazu: »So was musst Du in dem Kleeblattalbum zeichnen. [...] Man muss doch gleich bemerken, dass wir Polinnen sind u. für unser Vaterland gekämpft haben.«

In ihren Briefen dachten Helga und die Kleeblätter auch über die Zukunft nach. Helga, die inzwischen einen Freund hatte, wollte nach einer Heirat zu Hause bleiben. Krystyna konnte sich das nicht vorstellen: Natürlich wollte auch sie verheiratet sein und Kinder haben. Aber zu Hause bleiben? Nichts außer Kindern und Haus sehen? Nein, das sei »scheusslich«, fand sie. Mit Lena diskutierte Helga offenbar auch Rassentheorien. Lena konnte nicht glauben, dass »aus Mischehen Krüppel« entstünden, eine Ansicht, die Helga – hier wohl von der Nazi-Propaganda beeinflusst – vertreten zu haben scheint. Eines wussten alle drei: Das Leben dürfe nicht »so arm und öde, wie das Leben von so vielen« werden, nie lau sein!

Für Krystyna und Lena war Helga der Mittelpunkt einer Parallelwelt. In Gedanken erlebten sie mit ihr den Alltag. Wenn Helga schrieb, dass sie ins Kino ging, wollten sie am nächsten Tag wissen, wie der Film gewesen war. Schwärmte Helga von einem Wildbraten mit toller Soße, konnten sie auch wütend werden. So eine unsensible Göre! Nach einer Extraportion von Sonnenschein konterte Krystyna: »Jetzt kannst Du mir ruhig vom Gänsebraten erzählen.« Helga wollte einen Fotoapparat in die Zelle schmuggeln, damit sie sich gegenseitig fotografieren konnten, doch daraus wurde nichts.

Die Kleeblätter dachten sich mit Freundinnen aus anderen Zellen einen Film aus, der vom fantastischen Gefängnisleben handelte. Der Titel des Films stand schon fest: »Kampf dem Jungfernklub«. Helga wird sich zu Hause die Handlung kichernd weiter ausgemalt haben.

Doch Helga sicherte ebenso die Verbindung zur wirklichen Welt. Sie hielt den Kontakt zu Stefan in Neubrandenburg, zu den Familien in Warschau, zu Maria in Fordon. Sie besorgte Lebkuchen und Zigaretten. Lena bedauerte sehr, nicht zu rauchen. Krystyna überlegte, ob sie ihren Anteil Lebkuchen zum Ausgleich der Nichtraucherin Lena geben sollte, konnte sich aber nicht zu diesem Opfer entschließen. Helga beschaffte auch Medikamente und wenn sie nicht reichten, staunte sie über den Erfindungsreichtum der Gefangenen, die sich gegen Bauchschmerzen eine warme Tischlampe auf den Bauch pressten. Eine Lampe, die universell zum Einsatz kam, zum Trocknen der gewaschenen Kleidung oder als »Ofen« in der kalten Zelle.

Als Helga Fotos von sich in die Zelle gab, staunten die jungen Polinnen. Die 23-Jährigen behandelten die sieben Jahre Jüngere wie eine Gleichaltrige. »Wenn ich das Backfisch sehe, wo stecken die allen ernsten Gedanken???«, fragte Krystyna. Immer präsent blieb in der Zelle 18 der Traum vom Ende des Krieges. Dann sollte Helga sie nicht vergessen und »hier rausholen« und ihnen endlich Berlin zeigen!

Ein Ereignis im Herbst 1943 gab den Träumen von Ausbruch und Freiheit neue Nahrung. Die Beamtinnen sollten schießen lernen. Möglicher Anlass war ein unerhörter Vorfall im Strafgefängnis Plötzensee. Dort hatten Bombentreffer Anfang September mehreren zum Tode verurteilten Häftlingen im wahrsten Sinne des Wortes die Türen zur Freiheit geöffnet. Und diese hatten sich die Chance nicht entgehen lassen. Vielleicht glaubten die Beamten im Reichsjustizministerium, dass bewaffnete Wachen dies hätten verhindern können. Als unmittelbare Folge der Fluchten in Plötzensee wurden dort nur wenig später über 250 Todeskandidaten hingerichtet.

Die Frauen in Moabit erfuhren die Neuigkeit von der Wärterin Hedwig Grimpe. Die Beamtinnen lernten schießen. Ob sie die Pistolen auch immer bei sich trugen? Krystyna und Lena legten die »Winterreise« beiseite, die sie gerade auswendig lernten: »Fremd bin ich eingezogen, fremd zieh ich wieder aus.« Helga hatte sie geschickt, auf den Wunsch der beiden nach »schweren« Gedichten, die besser zu der Stimmung im Gefängnis passten. Doch nun belebten sie plötzlich ganz neue Gedanken, ein fabelhafter Plan: »Wenn eine Beamtin am Abend zu uns kommt, ziehen wir sie rein in die Zelle, stopfen wir ihr eine Bluse in den Mund um das Schreien zu verhindern, wickeln wir ihr 5 Wollkleider um den Kopf, binden die Hände im Rücken fest zusammen u. lassen wir sie in einer Ecke ruhig liegen mit unseren Decken u. Matratzen zugedeckt. Dann bemähtigen wir uns ihrer Pistole u. Schlüsselbund u. so fest bewaffnet ziehen wir los. (Sehr wichtig, das Stück Wurst nicht vergessen, weil Lena sagt auf dem Hof sind böse Hunde. Die Wurst können wir uns von dem Sonntagsabendbrot sparren.) Wir marschieren zum Ausgang, Lena macht die Türen auf, ich halte die Pistole zum Schuss bereit! Im Ausgangsgebäude machen die Männer erstaunte Gesichter, aber ehe sie etwas begreifen können müssen sie die Hände vor meinen Pistole hochheben oder bekommen sie eine Kugel in die Beine. Wir springen zur Tür, laufen wie zwei Rehe u. versfinden in der Dunkelheit. Wir sind frei! frei! frei! Nein das wirst Du nie begreifen können!«

Es war ein phantastisches Spiel mit der Realität, das sie in Fieber versetzte. Lena mahnte eine Generalprobe des Überfalls an. Aber doch nicht mit Sonnenschein, mit der könnten sie selbst bei einer Probe nicht so grob umgehen! Lena schlug vor: Es müsse eine schwache Beamtin sein, der sie die Pistole wegnehmen würden. Für eine Probe könne sich Frau Hochwitz, Spitzname »Mattscheibe«, eignen. Auch Helga mischte sich ein. Sie sollten sich etwas Schönes anziehen und die Haare gut frisieren, damit sie nach der Flucht auf der Straße nicht auffielen. »Oh je«, seufzte Lena, »da müssen wir uns ja immer schön machen, denn wir wissen nicht, wann der Tag kommt.« Und diesen Sonntag, schrieb sie, habe man sie beim »Ambrot« betrogen. Es hatte Käse statt Wurst gegeben. »Ist das nicht schrecklich? Mit was werden wir den Hund beruhigen?«

Selbst wenn der Ausbruch nicht klappen würde, dachte Krystyna weiter nach, wären ihnen die Pistolen von Nutzen. Denn dann hätten sie nämlich die Möglichkeit, sich selbst ein Ende zu setzen. Doch lieber das, als »sich wie ein Schaf zur Hinrichtung führen zu lassen«.

Natürlich träumten nicht nur die Kleeblätter von Flucht. Unter dem Dach des Gefängnisses war das wohl der am häufigsten und in vielfachen Varianten wiederholte Traum. Stefania, eine Polin aus einer anderen Etage, erzählte Krystyna von ihren Ausbruchsplänen, doch keiner glaubte daran, dass sie es wirklich versuchen würde.

13 Wirklichkeit: Stefanias Flucht

Die Öffnung maß 15,3 Zentimeter in der Breite und 35,3 Zentimeter in der Höhe. Alle waren sprachlos, dass sich jemand dort hindurchquetschen konnte. Die Verantwortlichen in Moabit, bei der Generalstaatsanwaltschaft und im Reichsjustizministerium konnten es nicht glauben. Fakt blieb aber, dass die erst zwei Tage zuvor zum Tode verurteilte Stefania Przybył am frühen Morgen des 15. Oktober 1943 aus der Zelle 32 in der ersten Etage verschwunden war. Die Schwester der »Entwichenen«, die seit zwei Tagen mit ihr die Zelle teilte, behauptete geschlafen zu haben. Als sie aufwachte, sei Stefania weg gewesen. Die Staatsanwaltschaft ließ die Schwester eine Aussage zu dem Sachverhalt unterschreiben und schickte sie unter die Guillotine.

Die leitende Beamtin der Frauenabteilung in Moabit hatte ihr Dienstzimmer nur unweit der Zelle der Geflohenen. Ihr wurde zur Last gelegt, die Schwestern gemeinsam in einer Zelle untergebracht und den Erlass des Ministeriums, die zum Tode Verurteilten bei Fliegeralarm zu fesseln, nicht befolgt zu haben. Trotz der Schwere des Falles wurde von »schärferen Dienststrafmaßnahmen« abgesehen und der Beamtin lediglich ein Verweis erteilt.

Die 29-jährige Stefania war in Berlin geboren und hatte bei ihrer zwölf Jahre älteren Schwester gelebt, die Kontakte zum polnischen Untergrund unterhielt. Stefania arbeitete beim Oberkommando der Wehrmacht, und zwar, da sie als vertrauenswürdige Person galt, in einer sogenannten Auslandsbriefprüfstelle, die unter anderem die Korrespondenz von Soldaten und Zwangsarbeitern zensierte. Freunde ihrer Schwester forderten sie bald auf, Briefe an den polnischen Nachrichtendienst weiterzugeben. Als einer der Kontaktmänner verhaftet wurde, trug er zwei der Briefe bei sich, die Stefania aus ihrer Dienststelle geschmuggelt hatte. Der Volksgerichtshof verurteilte sie daraufhin am 13. Oktober 1943 wegen Spionage zum Tode.

Erkennungsdienstliche Fotografie von Stefania Przybył, 1942.

Schon vor dem Prozess, als sie in Moabit noch in der zweiten Etage und getrennt von ihrer Schwester untergebracht gewesen war, hatte sie begonnen, sich auf die Flucht vorzubereiten. Der Abstand zwischen den Gitterstäben vor dem Fenster betrug in dieser Zelle 16 Zentimeter. Stefania hungerte, nahm lediglich trockenes Brot zu sich. Bei ihrer Einlieferung in Moabit wog sie 55 Kilogramm bei 1,62 Meter Körpergröße. Die Beamtinnen beschrieben sie als besonders schmale Person. Und sie begann, eine private Wolldecke in Streifen zu zerschneiden, um die Enden zusammenzunähen. Auch mit Gefängnishemden verfuhr sie auf die gleiche Weise. Zum Schluss war der Strick über zwölf Meter lang. Immer wieder probierte sie, sich durch das Gitter zu zwängen. Ein paar Mal war sie schon »draußen«, vor dem Fenster. Als sie am Abend des 13. Oktober eine Etage tiefer in die Zelle der Schwester geschlossen wurde, trug sie zwei Beutel bei sich. In einem davon muss sich der Strick befunden haben, behauptete die Schwester. Sehr wahrscheinlich aber wurde der Strick in den beiden Nächten vor der Flucht vollendet, denn die Schwester hatte eine Nähmaschine in der Zelle. Morgens kurz vor dem Wecken band Stefania den Strick am Gitter fest. Doch hier waren die Gitter sieben Millimeter enger! Stefania zog alles aus und warf die Kleidungsstücke in den unbewachten Innenhof. Dann verabschiedete sie sich von ihrer Schwester, deren folgendes Schicksal beiden bewusst war. Stefania ließ sich an dem Strick herab, sprang das letzte Stück hinunter, zog ihre Sachen an und musste nun eine drei Meter hohe, mit Stacheldraht bestückte Mauer überwinden. Nun war sie im Hof des angrenzenden alten Kriminalgerichts. Sie schlenderte direkt in das

Gerichtsgebäude und fragte eine Reinemachefrau, wie man zum Gefängnis komme. Die Frau führte sie auf die Straße und zeigte den Weg. Stefania, die sogar Kleingeld bei sich hatte, sprang in den nächsten Bus, bezahlte und war verschwunden. Und blieb verschwunden. Auf die Anfrage seiner vorgesetzten Dienststelle vom 12. August 1944, also zehn Monate später, antwortete der Anstaltsleiter in Moabit: »Bis heute [ist] über die Wiederergreifung der Stefanie Przybyl nichts bekannt geworden.«

Diese Flucht ging in die Geschichte Moabits ein. Eine Sensation. Am Morgen des 15. Oktober verbreitete sich die Nachricht im Gefängnis in Windeseile. »Eine von uns hat es geschafft!« Krystyna schrieb am gleichen Tag an Helga: »Findest Du das nicht grossartig, dass das Mädchen weggelaufen ist!« Der Jubel war unvorstellbar. Es war ein Sieg über alle Demütigungen, ein Sieg über das System. Dieses Gefühl beflügelte die Gefangenen: »Es geht, es geht also doch!« Sie betrachteten die eisernen Gitter vor ihren Fenstern, die sie für unüberwindbar gehalten hatten, und die Welt dahinter wurde plötzlich greifbarer. Die Festung hatte einen Riss bekommen. Eine hatte es geschafft!

Am Morgen hatten die Beamtinnen in der Zelle 32 nur die Schwester vorgefunden. Das Fenster in der Zelle war geöffnet, die Verdunklung abgenommen. Auf dem Hof lag ein Haufen Stoff, der sich bei näherem Hinsehen als das zwölf Meter lange Seil entpuppte.

Der Generalstaatsanwalt erstattete Bericht. Der Reichsjustizminister selbst ließ sich den Fall vortragen. In einem anschließend verfassten Schreiben lautete der erste Satz: »Daß es einer Gefangenen gelingen konnte, durch Zellengitter mit einem Zwischenraum von 15 cm zu schlüpfen, war nicht vorauszusehen.« Es schwingt darin sogar ein bisschen Respekt mit. Im Weiteren strich das Ministerium aber die Versäumnisse des Gefängnisses heraus, durch die eine »sichere Verwahrung« nicht gewährleistet gewesen sei. Zuerst die Wolldecke, aus der Stefania den Strick genäht hatte. Die Anstaltsleitung gestattete es aus »Mangel an Wolldecken«, privates Bettzeug mit in die Zelle zu nehmen. Bei früheren Revisionen war anscheinend nicht aufgefallen, dass die Wolldecke der Gefangenen nicht auf dem Bett gelegen hatte. Außerdem hatte Stefania keine Anstaltskleidung getragen und konnte deshalb nach ihrer Flucht leicht untertauchen. Dabei sollten die Häftlinge spätestens nach dem Prozess ihre private Kleidung gegen blaue Anstaltskittel tauschen. Auch wurde bemängelt, dass die Entflohene mit ihrer Schwester und »Tatgenossin« in eine Zelle geschlossen worden war. Die leitende Beamtin der Frauenabteilung hatte den zum Tode verurteilten Schwestern, die am 15. Oktober in das Frauengefängnis in der Barnimstraße gebracht werden sollten, eine »Wohltat« erweisen wollen. Zumindest, so der Einwand des Ministeriums, hätte sie eine dritte Gefangene mit in die Zelle geben sollen. Zudem sei der drei Wochen zuvor herausgegebene Erlass, der die Fesselung von zum Tode Verurteilten bei Luftalarm anordnete, missachtet worden.

Für all diese Fehler machte das Ministerium die leitende Beamtin verantwortlich. Dass ihre Bestrafung mit einem Verweis relativ gering ausfiel, hatte sicher mit der Überbelegung und der entsprechenden Belastung des Personals zu tun. Allerdings geht aus dem Schriftverkehr nicht hervor, dass nach dem Vorfall Personal aufgestockt wurde.

Den aus Wolldecke und Gefängnishemden gefertigten Strick sandte das Reichsjustizministerium als »Unterrichtsmaterial« an die Schule für Strafvollzugsbeamte in Bautzen, auch sollte er im dortigen Gefängnismuseum gezeigt werden. Weiterhin ordnete das Ministerium eine Skizze und Fotoaufnahmen zur Rekonstruktion der »Entweichung« an, um ein genaues Bild von der Situation im Gefängnis zu erhalten. Für diese Fotos stellten Beamtinnen die Flucht nach. Die Prozedur ergab, dass lediglich einzelne von ihnen auch nur den Kopf durch die Gitteröffnung von 15,3 mal 35,3 Zentimeter stecken konnten. Es blieb ein großes Staunen.

Noch am Tag der Flucht ordnete der Generalstaatsanwalt Haftverschärfungen in Moabit an: Die Verurteilten mussten jetzt sofort nach dem Prozess die Hauskleidung anlegen. Der bisher unbewachte Hof sollte von nun an durch Wachen gesichert werden. Außerdem waren alle zum Tode Verurteilten nicht nur während des Alarms, sondern stets zur Nacht zu fesseln. Hier ging der Generalstaatsanwalt also sogar noch über den Erlass des Ministeriums zur Fesselung hinaus. War dies eine Strafe, eine Warnung an die Insassen der Frauenabteilung, die angesichts der geglückten Flucht der Mitgefangenen jubelten?

Krystyna und Lena ahnten es. »Wir erwarten jetzt neue Vorsichtsmaßnahmen«, schrieb Krystyna an Helga. Selbst noch ganz im Fieber, steckten sie den Kopf zwischen die Gitter, keine Chance. »Teddy, ist das nicht schrecklich, dass mein Kopf zu dick ist?!!«, klagte Krystyna. Und sie hofften und beteten, dass Stefania nicht gefasst würde.

Fotografische Rekonstruktion der Flucht von Stefania Przybył aus dem Gefängnis Moabit. Beamtinnen stellen verschiedene Stationen der Entweichung nach.

Am Abend des Fluchttages erschien der Inspektor der Männerabteilung in der Zelle 18. Die beiden Frauen mussten ihren Namen, ihre Gefangenenbuchnummer und die Höhe ihrer Strafe mitteilen. Lena erschrak, als sie den Gesichtsausdruck des Mannes sah. Denn »er machte unangenehme Miene«, als er erfuhr, dass sie zum Tode verurteilte Polinnen waren. Sie glaubten, dass man sie nun in das Gefängnis in der Barnimstraße bringen würde, die Durchgangsstation auf dem Weg zur Hinrichtung in Plötzensee. Das Abendbrot blieb stehen. Sie mussten ihre privaten Kleidungsstücke abgeben und »schreckliche Anstaltskleider«, blaue, grobe Kittel, anlegen. Alle privaten Sachen wurden aus der Zelle geräumt. »Die Zelle war schrecklich beraubt.« Dann kamen die Männer mit den Fesseln. »In diesem Moment habe ich schreckliche Gefühle, aber ich habe sie nicht geäußert.«

Lena beschrieb ihre Lage unmittelbar. »Unsere Fesseln waren so beschränkt gemacht, daß wir allein nichts machen konnten. [...] Nein, aber ich kann niemanden zeigen, wie es hat mich das wehgetan.« Nur Helga durfte es wissen. Die Fesseln waren an einem breiten Gürtel befestigt, der Bewegungsradius minimal.

Da saßen sie nun mit gefesselten Handgelenken. Sie wollten nicht weinen, konnten aber nicht verhindern, dass ein paar Tränen »ohne unsere Wille« über das Gesicht flossen. »Im Innern war sehr bitter und gleich ich habe an Dich gedacht.« Der Gedanke an Helga gab Trost. Sie betrachteten das nicht angerührte Abendbrot. »Meine Gedanken haben sich mit Krystynas Gedanken gemischt und wir haben unseres liebes Lied ›Die Gedanken sind frei‹ gesunken.«

Krystyna gab sich kämpferischer, forscher: »Wir sind guter Laune und denken gar nicht daran, uns unterkriegen zu lassen!!! Sie sollen uns mit ihren Fesseln den Buckel runter rutschen!!! Die andere werden sie deswegen nicht wiederkriegen!«

An Helga schrieben sie am nächsten Morgen, nachdem ihnen die Fesseln für den Tag abgenommen worden waren. Am Morgen sahen sie auch Sonnenschein, die weinte. Krystyna bat Helga: »Lasse Sonnenschein nicht so viel weinen«. Das könnten sie nicht ertragen und müssten selbst weinen. Aber sie brauchten ihre Kraft zum Fluchen. Krystyna half das Fluchen. »Die Handschellen sind alt und schwer, stammen bestimmt aus dem 18. Jahrhundert«. Und: »Die verfluchte Bande!!!« In der Nacht war nicht an Schlaf zu denken. Das Licht in der Zelle blieb eingeschaltet. Die Handgelenke schmerzten. Fenstergespräche, und damit ein Austausch mit den anderen, waren nicht mehr möglich, denn sie hatten nun eine »vornehme Nachbarin«. Die Leiterin hatte ihr Dienstzimmer neben der Zelle 18.

Krystyna munterte sich und Lena auf: Es hätte schlimmer kommen können. Sie waren nicht in die Barnimstraße gekommen: »Wir sind glücklich, dass wir hiergeblieben sind!« Und die Beamtinnen waren plötzlich alle so nett. Alle Gefangenen in der Abteilung nahmen Anteil an ihrem Schicksal. Und es sei doch zum »Totlachen«, wenn eine mit Fesseln zur Toilette musste. Denn dann zog die eine der anderen die Hose herunter, mit gefesselten Händen. Und hinterher wieder hoch. Und das Hemd reinstecken. Ha, und nicht kitzeln! Nachts lachten sie dann nicht mehr, denn eine von ihnen musste immer schlecht zugedeckt schlafen. Nachdem eine die andere zugedeckt hatte, schaffte sie es selbst nicht mehr. Es war kalt, die Kleidungsstücke, in die sie sich nachts zusätzlich eingewickelt hatten, lagen draußen auf dem Gang. Morgens wurden die Fesseln abgenommen, aber dann steckte man sie wieder in diese »widerlichen Klamotten«. Beide hofften, dass sie sich auch daran gewöhnen würden.

Gerade jetzt wollte Krystyna, so lange sie noch welche hatte, nicht auf ihre abendliche Zigarette verzichten. Sonst rauchte sie diese nach dem Löschen des Lichtes am Fenster, von dem sie die Verdunklung abnahmen. Nun blieb das Licht die Nacht über an, ständig schaute eine Beamtin durch den Türspion. In dem einzigen toten Winkel, der nicht eingesehen werden konnte, befand sich die Toilette. Also rauchte Krystyna dort. »Aber was sollten wir mit dem Rauch anfangen?«, fragte Lena Helga. Sie nahmen mit den gefesselten Händen ihre Handtücher, mit denen sie dann »den Wind gemacht« haben. Wenn eine Beamtin hereinsah, könnte sie sich beim Anblick der seltsamen Tänze in der Zelle vielleicht Sorgen um den Verstand der Gefesselten gemacht haben. Bei allem Schmerz und der Demütigung durch die Fesseln waren gerade solche Momente zum »Totlachen«, fanden Lena und Krystyna.

»Seid stolz auf Eure Fesseln«, rief Helga ihnen zu, und: »Sei nicht Amboss deinem Leid, sei deines Leides Hammer!« Die Gedanken an Helga, an Sonnenschein und an all die anderen Gefangenen, die den Gefesselten beistanden, beruhigten sie, bestärkten sie und halfen die Nächte durchzustehen.

Die »vornehme Nachbarin«, die Leiterin der Frauenabteilung, die nun persönlich im Nebenraum die »gefährlichen Polinnen« überwachte, fragte eines Abends, als sie der Fesselung zuschaute, ob denn die Frauen damit schlafen könnten. Und als Krystyna und Lena ihr die erwartete Antwort gaben, erwiderte sie, möglicherweise aus Mitleid: »Ich kann auch nicht schlafen.« Krystyna fügte in dem Brief an Helga unversöhnlich hinzu: »Bestimmt aus Angst, dass eine von uns wegläuft.«

Ihre nächtlichen Gedanken kreisten oft um Stefania: Mit ihr liefen sie durch die Straßen Berlins. Atmeten die Oktoberluft und beteten, sie möge nie gefasst werden. Den Schmerz an den Handgelenken betäubten sie mit Gesang, »denn meine Gedanken durchbrechen die Schranken«.

Lena hatte kürzlich Besuch vom Gericht bekommen. Tat sich etwas in ihrer Sache? Sie glaubte, schon Weihnachten zu Hause zu sein, spätestens Ostern! Und auch Krystynas Hoffnung auf eine Begnadigung erhielt in den kommenden Tagen neue Nahrung.

14 Krystyna in Halle

Helga sah es ihrer Mutter schon von Weitem an. Sonnenschein strahlte. »Krystyna?« Die Mutter nickte. »Be-«, die Mutter nickte, »-gna-«, die Mutter nickte, »-digt«? Beide lachten und umarmten sich. So ein Glück. Helga setzte sich an die Schreibmaschine. Auf ihr hatte sie drei Wochen zuvor auf Bitten Krystynas an deren Mutter geschrieben. Von Lenas Schwester hatten sie erfahren, dass Frau Wituska seit Wochen keine Post mehr von ihrer Tochter bekommen hatte und daher dachte, sie sei tot. Helga hatte getippt: »Herzliche Grüße und Küsse soll ich Ihnen von Ihrer Tochter Cristina übermitteln. Cryscha ist wohlauf, und es liegt kein Grund zur Beunruhigung vor. Ich bitte Sie, von diesem Schreiben nichts zu erwähnen, es geht nicht durch die Zensur.«

Aber nun, welche Wendung! Die Mutter sollte es so schnell wie möglich erfahren. »Berlin, 25. 10. 43«, hackte Helga in die Tasten ihrer Schreibmaschine. »Verehrte Frau Wituska! Dieser Brief soll Ihnen die glückliche Botschaft bringen, dass Ihre Tochter« – Helga verwechselte in der Hektik den Namen – »Cristiane begnadigt ist. Meinen herzlichen – allerherzlichsten Glückwunsch also. Was sollen viele Worte? Es ist ja doch alles zu wenig. Darum werde ich schließen, mit den herzlichsten Grüßen, eine beinahe so Glückliche wie Sie.«

Beide Briefe waren natürlich anonym geschrieben. Es ist kaum vorstellbar, was die Botschaft in Warschau auslöste, als sie dort eintraf: Die Mutter kontaktierte den Vater, die Tochter, Alina, Zbigniews Mutter, die Tanten, Kacprzyks, Lenas Familie, Olgas Familie. Das Glück und zugleich die Hoffnung, Lena werde ebenfalls begnadigt. Ein Wirbel, eine Wendung in diesem Leben mit dem Tod. Immer hatte man auf diesen Moment gehofft, nun war er da!

Doch es gab keine Begnadigung. Wie die Nachricht entstanden war, ist nicht nachvollziehbar. Fakt blieb, dass Krystyna auf Transport nach Halle

Luftaufnahme des ehemaligen Zuchthauses Halle, 2004.

kam. Hatten Mutter und Tochter Grimpe eine Begnadigung nur vermutet und die temperamentvolle Helga die Ahnung sofort nach Warschau übermittelt? War es, wie Hedwig Grimpe vermutete, eine Finte der Leiterin? Denn schon der nächste Tag brachte Sonnenschein die Klarheit, dass es sich nicht um eine Begnadigung handelte. Von einem Kollegen erfuhr sie: Wer nach Halle kam, mit dem hatte man anderes vor, als ihn zu begnadigen. In der Abgangszelle suchte sie Krystyna auf und sah mit Schrecken, dass man ihr die Hände gefesselt hatte. Als sie sich von der Polin verabschiedete, ließ sie sich nichts anmerken. Krystyna habe ihr die Hände gedrückt, erinnerte sich Sonnenschein nach dem Krieg, und sie »dankte mir für alles und lächelte. – Ruhig, stolz, überlegen.« So behielt die Beschützerin seiner Moabiter Zeit ihr »polnisches Kind« in Erinnerung. Es war das letzte Mal, dass sie sich sahen.

Krystyna kam nach Halle, rund 150 Kilometer südwestlich von Berlin gelegen, weil das Reichskriegsgericht im Sommer 1943 vor den zunehmenden Luftangriffen auf die Metropole in die Provinz, nach Torgau an der Elbe, flüchtete. Jene Verurteilten, deren Verfahren noch nicht abgeschlossen waren, wie bei Krystyna durch das Gnadengesuch, wurden entsprechend verlegt, in der Regel in Haftanstalten am neuen Sitz des Gerichts in Torgau. Was Krystyna nicht wusste, als sie zwar in privater Kleidung, aber mit gefesselten Händen nach Halle fuhr: Halle war das »Plötzensee« von Torgau. Im Zuchthaus der Stadt, genannt »Roter Ochse«, ließ die NS-Justiz auch Todesurteile vollstrecken, bis Kriegsende insgesamt 549.

Krystyna erreichte Halle in den letzten Oktobertagen 1943. Die Haftanstalt, in die sie kam, war nicht das Zuchthaus, sondern das Untersuchungsgefängnis, mitten in der Stadt in der Kleinen Steinstraße. Sie war in einer der oberen Etagen, in einer gut geheizten Zelle untergebracht. Nach Hause schrieb sie, dass sie es bestimmt wärmer habe, als die Verwandten in Warschau. Sie trug Häftlingskleidung. Ihre Zellengenossinnen waren Deutsche, die Gespräche mit ihnen »werden unseren geistreichen Niveau leider nie erreichen«, teilte Krystyna der Tante Alina mit. Sie sehnte sich nach dem Moabiter »Mädchenpensionat«. Obwohl die Anzahl und Länge der Briefe stark reglementiert waren, hatte sie Kontakt mit Lena, mit Olga. Mit Maria nicht direkt, sondern über die Korrespondenz mit Marias Mutter. Doch die Briefe brauchten vier bis sechs Wochen.

So erreichte die Nachricht von Krystynas »Begnadigung« im Oktober Maria in Fordon erst zwei Monate später. Maria reagierte darauf in einem Brief an die Mutter, dort fügte sie eine Passage an die Freundin ein: »Siehst Du Krystyna, auch Du wirst das ›Land des schwarzen Hemdes‹ nicht sehen. Und Du wolltest so sehr, wir sollten Dich beneiden.« Diese Zeilen erhielt Krystyna, wenn überhaupt, Ende Februar 1944. Vielleicht gab die Mutter sie gar nicht weiter, weil auch in Warschau irgendwann Ernüchterung über Krystynas Aufenthalt in Halle einsetzte.

Vater Wituski versuchte, seine Beziehungen spielen zu lassen. Er verwaltete ein großes Gut in Borowin (Brwinów), 20 Kilometer von Warschau entfernt. Hier trafen sich hohe Nazi-Funktionäre zur Jagd, darunter Generalgouverneur Hans Frank und sein direkter Untergebener Ludwig Fischer, Gouverneur des Distrikts Warschau. Denkbar, dass Wituski diese Kontakte nicht ungenutzt ließ. Am Neujahrstag 1944 schrieb Krystyna an ihren Vater: »Wäre das nur wahr, was die Herren auf der Schuchastr. gesagt haben!« In der Schuchallee in Warschau befand sich das Gestapo-Hauptquartier. Was hatten die Herren bei der Gestapo gesagt? Dass sie frei kommen würde?

Der Vater versuchte, sie in Halle zu besuchen. Einer seiner Geschäftspartner konnte Krystyna zweimal treffen und ihr Hoffnung machen. Nach ihrem Geburtstag am 12. Mai wurde sie in eine andere Zelle verlegt und durfte wieder Privatkleidung tragen. Den Vater bat sie, er möge ihr einen Koffer mitbringen, falls sie auf einen Transport gehe. Noch glaubte, noch hoffte sie, es gebe einen Weg, der Guillotine zu entkommen.

Die acht Monate in Halle waren die schwersten ihres Gefängnislebens. Sie vermisste Gleichgesinnte. Eine ihrer vielen Zellengenossinnen sprach Plattdeutsch, das sie nicht verstand. Polnisch hörte und sprach sie monatelang nicht. Doch ihr wacher Geist suchte sich Nahrung. Sie lernte Italienisch und fühlte sich damit Karol, ihrer großen Liebe, nahe, denn mit ihm gemeinsam hatte sie in Warschau begonnen, diese Sprache zu lernen. Sie übte Stenografie. In der Zelle stand ein Foto von Mimi, der sie sich jetzt in der Einsamkeit besonders nah fühlte. Ein Bild ihres inzwischen zweijährigen Neffen Mikołaj Tomasz machte ihr Freude. Ihrer Schwester Halina schrieb sie: »Bitte erziehe Dein Sohn im Sinne des Friedens, er soll nie ein Soldat werden.«

Im Frühling schaute Krystyna in den Wipfel eines blühenden Kastanienbaums. Sie sehnte sich nach der Landschaft ihrer Kindheit, nach Jeżew. Sie hatte Zahnschmerzen, ein Weisheitszahn machte ihr zu schaffen. Nachts bekam sie ein Schmerzmittel. Die Haare fielen ihr aus, weshalb sie sich einen Bubikopf schneiden ließ. Sie fand, sie sehe aus wie ein gerupftes Huhn. Die Gefängnisleitung und die Mitgefangenen behandelten sie mit Respekt. Sie war die polnische Patriotin mit der Todesstrafe.

In diesen einsamen Monaten reifte Krystyna abermals. Sie sorgte sich um Gerd Terwiel im bombardierten Berlin und bat den Vater, Kontakt zu ihm aufzunehmen. Sie wollte wissen, ob er noch lebte. Von Zbigniew wusste sie, dass er im Straflager eine »angenehme Arbeit« im Wald hatte und sie beneidete ihn ein bisschen. Aber sie warnte die Angehörigen, sich keine falschen Hoffnungen zu machen. Seine Strafzeit sollte im Frühjahr verbüßt sein, aber Krystyna wusste, dass keiner der »politischen« Polen nach Hause entlassen wurde. An seine Mutter schrieb sie: »Ich warte gespannt auf eine Nachricht von und über Nik. Ich wäre so glücklich, wenn ein Brief von ihm aus Warschau käme, aber ich wage es kaum zu hoffen.«

Krystyna erfuhr nicht mehr, dass ihre Ahnung sich bestätigte. Zbigniew Walc hatte Moabit kurz vor ihr verlassen, er am 20. Oktober, sie fünf Tage später. Er kam in das Strafgefängnis Berlin-Tegel, aus dem ihn die Justiz am 6. März 1944 nach Verbüßung der Strafe entließ. Direkt im Anschluss nahm die Gestapo den Polen in Schutzhaft und lieferte ihn am 7. April 1944 in das Konzentrationslager Buchenwald ein.

Zwei Briefe aus Buchenwald zeigten, dass die Schutzhäftlinge sich Pakete schicken lassen konnten. Zbigniew bat seine Mutter um Schuhe und haltbares Brot. Außerdem verkündete er, wohl auch mit Blick auf die Postüberwachung: »Mir gehts dank Deiner Hilfe sehr gut, ich bin gesund und in wirklich guter Form, die Arbeit geht mir zimmlich leicht und ich hoffe, daß ich mich wieder ganz an das Lagerleben gewöhnen werde.« Er ärgerte sich über seinen Bruder, der kein Verständnis für seine Situation zeigte. Trotzig meinte Zbigniew in den auf Deutsch verfassten Zeilen: »Jeder formt nur alleine sein Schicksal, und ich eben habe einen etwas krummen Weg, aus eigener Schuld. Vom nachholen meiner Studien kann schon keine Rede sein, ich werde ganz anderen Weg gehen, wenn ich überhaupt den ganzen Krieg gesund überstehen werde.« Die Ärztin-Mutter wurde um Rat und Medizin gefragt, da er unter einer Schuppenflechte litt und sich als wirksamstes Mittel die Haare geschoren hatte. Kontakt zu Krystyna hielt er wie sie indirekt über seine Mutter: »Hat Christine meinen Brief gekriegt? Ich sende Ihr die beßten Wünsche zum Namenstag (24. VII) und denke viel an Sie.«

Infolge des immer ungünstigeren Kriegsverlaufs mobilisierte die NS-Führung alle verfügbaren Arbeitskräfte und zog diese vor allem in der Rüstungsproduktion zusammen. Im Zuge dessen kam Zbigniew Walc am 1. November 1944 in ein Außenlager des Konzentrationslagers Mittelbau-Dora, nach Rottleberode. Über 800 Häftlinge mussten dort in einer Untertagefabrik der Junkers Flugzeug- und Motorenwerke arbeiten. Walc überlebte trotz Strapazen und ständigen Hungers.

Anfang April 1945 räumte die SS das Lager Rottleberode. Mit einem etwa 400 Mann zählenden Evakuierungstransport gelangte Zbigniew Walc mehrere Tage später per Bahn und zu Fuß nach Gardelegen in der Altmark, nördlich von Magdeburg. Der Transport sollte ursprünglich in Richtung Norden weitergehen, konnte aber aufgrund zerstörter Eisenbahnstrecken nicht fortgesetzt werden. Da in diesen Tagen auch andere Evakuierungsmärsche in der Region strandeten, befanden sich schließlich mehrere Tausend Häftlinge im Kreis Gardelegen, dem sich die Front stetig näherte. Am 13. April trieben daraufhin örtliche NSDAP-Funktionäre, SS-Männer,

Grab von Zbigniew Walc auf dem Friedhof der Gedenkstätte Isenschnibber Feldscheune in Gardelegen, 2010.

Angehörige des Volkssturms, Mitglieder des Reichsarbeitsdienstes und andere über 1.000 Häftlinge in eine außerhalb von Gardelegen befindliche Feldscheune. Die Scheune wurde verschlossen und angezündet. Nahezu alle Häftlinge verbrannten, erstickten oder wurden erschossen, lediglich 25 überlebten. Nur Stunden später erreichte die 102. Infanterie-Division der US-Armee Gardelegen. Am 15. April entdeckten die Soldaten die Tat in der Isenschnibber Feldscheune, deren Holzbalken noch glühten. 1.016 Häftlinge waren bei dem Massaker ums Leben gekommen. Die Amerikaner ließen die Gardelegener Männer antreten, die die bereits verscharrten Leichen ausgraben und einzeln bestatten mussten. Nur ein Teil der Toten konnte dabei identifiziert werden. Es entstand ein Friedhof mit 1.016 weißen Grabzeichen, auf denen – sofern bekannt – die Häftlingsnummern angebracht sind. P 41672 war die Nummer des Häftlings Zbigniew Walc, er liegt im Grabfeld B, Reihe 7, Grab 163. Mehr als fünf Jahre überlebte Zbigniew die Nazi-Herrschaft – zunächst als Kriegsgefangener, dann als Zwangsarbeiter, als Justizhäftling in mehreren Gefängnissen und schließlich als Insasse von Konzentrationslagern –, um am Ende wenige Stunden vor dem Eintreffen der Amerikaner so zu sterben. Er wurde 24 Jahre alt.

In einem Brief an ihre Mutter schrieb Krystyna im April 1944 ein Postskriptum an Zbigniew: »Mein lieber Junge! Ich fürchte, Du wirst weiter hinter Mauern bleiben müssen, obwohl ich so froh wäre, wenn ich Dich endlich glücklich wissen könnte. Guter, treuer Freund, der Gedanke an Dich hilft mir über manche schwere Stunde hinweg zu kommen.« An eine Zukunft zu denken, sei »töricht«. Doch wenn man verzweifelt sei, müsse man sich an etwas Festes klammern können. »Und so felsenfest ist mir auch Deine Liebe erschienen.« Die Schicksale der beiden waren bis in den Tod verkettet. »Aber wenn ich manchmal müde bin, stelle ich mir vor, dass wir beide an einem herrlichen, sonnigen Sommertage in Borowin unter der Eiche sitzen. Wir schweigen u. schauen in die grüne Ebene vor uns hin. Wir haben uns schon alles gesagt u. uns verstanden. [...] Diese grosse Ruhe u. Befriedigung nicht nur ringsherum aber auch im eigenen Herzen! Keine Sehnsucht mehr! Das ist mein Gefängnistraum.«

Krystyna machte sich in ihren letzten Briefen Gedanken über ihr Leben, das »Leiden im Leben der Menschen« und kam zu dem Schluss, es sei genauso wichtig wie das Glücklichsein. Und auch im Gefängnis hatte sie »helle glückliche Stunden«, die sie den Freundinnen verdankte. Der Gedanke an den Tod erschien ihr »halb so schwer«, weil Rosemarie den Weg vor ihr gegangen war. Und sie habe schon lange aufgehört, nach dem »Warum« zu fragen. Sie glaubte daran, »dass das scheinbar Sinnlose einen verborgenen Ziel verfolgt«. Sie habe »vorläufig« genug erlebt und die Menschen kennengelernt. Sie sehne sich nach Ruhe.

Am 10. Juli 1944 schrieb ein Heeresjustizinspektor beim Reichskriegsgericht an Feliks Wituski: »Ihre Tochter Christina Wituska wurde durch ein Urteil des Reichskriegsgerichts – I. Senat – vom 19. April 1943 wegen Spionage, Feindbegünstigung und Vorbereitung zum Hochverrat zum Tode verurteilt. Das Urteil wurde am 21.5.1943 bestätigt und am 26.6.1944 im Zuchthaus Halle/Saale vollstreckt, nachdem der Führer einen Gnadenerweis abgelehnt hatte. Die letzten Briefe Ihrer Tochter sind angeschlossen.«

Eine Mitgefangene konnte beobachten, wie Krystyna am 26. Juni morgens um neun Uhr aus ihrer Zelle abgeholt und nachmittags 17 Uhr wieder zurückgebracht worden war. In dieser Zeit hatte sie Gelegenheit erhalten, einen Abschiedsbrief in polnischer Sprache an ihre Eltern zu schreiben: »Geliebte Eltern. Wie schwer wird es mir, diesen letzten Brief an Euch zu schreiben! Aber glaubt mir – nicht die Furcht vor dem Tode, nicht Bedauern um mein Leben, sondern einzig und allein der Gedanke daran, wie sehr ich Euch betrübe, bedrückt die letzte Stunde meines Lebens.« Sie bedankte sich für die fröhliche und sorglose Kindheit. Sie suchte nach Worten, vor allem um die Mutter zu trösten. Und fand sie in dem leicht abgewandelten Plutarch-Zitat: »Die von den Göttern Geliebten sterben jung.«

Krystyna hatte sich lange auf diesen Moment vorbereitet. In Moabit, mitten aus dem »Mädchenpensionat« zu scheiden, wäre ihr ungleich schwerer gefallen. »Ich bin vollkommen ruhig, glaubt mir, ich werde ruhig sein, bis zum letzten Augenblick. Meine Pflicht Euch und Polen gegenüber ist es – tapfer zu sterben!« Ihre letzten Worte: »Geliebter Papa, teuerste Mama, Ihr seid heute bei mir und heute begreife ich, wie sehr ich Euch geliebt habe. Euch weihe ich meinen letzten Gedanken. Seid tapfer, lebt wohl. Eure Tina.«

Auf der Rückseite des Briefes schrieb sie auf Deutsch eine Strophe aus dem Gedicht »Die Eichen« von Theodor Körner:

Viel des Edlen hat die Zeit zertrümmert,
Viel des Schönen starb den frühen Tod;
Durch die reichen Blätterkränze schimmert
Seinen Abschied dort das Abendrot.
Doch, um das Verhängnis unbekümmert,
Hat vergebens euch die Zeit bedroht,
Und es ruft mir aus der Zweige Wehen:
Alles Große muss im Tod bestehen.

Krystyna änderte Kleinigkeiten, sie schrieb: »Seinen Abschied mir das Morgenrot.« Sie bezog unbewusst das Gedicht, das sie aus dem Gedächtnis niederschrieb, auf sich. Die Hinrichtung fand am frühen Abend statt, es war das Morgen, von dem sie sich verabschiedete. In der letzten Zeile schrieb sie: »Alles Große muss den Tod bestehen.«

Sie verband mit Erinnerungen an das Ferienhaus in Borowin eine Eiche, unter der sie mit Zbigniew gesessen hatte. Und im Gefängnis stellte sie sich vor, wieder dort mit ihm zu sitzen. Der Unterschied war, sie hatten sich alles gesagt und es gab keine Sehnsucht mehr. Das war ihr »Gefängnistraum«: Frieden.

Eine der ersten Seiten des Kleeblattalbums, gestaltet von Helga Grimpe nachdem sie 1946 vom Tod der Freundin erfahren hatte.

Dass sie ausgerechnet ein sehr deutsches Gedicht – die sprichwörtliche deutsche Eiche – wählte, um daraus Zeilen zu zitieren, die ihrer Stimmung, ihren letzten Gedanken entsprachen, mochte den Verwandten in Warschau seltsam aufgestoßen sein. Auf dem Abschiedsbrief, den heute die Handschriftenabteilung der Warschauer Universitätsbibliothek verwahrt, hat jemand mit Bleistift etwas unwillig die polnische Übersetzung der Körnerverse notiert. Doch scheint es, dass Krystyna in dem Volk, in dessen Namen sie verurteilt wurde – in großen Lettern stand über dem Urteil des Reichskriegsgerichts »Im Namen des Deutschen Volkes!« – Menschen gefunden hatte, die ihr geistig und emotional nahestanden, allen voran Rosemarie und Gerd Terwiel, Helga Grimpe und »Ersatzmutter Sonnenschein« Hedwig Grimpe. Dass sie ausgerechnet Theodor Körner wählte, scheint kein Zufall gewesen zu sein. Körner starb noch jünger als sie, im Alter von 21 Jahren, 1813 in den Befreiungskriegen. Er galt als Sinnbild für Patriotismus und Auflehnung gegen die Fremdherrschaft Napoleons. Dieser deutsche Dichter stand ihr in seinem Denken nahe.

Der Gedanke, wie die Völker in Zukunft in Frieden leben könnten, bewegte nach dem Krieg die Überlebenden, vor allem Maria und Helga.

15 Maria frei – Polen nicht

Als Krystyna im nationalsozialistischen Deutschland starb, war die Unabhängigkeit ihrer Heimat für die nächsten Jahrzehnte bereits wieder verloren. Großbritannien und die USA hatten Polen fallen gelassen und dem Einfluss Stalins preisgegeben. Die sowjetische Dominanz in einem dann nach Kriegsende westwärts verschobenen polnischen Staat zeichnete sich schon im Sommer 1944 ab.

Bereits im Jahr zuvor hatte Deutschland verstärkt Versuche unternommen, einen Keil in die Anti-Hitler-Koalition zu treiben. Anlass war die Entdeckung des Massakers von Katyń, bei dem auf Stalins Anordnung im Frühjahr 1940 über 20.000 Polen, mehrheitlich Militärs, ermordet worden waren. Nachdem die Wehrmacht im Februar 1943 auf die Spuren der Tat gestoßen war, wurde sie ab April zum Gegenstand einer groß angelegten Propaganda-Aktion, um Polen und Russen gegeneinander aufzubringen, vom Aufstand im Warschauer Ghetto abzulenken und die Deutschen für den Krieg gegen die Sowjetunion zu motivieren.

Stalin hingegen schob den Deutschen die Verantwortung für das Verbrechen zu; auf polnische Forderungen nach Aufklärung reagierte er mit dem Vorwurf, die Exilregierung unter Ministerpräsident Władysław Sikorski arbeite gegen die Sowjetunion und mit Deutschland zusammen. Obwohl der britische Premier Winston Churchill mit Blick auf den Zusammenhalt der Anti-Hitler-Koalition auf Sikorski einwirkte und dieser den Antrag beim Internationalen Roten Kreuz auf Untersuchung der Vorkommnisse zurückzog, kam es zum Bruch zwischen Polen und der Sowjetunion. Ende April 1943 brach Stalin die Beziehungen zur polnischen Exilregierung ab und isolierte diese damit zunehmend in der Allianz gegen Deutschland. Anfang Juli 1943 stürzte ein britisches Militärflugzeug mit Sikorski an Bord bei Gibraltar ab. Die näheren Umstände des Unglücks sind noch immer ungeklärt. Die Leiche des polnischen Premierministers wurde geborgen, seine Tochter, die ihn begleitete, verschwand ohne jede Spur, der Pilot überlebte.

Den Plänen zur Etablierung einer sowjetischen Vorherrschaft in Polen wollten Exilregierung und Heimatarmee mit dem Warschauer Aufstand im August 1944 begegnen. Obwohl Verbände der Roten Armee bereits auf der rechten Weichselseite standen, griffen sie nicht ein, sondern warteten die zwei Monate dauernden Kämpfe ab, in denen die Deutschen den Aufstand niederschlugen.

Maria befand sich in dieser Zeit nach wie vor im Zuchthaus Fordon. Der briefliche Kontakt zu den Eltern brach für viele Wochen ab, da diese Warschau verlassen mussten. Vater Kacprzyk wandte sich abermals an den Leiter des Zuchthauses, um seiner Tochter offiziell die neue Adresse der Familie in Radomsko mitzuteilen, wo sie bei entfernten Verwandten wohnte. Franke informierte Maria über den Warschauer Aufstand und ließ es sich nicht nehmen darauf hinzuweisen, dass er diesen für sinnlos hielt.

Wenig später erfuhr Maria, dass ihr Bruder Janusz bei den Kämpfen in Warschau verletzt worden und in deutsche Kriegsgefangenschaft gekommen war. Janusz lag im Lazarett eines Kriegsgefangenenlagers bei Magdeburg, später in Bremen. Maria erhielt eine Karte des Bruders, der sie entnahm, dass er inzwischen den Rang eines Unteroffiziers hatte. Sie war stolz auf den 19-Jährigen. Die Karte überreichte ihr Franke persönlich, der sein Bedauern über das Los ihrer Familie ausdrückte. Marias mithilfe von Klara illegal beförderte Briefe an die Eltern quollen über von bangen Fragen nach Freunden und Verwandten, wo sie sich befänden und ob sie noch am Leben seien. Zu Weihnachten 1944 erfuhr sie von Krystynas Tod. »Das waren auch für mich sehr traurige Feiertage: ich werde nie, nie wieder meine leuchtende, mutige Krystyna sehen.«

Der Kontakt zu Helga schien abgerissen. Das letzte der Kleeblätter, das mit Helga und Sonnenschein in Verbindung stand, war Lena. Sie erhob Helga zum vierten Kleeblatt, denn erst das sei, wie sie schrieb, ein »Glückskleeblatt«. Im Januar 1944 hatte Lena den letzten Brief an »Teddybär« Helga geschickt. Sie wusste nicht, dass es ihr letzter sein würde. Da sie Sonnenschein über den Jahreswechsel 1943/44 mehrere Wochen nicht gesehen hatte, wirkte sie sehr emotionsgeladen. Sie wollte Sonnenschein küssen, traute es sich aber nicht und begnügte sich damit, ihre Hände zu drücken. Lena beteuerte, dass sie beide in ihre Gebete einschließe und Gott sie vor

Bomben und Schlimmerem bewahren möge. Die letzte verbliebene Polin hatte in den vergangenen Monaten wechselnde Zellengenossinnen gehabt. Die einzige, die sie mochte, war die Bulgarin Tanka, der sie noch ein bisschen Deutsch beibringen konnte. Als diese Anfang Dezember die Zelle verließ, wurde Helga zur letzten Gesprächspartnerin.

Lena kam im Januar 1944 nach Torgau. Am 3. April fand ein zweites Verfahren gegen sie vor dem Reichskriegsgericht statt. Den Vorwurf der Spionage konnte das Gericht nicht aufrechterhalten, weil nicht nachweisbar war, dass die von Lena beförderten Briefe »kriegswichtige Nachrichten für die Feinde Deutschlands« enthielten. Da sie in den Briefen aber Geld transportiert hatte, erkannten die Richter wegen Beihilfe zum versuchten Devisenschmuggel auf vier Monate Straflager »als angemessene und ausreichende Sühne«. Die Strafe galt durch die Zeit der Untersuchungshaft als verbüßt. Lenas Verbindungsmann Czesław Lasik hatte sie entlastet. Er selbst wurde im Januar 1944 in Halle hingerichtet.

Lena war nun frei! Theoretisch. Praktisch nahm die Gestapo aus politischen Gründen Verurteilte nach Strafverbüßung wieder in Schutzhaft. Wie Zbigniew Walc kam Lena Dobrzycka in ein Konzentrationslager, sie wurde nach Stutthof bei Danzig verbracht.

Maria hielt es in Fordon nicht mehr aus, sie glaubte, verrückt zu werden. Ihre Bitte, wie andere Häftlinge außerhalb der Haftanstalt – etwa in einer Marmeladenfabrik oder am Güterbahnhof – arbeiten zu dürfen, wies der Leiter des Zuchthauses ab. Franke sagte ihr auf den Kopf zu, dass sie fliehen wolle. Er meinte, das würde schlecht für sie enden und das wünsche er ihr nicht. Franke schätzte Maria inzwischen und als sie nach einer Zahnextraktion mit Blutvergiftung geschwächt im Lazarett lag, ließ er ihr dreimal täglich Grießsuppe mit Milch bringen.

Im Januar 1945 erfuhr Maria, dass die Rote Armee schnell vorwärts drang und die Westalliierten noch weit entfernt waren. Es schien somit das Ende des Krieges in Sicht, aber kein Ende, wie es sich Maria und die meisten Polen gewünscht hatten. Am 20. Januar, entfernt war schon Geschützdonner zu hören, weckte man die Gefangenen um Mitternacht und gab ihnen ihre Privatsachen. Sie mussten sich im Anstaltshof aufstellen. Von der Treppe des Verwaltungsgebäudes wurden Namen ausgerufen. Nach einer Weile verstummten die Rufe. Eine polnische Aufseherin kam zu Maria, die gemeinsam mit Klara wartete, und sagte, dass die Genannten politische

Gefangene seien, die von der Gestapo weggebracht und erschossen werden sollten. Doch die Gestapo floh, bevor sie das Vorhaben ausführen konnte. Wieder ein Punkt auf dem Glückskonto, das Maria für sich führte.

Im Morgengrauen gegen sieben Uhr führte das Wachpersonal die Gefangenen in Gruppen zu je 100 Personen durch das Tor der Anstalt. »Nie wieder«, schwor sich Maria, als sie die Straße betrat, »lasse ich mich einsperren«. Die Evakuierung des Zuchthauses war einem Bericht Frankes zufolge schon lange vorbereitet gewesen. Dennoch überstürzten sich die Ereignisse. Ursprünglich sollte der Marsch an diesem 21. Januar bis in das etwa 30 Kilometer entfernte Krone (Koronowo) führen. Doch bei minus zwölf Grad und Glatteis kamen die Gruppen nur schwer voran. Insgesamt 570 Frauen zogen durch den Schnee, bewacht von deutschen Aufseherinnen. Maria und ihre Freundinnen wollten fliehen, sobald sich die Gelegenheit bot. Zu dritt warfen sie sich in der Abenddämmerung in einen Graben. Eine vierte Gefangene sprang nach. Als Franke in seinem Auto zur Kolonne stieß, verkündete er, dass Maria und ihre Freundinnen geschnappt und erschossen worden seien. Doch sie blieben nicht die einzigen, die flohen. Tatsächlich erreichten am Abend nur 200 Häftlinge, wahrscheinlich sogar noch weniger, ein Zwischenlager. Am nächsten Tag zählte der Trupp noch knapp 100, die Franke schließlich entließ. Nur etwa 30 Beamtinnen traten den weiteren geplanten Weg an. Der Bericht Frankes über die Evakuierung des Frauenzuchthauses Fordon zeigt deutlich die Auflösung des nationalsozialistischen Verwaltungsapparates in den letzten Kriegswochen – die Staatsanwaltschaften der umliegenden Kreise hatten die Arbeit bereits aufgegeben – und die Hilflosigkeit der Verantwortlichen auf den unteren Ebenen.

Die kleine Gruppe um Maria bewegte sich in Richtung Front. Die vierte Geflohene, eine Bäuerin, melkte die Kühe auf verlassenen Höfen und briet Hühner, die sie zum Frühstück verspeisten. In Bydgoszcz erreichten sie am 23. Januar die Front. In den Straßen lagen tote Soldaten, vor allem Russen, aber auch Zivilisten. Am nächsten Tag eröffnete Klara Maria die wahnwitzige Idee, dass sie nun nach Fordon zurückkehren wolle, um ihre Gefangenenakte zu holen. Beide Frauen, nach Jahren hinter Gittern gerade erst freigekommen, gingen freiwillig zurück in das Zuchthaus, dem sie nur wenige Tage zuvor glücklich entkommen waren. Auf den Gedanken brachte sie wohl der Umstand, dass einigen der Evakuierten beim Abmarsch die

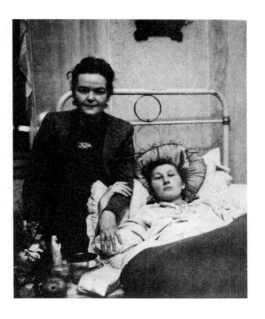

Maria Kacprzyk mit einer ehemaligen Mitgefangenen aus dem Frauenzuchthaus Fordon, Dezember 1946.

eigene Gefangenenakte übergeben worden war, weil es zu wenige Transportmöglichkeiten gab. Möglicherweise aus Zeitdruck musste die Aktion abgebrochen werden. Nun verspürten Klara und die anderen den Wunsch, einen Nachweis für das ihnen Angetane in den Händen zu halten. Sie überquerten die zugefrorene Brahe (Brda) und gelangten zum Zuchthaus. Das Tor war verschlossen. Ein Schild mit polnischer Aufschrift verbot den Zutritt für »Unbefugte«. »Wer ist denn befugt, wenn nicht wir?«, fragte Klara. Die in der Anstalt verbliebenen Kranken und Alten begrüßten sie überschwänglich. Die Rückkehrer mussten die Geschichte ihrer Flucht erzählen und wurden mit dem, was die Küche noch hergab, beköstigt. Mit ihren Akten aus dem Verwaltungsgebäude machten sie sich schließlich wieder auf den Weg.

Zurück in Bydgoszcz, blieben sie noch einige Tage bei der Familie einer der Geflohenen, dann ging Maria mit einer jüngeren, gerade erst 16 Jahre alten Freundin zu Fuß durch das von der Roten Armee besetzte Land nach Warschau. Unterwegs »feierte« Maria im Schnee bei minus 20 Grad ihren 23. Geburtstag. Zwei Tage später erreichten sie Alexandrów Kujawski, etwa 26 Kilometer von Toruń entfernt. Als es dunkel wurde, suchten die jungen

Frauen Unterschlupf in einem scheinbar leeren Landhaus. Sie sahen sich die geplünderten Zimmer an – im Salon hingen zwei zerschossene Spiegel, auf dem Parkett lag ein großer Haufen Scheiße. Die Verwüstungen werteten sie als »Erkennungszeichen« der Roten Armee und glaubten, diese sei längst weitergezogen. Sie richteten sich auf dem Dachboden ein Lager mit Matratzen her, doch dann kamen die sowjetischen Soldaten. Acht Offiziere stellten sich ordentlich vor und luden die beiden zu einem Abendessen ein. Maria und ihre Begleiterin zeigten ihre Blechmarken mit den Gefangenennummern und hofften, so dem erwarteten Schrecken zu entgehen. Das Abendessen bestand aus fettem Fleisch, das aus Konservendosen gegessen wurde, dazu gab es reichlich »Sprit«. Die Frauen gossen den ihnen überaus großzügig verabreichten Alkohol heimlich unter den Tisch. Als die Männer betrunken waren, eröffneten sie den Frauen, dass sie nicht vorhätten, sie zu vergewaltigen. Sie seien schließlich Polinnen und keine Deutschen. Stattdessen machten sie ihnen ein »großzügiges Angebot«: Jede dürfe sich einen der Männer aussuchen. »Wir sind jung, wir haben noch nie mit einem Mann geschlafen«, versuchten die zwei zu argumentieren. Nun, dann sei es höchste Zeit, lachten die Offiziere. Maria war bereit, sich in ihr Schicksal zu fügen, fürchtete zwar die Folgen, eine Geschlechtskrankheit oder Schwangerschaft, aber sie wollte wenigstens die Jüngere retten. »Sie ist erst 15«, behauptete sie, »noch ein Kind, klein und schwach.« Das akzeptierten die Männer. Aber Maria musste sich nun einen »Partner« aussuchen. Sie wählte einen jungen Leutnant aus, mit einem »europäischen, ansprechenden« Gesicht.

Den »Erwählten« führte Maria nun auf den Boden zu den Matratzen. Die Freundin schickte sie in eine Ecke des Bodens. Dann setzte sie sich zu dem Leutnant und begann zu weinen. Er umarmte sie und schien sie trösten zu wollen. Da fragte Maria: »Hast du eine Schwester?« Er nickte. »Dann will ich mit dir wie eine Schwester schlafen.« Er nahm seinen Pelz und sagte: »Du willst mich nicht?« Sie weinte. Als er gehen wollte, warf sie sich an seinen Hals, küsste ihn und bat: »Lass mich nicht allein, dann kommen die anderen, die nicht so gut sind wie du.« Der Leutnant verstand und bedeckte sich und Maria mit dem Pelz. Bald waren beide eingeschlafen. Wieder hatte Maria einen Feind als Menschen angesprochen und abermals hatte dieser als Mensch reagiert. Im Morgengrauen verschwand sie mit der Freundin ungehindert aus dem »Schreckensschloss«.

In sechs Tagen bewältigten sie etwa 200 Kilometer zu Fuß durch das von den Deutschen geräumte und nun von der Roten Armee kontrollierte Land. Sie mieden große Straßen, denn die Angst vor den Siegern blieb; bei der Orientierung halfen Marias Pfadfinderkenntnisse. Schließlich erreichten sie Warschau am 11. Februar unbeschadet. Maria suchte ihr Elternhaus in der Ulica Wilcza auf. Es war ausgebrannt. Das Haus der Großmutter ebenfalls. Das Gebäude, in dem sich die Firma ihres Vaters befunden hatte, in der Nähe der Universität: in Trümmern. Die Stadt war dunkel, die Ruinenlandschaft nur vom Mond beschienen. So fand sie das Haus der Familie der Verlobten ihres Bruders. Es war unversehrt, doch die Fenster mit Brettern zugenagelt. Aus der Wohnung der zukünftigen Schwägerin, die selbst noch in Gefangenschaft war, ragte ein rauchendes Ofenrohr.

Bevor Maria sich auf den Weg zu ihren Eltern nach Radomsko machte, wollte sie Warschau sehen. Die Stadt existierte praktisch nicht mehr. 85 Prozent aller Gebäude waren zerstört. Nach dem Warschauer Aufstand hatte Hitler befohlen, die Stadt dem Erdboden gleichzumachen. Nicht nur ganze Straßenzüge waren verschwunden, sondern – ganz gezielt vernichtet – auch polnische Kulturdenkmäler, die Nationalbibliothek, die Universität. Was in Maria vorging, als sie über die Trümmer stieg, ist kaum nachvollziehbar. Warum wollte sie das sehen? Die menschenleeren Straßen, in denen man sich kaum orientieren konnte, weil sie nur selten noch als Straßen erkennbar waren, die verbliebenen Ruinen voller Zettel oder Kreideschriften mit Vermisstenanzeigen oder dem Hinweis »wir leben« und einer Adresse. Wollte sie Abschied nehmen von der geliebten Stadt, die nie mehr so sein würde, wie in ihrer Erinnerung? In der sie nie mehr leben sollte. Es muss ein schrecklicher Gang gewesen sein, aber für sie als Chronistin doch wichtig. Begleitet von der Ahnung, dass ihre Freunde nicht mehr lebten, möglicherweise auch ihre Eltern tot sein könnten. Dazu die roten Fahnen überall, als Menetekel, dass ihr Kampf und der ihrer toten Freundinnen für ein unabhängiges Polen umsonst gewesen war.

Maria traf bei dieser »Stadtbesichtigung« einen Freund ihres Bruders. Die Wiedersehensfreude war groß. Er lud sie in ein »Restaurant« ein – ein Straßenbahnwaggon, der dort stehengeblieben war, wo die Schienen weggebombt worden waren. Von ihm erfuhr sie bei Kascha, Kartoffeln und dicken Fleischstücken – ein Festessen, wie es Maria seit Jahren nicht mehr genossen hatte –, wer noch lebte und wer nicht mehr.

Das Ende des Krieges erlebte Maria in Łódź, wohin sie mit ihren Eltern zog. Sie sah die roten Fahnen der polnischen Kommunisten und der Sowjetarmee. Sie ging in den nächsten Laden, kaufte sich eine Viertelliterflasche Wodka, legte sich ins Bett und trank die Flasche aus. Maria kommentierte die erneute Unfreiheit Polens bitter: »So feierte ich den ›Tag des Sieges‹.«

16 Über Grenzen hinweg

»Maria! Wo bist Du? – Ich rufe Dich laut u. hoffnungsvoll, nicht mehr heimlich u. gequält.« Ein Jahr nach dem Ende des Krieges fasste sich Helga ein Herz und schrieb nach Warschau. Obwohl die Familie Kacprzyk seit dem Aufstand 1944 nicht mehr in Warschau wohnte, nun auch nicht mehr in Radomsko, wo die Eltern bei Verwandten untergekommen waren, erreichte der Brief Maria. Und zwar in Łódź – dort hatte die Familie eine leer stehende Wohnung zugewiesen bekommen. Helga hatte kaum daran geglaubt: »In zitternder Erwartung auf das Echo: Deine Antwort. Ich fühle Dich, was tut es, dass ich Dich nicht sehen kann? Noch nicht.«

Auch Mutter und Tochter Grimpe hatten den Krieg überlebt, »unbegreiflich aber wahr«. Zwei Häuser neben jenem, in dem sich ihre Einzimmerwohnung in der Naunynstraße befand, war eine Bombe eingeschlagen. Unter den Trümmern, die sich bis zum Ende der Straße hinzogen, lagen nach über einem Jahr noch immer die Leichen von 20 Nachbarn. Helga hatte ihre Ausbildung zur Tierschutzinspektorin abbrechen müssen und wurde 1944 zum Reichsarbeitsdienst nach Kapen bei Dessau eingezogen, wo sie in einem Rüstungswerk zum Einsatz kam. Nach dem Krieg konnte sie die Ausbildung nicht wieder aufnehmen, sie schlug sich mit verschiedenen Hilfsarbeiten durch, bis sie Anfang 1946 an Typhus erkrankte. Sie rang mit dem Tod, und nur dank der aufopferungsvollen Pflege einer Schwester mit dem Namen Maria wurde sie wieder gesund. Möglicherweise gab das den Anstoß, den Kontakt mit »ihrer« Maria aufzunehmen.

Helga war stolz, dass sie es geschafft hatte, alle »Moabiter Schätze« zu retten: Marias »Gefängnisfreund«, Fotos, gestickte Taschentücher, Briefe von und an Angehörige, Lenas Tagebuch, Tagebücher anderer Moabiter Häftlinge, einen »P«-Aufnäher, den die Häftlinge an der Anstaltskleidung zu tragen hatten – und natürlich das Kleeblattalbum, etwa 150 Seiten Kassiber von Krystyna, Maria und Lena. In Helgas erstem Brief klang die

> 1)
>
> Berlin, am 20. April 46
>
> Maria!
>
> Wo bist Du? – Ich rufe Dich, laut u. hoffnungsvoll, nicht mehr heimlich u. gequält. In zitternder Erwartung auf das Echo: Deine Antwort. Ich fühle Dich, was tut es, dass ich Dich nicht sehen kann? noch nicht.

Erste Nachricht von Helga Grimpe an Maria Kacprzyk nach Kriegsende.

Angst mit, dass ihre Freundinnen, die Kleeblätter, nicht mehr leben würden. »Es umarmt Dich, Dein sehnsüchtig auf Nachricht wartender Teddybär u. Sonnenschein.«

Maria antwortete so schnell es die Umstände zuließen. Sie lebte im nun von Kommunisten beherrschten Polen und Grimpes im amerikanisch besetzten Sektor Berlins. Mitte Juni 1946, zwei Monate nach Helgas »Ruf«, hieß es im Haus Grimpe: »Post aus Polen!« Nicht schnell genug konnte Helga den Brief öffnen. Aber gleich auf die große Freude über Marias Antwort folgte das unendlich Traurige. »Unsere Cryscha!« Erst jetzt erfuhren Sonnenschein und Helga von Krystynas Tod. Sie waren glücklich, dass Maria und Lena überlebt hatten, und voller Schmerz und Zorn über Krystynas Tod. Sonnenschein sah ihre furchtbare Ahnung bestätigt, sie schrieb Maria: »Ich fühle mit den Eltern den tiefen Schmerz und mit jedem Polen den Hass, den man auf alles hat, was deutsch ist. Ich habe mit allen Mitteln versucht, den politischen Gefangenen ihr schweres Los zu erleichtern. – Ach, wie wenig konnte ich für Euch tun. Ich konnte meine sonnige Cryscha nicht retten.«

Doch freute sich Sonnenschein mit Helga, dass den »mordgierigen Nazis« viele ihrer Widersacher entkommen waren. Auch Lena! »Wir haben erst jetzt wieder aus dem Kleeblatt-Album ihre entzückenden drolligen

Briefe gelesen und sehr viel gelacht.« Nun brauchten sie das Kleeblattalbum und all die anderen »Schätze« nicht mehr zu verstecken. Und gleich flammte die Hoffnung auf ein Wiedersehen auf. Wann werde Maria das Tagebuch abholen, am besten gleich mit Lena, fragte Helga ungeduldig.

Maria erfuhr von Helga auch, dass Gerd Terwiel gemeinsam mit seiner Mutter bei einem Bombenangriff ums Leben gekommen war. Und dass Mimis Mutter nie erfahren hatte, dass ihre Tochter unter der Guillotine gestorben war. Die Mutter glaubte bis zuletzt, Rosemarie halte sich in der Schweiz auf.

Ein lebhafter Briefkontakt entstand. Die emotionale Helga entdeckte in der Handschrift Marias eine Ähnlichkeit mit jener ihres Freundes Ehrhardt, der in den letzten Kriegstagen auf der Straße von Russen erschossen worden war. Und sie schloss daraus, dass auch ihre Persönlichkeiten ähnlich sein könnten. »Oh wäre es schön!« An einen Besuch Marias und Lenas in Berlin war erst einmal nicht zu denken. Helga entschloss sich, die Tagebücher, Briefe, Fotos und Taschentücher über das polnische Konsulat nach Warschau zu senden. Während sich der Kontakt mit Maria sehr lebendig entwickelte, reagierte Lena nicht, auch nicht auf die Zusendung der »Moabiter Schätze«. Helga klagte darüber Ende 1946 bei Maria: »Überhaupt bleibe ich in einem Rätselraten, weshalb Lena sich in so ein beharrliches Schweigen hüllt? – Ein Brief bisher (vom 12. VIII.) ein trauriger ›Rekord‹ finde ich. Keine Antwort auf ihre Sachen, Tagebuch etc. [...] u. auf zwei Briefe von Sonnenschein und mir. – Finsteres mysteriöses Schweigen! Ist sie etwa krank? Vielleicht böse? – Oder gleichgültig? Vielleicht sind Sonnenschein und Teddybär nur noch blasse, vage Erinnerungen für sie. In diesem Fall, ich wäre nicht böse, nur traurig, doch wirklich, in diesem Fall wüsste ich kein Mittel zur Wiederaufnahme unserer Korrespondenz. Verstehst Du das?«

Helga rebellierte gegen Lenas Schweigen. Sie wusste nicht – und konnte es sich, gefangen in ihrer eigenen Welt, nicht vorstellen –, dass die kleine, lustige Lena nun nach dem Krieg eine gebrochene Frau war. Lenas Tochter schildert sie 2011 als düstere, depressive, schweigsame Person, die ungern schrieb, nie deutsch sprach, und auch auf Polnisch nie von ihrer Vergangenheit erzählte. Das, was sie so verändert oder gar gebrochen hatte, musste ihr in der Zeit im Konzentrationslager Stutthof bei Danzig oder bei der Lagerevakuierung am Kriegsende widerfahren sein. Mit anderen Häftlin-

Maria Kacprzyk in Łódź, 1946.

gen auf einem Schleppkahn über die Ostsee zur Insel Rügen transportiert, floh sie dort aus der Kolonne und beging am 11. Mai mit Freundinnen ihren 25. Geburtstag. Ein zum Kleeblatt gefaltetes Stück Papier, das zusammengelegt ein Herz ergibt, mit den Namen der Freundinnen und der Hoffnung, die Heimat wiederzusehen, zeugt davon. Das Moabiter Tagebuch ist hingegen nicht mehr auffindbar. Moabit lag möglicherweise für Lena in einer anderen Welt, an die sie nicht erinnert werden wollte.

Über zweieinhalb Jahre lang setzte sich ein intensiver Gedankenaustausch zwischen Helga und Maria fort. Sie befanden sich in ähnlichen Situationen. Helga wollte gern Medizin studieren, gelangte aber nicht an einen der Studienplätze, die bevorzugt an Verfolgte des Naziregimes, Soldaten und Familienväter vergeben wurden. Wer die Kriterien nicht erfüllte, brauchte sich gar nicht erst zu bewerben. Helga hatte keine Chance. Ob da nicht der Beruf der Mutter in der Nazizeit auch eine Rolle gespielt haben mag? Was Helga jedoch empörte, war, dass im Ostteil Berlins auch jene bevorzugt wurden, die das »richtige« Parteibuch besaßen. Lieber Steine klopfen als sich noch mal »in eine Fasson pressen lassen«. Helga beneidete

Maria Kacprzyk (rechts) als Schauspielerin am Theater in Kielce, 1949.

Maria, die auf Wunsch der Mutter Medizin studierte. Das machte Maria allerdings nicht glücklich, denn das war nicht ihre Welt. Im Anatomiekurs hatten die Studenten Leichen zu sezieren. Es entsetzte sie, dass es Deutsche sein sollten, wie es hinter vorgehaltener Hand hieß. Nach einer schweren Typhuserkrankung im Sommer 1947 begann Maria ein Schauspielstudium an der Hochschule für Theater in Łódź.

Doch nicht nur die berufliche Situation spielte in den Briefen eine Rolle. Es ging auch um das Verhältnis von Deutschen und Polen. Zu Beginn der Korrespondenz fühlte sich Helga moralisch unterlegen: »Du bist eine Polin, Maria, was könnte Dir die Freundschaft einer Deutschen sein …?« Sie glaubte, was sie für das Kleeblatt getan hatte, sei zu wenig gewesen. Im Fall eines kühnen Sabotageakts, ja, da hätte sie Maria gleichberechtigt in die Augen sehen können. Aber so … Doch nach und nach bekam Helga Rückmeldungen von Angehörigen ihrer Schützlinge. Marias Bruder Janusz meldete sich aus Nottingham – »Sehr geehrtes Fräulein«, Helga kicherte über die Förmlichkeit –, er würdigte das, was Helga für seine Schwester getan hatte. Krystynas Mutter bedankte sich bei Helga für die Fürsorge und Herzlichkeit, die sie ihrer Tochter gegenüber gezeigt hatte. Helga war glücklich über diesen Brief. »Sie haben eine ungeheure Last von mir genommen«, antwortete sie. Sie habe nicht als Erste an Frau Wituska schreiben können, weil sie glaubte, dass diese das »als Lüge, als Heuchelei« empfunden hätte. Helga betrachtete sich als Deutsche »indirekt mitverantwortlich für alle Taten u. Untaten meiner Landsleute«. Sie fühle sich von Krystyna beschenkt. Durch ihre und die Haltung ihrer Kameradinnen schätze sie, Helga, die »ganze Nation, alle Polen«. Sie wolle alles dafür tun, um das »Unmöglichste möglich« zu machen und Frau Wituskas Glauben an ein besseres Deutschland zu wecken.

Im Oktober 1946 wurden die Urteile im Nürnberger Prozess gegen die Hauptkriegsverbrecher verkündet. Helga reagierte empört auf die Freisprüche und milden Strafen. »Dazu 10 Monate Prozess, aber das letzte Wort ist noch nicht gesprochen«, schrieb sie Maria und fragte: »Was sagt Polen dazu?« Zu dieser Zeit wollte sie mehr über die politische Lage in Polen erfahren.

Helga unterzeichnete schon lange nicht mehr als »Teddybär«. Sie war jetzt »Hella«, erwachsen, gleichberechtigt. Noch immer schlug sie sich jedoch mit Aushilfsjobs durch und half im Berliner Naturkundemuseum ehrenamtlich dabei, die Trümmer zu beseitigen. Zu Hause in der Naunynstraße waren die Fenster mit Brettern vernagelt, es gab lediglich noch eine heile Fensterscheibe, durch die sie den Flockenwirbel des harten Winters 1946 beobachtete. Der Winter »wird ein weisses und reines Tuch über das trostlose Grau unserer Ruinen legen«, sinnierte sie in einem Brief nach Łódź. Die Sonne hatte sie in ihrem »strahlenden Hohn« als grausam empfunden, zumal sie den »schwülen, süsslichen Aasgeruch« verstärkte. Darüber konnte sie mit Sonnenschein nicht reden. Sie fühlte sich einsam und Maria nahe. Und sie dachte an die Menschen, denen es schlechter ging als ihr, an die Kriegsgefangenen, die Heimatlosen.

Zu Beginn des Jahres 1947 träumte Helga von einer neuen Weltordnung: »Wie können wir die Brüderschaft der Menschheit erringen?« Und: »Warum schafft man nicht endlich die Vereinigten Staaten Europa?« Sie griff den Gedanken Winston Churchills vom Paneuropa auf, den er wenige Tage zuvor – Helgas Brief stammte vom 21. Januar – im *Daily Telegraph* geäußert hatte: »200 oder 300 Millionen Menschen in Europa müßten nur eines Morgens aufwachen und sich entschließen, glücklich und frei zu sein, indem sie eine Völkerfamilie werden, vereinigt vom Atlantik bis zum Schwarzen Meer, durch ein Band gegenseitiger Hilfe und gegenseitigen Schutzes.« Helga ging in ihren Überlegungen sogar noch weiter und bezog in diesen Traum auch den Osten und Asien mit ein. Das wäre doch eine Alternative zu dem sich anbahnenden und gefürchteten »Ost-West-Block«, meinte sie.

Den Grimpes ging es nicht wirklich schlecht. Fakt war aber, dass Helga nicht den Beruf ergreifen konnte, den sie wollte, und dass die Tätigkeit ihrer Mutter im Strafvollzug während des Naziregimes zu diesem Umstand möglicherweise beigetragen hatte. Sonnenschein arbeitete ab Ende 1946 wieder im Gefängnis Moabit. Sie verdiente nicht viel, doch das war nicht das Problem. Sie und ihre Tochter hatten schlicht aufgrund der Lebensmittelknappheit wie die meisten Menschen nach dem Krieg Hunger. Hedwig Grimpe gestand Maria: »Oft bin ich so ziemlich verbittert und denke, daß ich wirklich nicht verdient habe, jetzt so primitiv zu leben.« Und dass sie für andere mit büße, an »einer bösen Sache«, an der sie »wenig oder keine Schuld« habe. Aber, ermunterte sie sich selbst: »Tragen wir unser Schicksal mit Würde. In dieser Beziehung habe ich ja in Moabit von Euch so viel gelernt.« Und das wollte sie sich für ihr ganzes Leben zum Vorbild nehmen.

Der Wunsch einiger »ihrer Polenkinder«, Sonnenschein Pakete zukommen zu lassen, ging nach einer Weile in Erfüllung. Der normale Postweg schien dafür aber zu unsicher. Stefania Przybył, die glücklich »Entwichene«, arbeitete bei der schwedischen Botschaft in Berlin. Auf diesem Weg erreichten die Grimpes Pakete mit Lebensmitteln. Bohnenkaffee, Zucker, Speck, Schwarztee. Sonnenschein war selig. Aber – sie konnten es sich nicht einteilen. Der Hunger war so groß, dass sie die Kostbarkeiten in drei Tagen vertilgten. Janusz schickte ein Paket aus Nottingham, Maria eines mit Graupen, Zucker, Haferflocken, Schmalz und Tee. Und – Helga glaubte sich beim Auspacken einer Ohnmacht nahe – einer ganzen Seite Speck. Die koste in Berlin auf dem Schwarzmarkt 500 bis 700 Reichsmark, versuchte Helga den Wert Maria zu erklären: »Man könnte hier ein gutes komplettes Schlafzimmer dafür bekommen«. Einige Lebensmittel kannte Helga nicht. Die Graupen schüttete sie so großzügig in einen Topf, dass sie immer wieder Wasser nachgießen und alles umfüllen musste, bis sämtliche Töpfe belegt waren. Ein Päckchen schwarzen Tee hielt sie zunächst

Maria Kacprzyk mit ihrem Mann und den Söhnen in Sopot, 1961.

für Tabak, an dem sie, bevor sie ihn sich in eine Pfeife stopfte, roch und so ihren Irrtum bemerkte.

So herzlich die Freundschaft insgesamt erscheinen mag, sie blieb doch in gewissen Grenzen. Helgas Handschrift war recht eigenwillig, sie dachte nicht daran, dass es Maria vielleicht schwerfiel, sie zu entziffern. Auch lernte sie offenbar in der langen Zeit des Kontaktes, über 30 Jahre, nicht ein einziges Wort Polnisch. Bevor die Korrespondenz für etwa ein Jahrzehnt unterbrochen wurde, schrieb sie im letzten erhaltenen Brief vom Januar 1949, dass sie Maria, die inzwischen unter Depressionen litt, unbedingt besuchen wolle.

In den 1950er Jahren trat Helga auch in den Strafvollzugsdienst ein und wurde sogar relativ schnell Beamtin. Wie ihre Mutter arbeitete sie in einem Frauengefängnis. Maria heiratete und bekam Zwillinge, zwei Jungen. Die Tätigkeit als Schauspielerin gab sie auf und arbeitete im Kulturamt in Danzig. 1964 legte sie auf dem Weg zu ihrem Bruder nach Nottingham in Großbritannien einen Zwischenstopp in Westberlin ein. Überraschend besuchte sie die Grimpefrauen. Der Kontakt lebte mit diesem ersten Wiedersehen

Erstes Treffen Maria Kacprzyks mit Helga und Hedwig Grimpe in Berlin nach über 20 Jahren, 1964.

nach über 20 Jahren erneut auf. Grimpes versprachen, Maria im Ostseebad Sopot, wo sie mit ihrer Familie inzwischen wohnte, zu besuchen. Die Briefe aus der Mitte der 1960er Jahre zeugten von den Überlegungen zu diesem Besuch. Doch Sonnenschein, inzwischen pensioniert, konnte aufgrund ihres Herzleidens keine so anstrengende Reise mehr antreten. Helga mochte andererseits die Mutter nicht allein lassen. Die Formalitäten einer Fahrt von Westberlin ins sozialistische Polen, hinter den Eisernen Vorhang, behinderten das Vorhaben, auch der Umstand, dass Helga im Staatsdienst war. Erst 1974 kam Helga nach Danzig, wo sie Maria und Lena begegnete. Maria traf Sonnenschein und Helga noch einmal 1980 in Berlin, kurz bevor Hedwig Grimpe im Dezember verstarb.

Die Bemühungen um gegenseitige Besuche, vor allem der Grimpes in Polen, zielten auch darauf, endlich das Kleeblattalbum zu übergeben. Möglicherweise hatte Helga bei dem Treffen mit Maria 1964 in Berlin, als diese das Kleeblattalbum zum ersten Mal sehen konnte, beschlossen, dass es in Marias und Lenas Hände gehöre. Maria hatte es nicht mitnehmen wollen, da sie ja unerlaubt von ihrer Reiseroute nach Großbritannien abgewichen war und fürchtete, es würde ihr bei einer Kontrolle abgenommen.

In den 1960er Jahren arbeitete die Historikerin Wanda Kiedrzyńska an der Herausgabe der Gefängnisbriefe Krystynas, die deren Mutter inzwischen an die Handschriftenabteilung der Warschauer Universitätsbibliothek gegeben hatte. Um mehr über die Hintergründe der Widerstandstätigkeit, den Prozess und die Haftzeit zu erfahren, befragte die Historikerin Maria, Lena, Wanda und Stefania Przybył. Maria erzählte ihr vom Kleeblattalbum. Es wäre sicher möglich und der einfachste Weg gewesen, das Album auf die gleiche Weise wie die Briefe und Tagebücher über die Botschaft nach Polen zu schicken, aber Helga war zu beschäftigt, ihre Mutter entschuldigte sie ausdrücklich.

Im Sommer 1967 tauchte der Bulgare Christo Dortschew bei den Grimpes auf. Er war in der Bundesrepublik in der Handelsvertretung seines Landes tätig und bezeichnete sich als Freund von Tanka Janewa, die zeitweise mit Krystyna und Lena in der Zelle 18 gelebt hatte. Helga konnte sich gut an Tanka erinnern und hielt Dortschew für vertrauenswürdig. Außerdem war sie froh, dass sich eine so unkomplizierte Lösung auftat. Sie gab ihm das Kleeblattalbum und er versprach, es Maria oder Lena zu übergeben. Da lange keine Antwort aus Polen kam, glaubte Sonnenschein, Maria und Lena seien nicht gut auf sie zu sprechen. Ein Jahr nachdem Grimpes das Album Dortschew mitgegeben hatten, schrieb Sonnenschein an Maria: »Solltest Du aber nicht antworten, dann werde ich nicht mehr schreiben, weil ich dann denken muß, Ihr wollt nichts mehr von uns hören.« Zugleich betonte sie noch einmal, wie wichtig Maria für sie sei: »Es ist ein großer Verlust für uns, auf Eure Freundschaft zu verzichten.« Und zum Abschied: »Dein trauriger Sonnenschein.«

Hedwig Grimpe schickte die Abschrift eines Briefes mit, den sie an Dortschew gesandt hatte. Darin gab sie ihm die Schuld dafür, dass ihre Freundinnen aus Polen mit ihr und ihrer Tochter gebrochen hatten, und forderte ihn auf, das Kleeblattalbum sofort zurückzuschicken. Nach einem Vierteljahr erhielten Helga und Hedwig eine Antwort von Dortschew. Ein langer Brief, kein Kleeblattalbum. Er verfing sich in umständlichen Erklärungen: Seine Mutter sei krank gewesen, er habe einen Autounfall gehabt, in dessen Folge er fünf Monate im Krankenhaus gewesen sei, weil er sich die rechte Hand und zwei Rippen gebrochen hatte. Und aus Rücksicht auf seine Krankheit habe die Familie ihm die gesamte Post erst vor einer Woche gegeben. Außerdem wohne er nicht mehr in Frankfurt am Main, wohin die Grimpefrauen ihm geschrieben hatten, sondern in Bulgarien. Erst nach zwei Seiten Erklärungen kam er auf das Thema Kleeblattalbum. Er habe Lena geschrieben, dass die Anfertigung von Kopien des Albums rund 400 D-Mark kosten würden. Dieser Brief sei aber zurückgekommen. Nun bot er an, das Kleeblattalbum an die bulgarische oder die polnische Botschaft in Berlin zu schicken – oder »wollen Sie nicht ihren Urlaub in Bulgarien verbringen und das Album abholen?« Der letzte Satz musste bei den Frauen in Berlin wie Hohn geklungen haben. Wäre das alles so einfach, dann hätten sie doch schon längst in Polen Urlaub gemacht, um das Album zu übergeben. Hedwig und Helga Grimpe forderten in ihrer Antwort Dortschew unmissverständlich auf, das Album sofort an sie oder an Maria zu schicken.

Nachdem wieder ein halbes Jahr lang nichts passiert war, holte Maria am 28. Februar 1969 ihre Schreibmaschine hervor und tippte auf Deutsch einen Brief an Dortschew. Hintergrund war, dass Wanda Kiedrzyńska in der Edition der Briefe Krystynas gern auch deren Kleeblattbriefe an Helga veröffentlicht hätte. Sie hatte sich deshalb bereits selbst an den Bulgaren gewandt, doch der hatte über ein Jahr lang nicht reagiert. Das Buch musste daher ohne die Dokumente aus dem Kleeblattalbum erscheinen. Da mittlerweile eine Nachauflage in Sicht war, nahm Maria die Sache nun energisch in die Hand. Sie äußerte ihr Befremden über das Verhalten Dortschews und forderte ihn auf, das Album unverzüglich über die polnische Botschaft an Wanda Kiedrzyńska zu senden. Mit Empfangsscheinen an Grimpes und an sie. Kopien des Briefes, teilte sie Dortschew mit, gingen an Grimpes, Wanda Kiedrzyńska und – sollte er nicht reagieren – an die bulgarische Botschaft.

Diesmal antwortete Dortschew schnell. Er fühlte sich schwer angegriffen, fand Marias Art unhöflich, er schere sich nicht um ihre »Drohungen«, sich an die bulgarische Botschaft zu wenden. Er behauptete, das Kleeblattalbum sei Eigentum der Grimpes und er werde es nur mit einer Vollmacht von ihnen an die polnische Botschaft geben. Grimpes wunderten sich darüber, denn sie hatten das Buch ja Dortschew anvertraut, damit er es zu Maria bringen sollte, schickten aber dennoch die Vollmacht.

Im Mai 1970 schrieb Sonnenschein, dass eine Kopie des Kleeblattalbums bei ihnen eingetroffen sei. Absender: die polnische Militärmission

Hedwig Grimpe im Berliner Tiergarten.

in Berlin. Maria bekam weder das Original noch eine Kopie. Möglicherweise hatte der unzuverlässige Überbringer, durch Marias Nachdruck zum Handeln genötigt, in einem Begleitschreiben an die polnische Botschaft ihren Anspruch unterschlagen.

Das Album kam ins Warschauer Archiv der Hauptkommission für die Erforschung der Hitlerverbrechen in Polen, wo es die Herausgeberin von Krystynas Briefen, Wanda Kiedrzyńska, einsehen konnte. In der zweiten Auflage ihres Buches sind die Briefe Krystynas an Helga enthalten. Der polnische Titel lautet »Na granicy życia i śmierci«, übersetzt »An der Grenze zwischen Leben und Tod«. 1973 erschien das Buch gleichzeitig in beiden Teilen Deutschlands unter dem Titel »Zeit, die mir noch bleibt«. Doch mehr als die Hälfte der Korrespondenz mit Helga blieb für weitere 40 Jahre unbeachtet: die Briefe Marias und Lenas.

Das Buch wurde in Polen ein großer Erfolg und erhielt einen Preis der Zeitschrift *Polityka*. Dieser und die Tantiemen für das Werk erleichterten Maria Wituska, die seit der Trennung von ihrem Mann in Armut lebte, die letzten Jahre ihres Lebens, sie starb 1971.

Helga Grimpe mit ihrem neuen VW »Käfer«.

Die Grimpefrauen erhielten zunächst ein Exemplar der polnischen Ausgabe: »Schade, dass wir es nicht lesen können.« Aber als sie eine deutsche Fassung erreichte, in der auch die Kassiber an Helga enthalten waren, reagierten sie gar nicht. Vielleicht hat es einen mündlichen Austausch gegeben, denn Helga war 1974 in Danzig. Denkbar ist aber auch, dass es darüber nicht mehr viel zu sagen gab, die Zeit des Kleeblatts lag zu lange zurück. Helga lebte mit ihrer Mutter sehr zurückgezogen. Sie erzählten niemandem, was sie in der Nazizeit für die polnischen Frauen getan hatten. Da Hedwig nach dem Krieg wieder im Strafvollzug arbeitete und einige Jahre später auch Helga, hätte sich die Solidarisierung mit Häftlingen – egal zu welchen Zeiten – vielleicht negativ auf ihr berufliches Fortkommen auswirken können. Gesellschaftlich wie privat waren sie vereinsamt. 1971 beschrieb Sonnenschein ausführlich die gesellschaftliche Situation aus ihrer Sicht und kam zu dem Schluss: ein »freudloses« Leben.

Völlig ablehnend standen die Grimpefrauen der 68er-Bewegung gegenüber. Diese Auseinandersetzung der Nachgeborenen mit der »Väter-Generation« hatten sie nicht nötig. Es gab bei den Grimpes keine Väter

Lena Dobrzycka, Helga Grimpe, Maria Kacprzyk und Lenas Mann Stefan Łukomski in Sopot, 1974.

und sie hatten im Stillen gegen die Nazis gearbeitet. Sie sahen in den demonstrierenden Studenten lediglich »Steinewerfer«, die nun Helgas neue potenzielle Häftlinge waren. Zu denen ein Friseur in die Anstalt kam, die gemeinsam fernsahen und denen die Besucher zur Sprechstunde alles mitbringen konnten. »Die nicht bitten, sondern fordern!«, beklagte sich Hedwig-Sonnenschein, die froh war, wenn Helga vom Dienst »heil und gesund nach Hause kommt«. Sie stellte einen Bezug zu Maria und ihren Jahren im Gefängnis her: »Was man zur Hitlerzeit an anständigen und wertvollen Menschen gesündigt hat, das will man jetzt an solchen Subjekten gut machen, die es gar nicht verdienen.« Helga, die in den letzten Jahren der Korrespondenz wenig schrieb, zog ein Fazit der Zeit: »Die Außenpolitik von Willy Brandt ist gut, u. viele, sehr viele Deutsche sind erfreut über die Verständigung mit Polen! Aber unsere Innenpolitik ist schwach und sauschlecht!« Es war noch einmal ein Brief Helgas voller Leidenschaft, Unterstreichungen und Ausrufezeichen, wie seit Jahren nicht mehr.

Das Buch mit Krystynas Briefen erreichte in Polen eine breite Öffentlichkeit. Ein Theaterstück und ein Fernsehspiel entstanden. 1984 erhielt eine kleine Grundschule in Małyń den Namen Krystyna Wituska, in jenem

Ort, in dem sich die ehemalige Patronatskirche der Wituskis befindet. Dass ausgerechnet diese Schule den Namen Krystynas bekam, war kein Zufall. Sie war in den 1930er Jahren von Feliks Wituski, dem Vater Krystynas erbaut und 1938 eingeweiht worden.

Die Mitarbeit am Buch Wanda Kiedrzyńskas und das mit seinem Erscheinen verbundene Interesse an Krystynas Schicksal weckten in Maria den Wunsch, endlich zu wissen, wo die Freundin beigesetzt wurde. Während einer Reise mit dem polnischen Touristikunternehmen *Orbis*, für das sie inzwischen als Reiseleiterin arbeitete, setzte sie sich 1975 in Leipzig heimlich ab und fuhr nach Halle. Im Standesamt fragte sie nach dem Sterbeeintrag für Krystyna. Dieser war zwar nicht aufzufinden, aber Maria entdeckte in den Registern jenen von Tanka Janewa, die in Moabit in einer Nebenzelle gesessen und später mit Lena und Krystyna die Zelle 18 geteilt hatte. Sie suchte auch die Friedhofsverwaltung des Gertraudenfriedhofs in Halle auf und erkundigte sich nach Krystynas und Tankas Gräbern. Über ein Grab für Krystyna existierten keine Hinweise in der Kartei. Dafür einer auf Tanka. Auf dem Weg vom Verwaltungsbüro zu dem Grabfeld, wo auf einer Stele Tankas Name zwischen denen von in Halle verstorbenen sowjetischen Soldaten steht, ist Maria, ohne es zu ahnen, dicht an der Stelle vorbeigegangen, wo Krystyna anonym begraben liegt.

17 Nach dem Fall des Eisernen Vorhangs

»Also wo wurde Krystyna Wituska enthauptet, am 26. Juni 1944? Und wo wurde sie begraben?« Nach fast 30 Jahren unternimmt Maria einen neuen Versuch, Krystynas Grab zu finden. Vor allem in einer neuen Zeit, nach dem Fall des Eisernen Vorhangs.

Es ist Mai 2003. In der Gedenkstätte »Roter Ochse« in Halle bereiten die Mitarbeiter eine neue Dauerausstellung vor. Die Gedenkstätte befindet sich in dem Gefängnis, in dem bis 1945 die Guillotine stand, unter der mehr als 500 Menschen starben. Auch Krystyna, für die eine Informationstafel geplant ist. Da erreicht uns der Brief von Maria Kacprzyk, den sie auch im Namen des Neffen von Krystyna schreibt, der kein Deutsch beherrscht. Maria hat den Brief an den Direktor der Justizvollzugsanstalt adressiert, die unter der gleichen Anschrift zu erreichen ist wie die Gedenkstätte. Folgerichtig notiert der Beamte: »Gedenkstätte zur weiteren Kenntnis.« Doch der Brief nimmt erst einen Umweg über eine vorgesetzte Behörde in Magdeburg. Das dauert gute sechs Wochen. Nach insgesamt zweieinhalb Monaten erreicht das Schreiben schließlich seinen richtigen Empfänger. Maria ist inzwischen ungeduldig geworden und hat einen zweiten Brief geschickt.

Es entsteht ein jahrelanger Kontakt mit Maria Kacprzyk mit vielen persönlichen Besuchen und regem Briefverkehr. Wir bitten sie, ihre Erinnerungen niederzuschreiben. Der anschließend von Maria auf Polnisch verfasste, über 120-seitige Bericht sowie die von ihr gesammelten Dokumente bilden eine wichtige Materialgrundlage dieses Buches, für das noch zahlreiche weitere Unterlagen und Informationen recherchiert wurden.

Maria vermittelt den Kontakt zu Mikołaj Tomasz Steppa, dem Neffen Krystynas. Er hat seine Tante nie kennengelernt. Krystyna hat in ihren Briefen den »kleinen Kola« oft grüßen lassen: »Mit dem kleinen Kola möchte ich einmal spielen dürfen.« Steppa will das Andenken der Tante

Maria Kacprzyk in ihrer Danziger Wohnung, 2006.

bewahren und plant eine Stiftung auf den Namen Krystyna Wituska zu gründen. 2010 verleiht der Präsident Polens Lech Kaczyński mehreren Widerstandskämpfern posthum Auszeichnungen. Auch Krystyna und ihren Weggefährtinnen Wanda Węgierska und Monika Dymska. Die wenige Wochen später bei einem Flugzeugabsturz nahe Smolensk verunglückte Präsidentengattin Maria Kaczyńska überreicht das »Kommandeurskreuz zur Erneuerung Polens« an Tomasz Steppa. Ihn begleitet die Direktorin der Schule in Małyń, die Krystynas Namen trägt. Gemeinsam besuchen wir Agnieszka Bednarek, die uns ihre Schule zeigt, in der ein Raum Krystyna gewidmet ist. Wir fahren wenige Kilometer weiter auf das ehemalige Gut der Wituskis in Jeżew. Tomasz Steppa macht uns mit Kindern der Landarbeiter bekannt, die für seinen Großvater gearbeitet hatten. Mit den inzwischen über 80-Jährigen durchstreifen wir den verwilderten Gutspark und entdecken Reste jenes Obstgartens, von dem Krystyna gegenüber Helga geschwärmt hatte. Im Gespräch mit den alten Leuten erfahren wir, dass sie Krystynas Andenken sowie das der gesamten Familie über die vielen Jahre erhalten haben. Überraschend fragt einer der Männer: »Was ist aus der geworden, die aus dem Gefängnis geflohen ist?« Stefania Przybył.

Maria Kaczyńska überreicht eine posthume Auszeichnung für Krystyna Wituska an deren Neffen Mikołaj Tomasz Steppa, 2010.

Woher kennen sie die Geschichte? Natürlich, sie haben alle das Buch mit den Briefen Krystynas gelesen. Die Bewohner von Jeżew bewahren nicht nur die Erinnerung an die Tochter ihres ehemaligen Gutsherrn, mit der sie aufwuchsen, sondern auch die an ihre Kameradinnen.

Zum 70. Todestag Krystynas wurde am 26. Juni 2014 auf dem Gertraudenfriedhof in Halle ein Denkmal eingeweiht. Es zeigt Krystynas Porträt stellvertretend für die über 60 im Zuchthaus der Stadt Hingerichteten, deren Leichen an das Anatomische Institut der Universität gegeben worden waren.

Tomasz Steppa macht uns mit der Schwägerin von Zbigniew Walc bekannt. Róża Walc tauchte in den Briefen Krystynas namentlich auf, persönlich haben sie sich nicht gekannt. Die rüstige 90-Jährige will uns gern helfen, aber weder in ihrem Gedächtnis noch in ihren Schubladen wird sie fündig. Sie verweist uns an ihre Schwiegertochter Joanna. Diese besitzt tatsächlich ein Kinderfoto der drei Walc-Brüder, und sie hilft ihrer Schwiegermutter in den Schubladen zu suchen. Mit großem Erfolg: Fotos! Endlich ein Foto vom erwachsenen Zbigniew und eine nicht unbe-

Olga Jędrkiewicz in Paris, 2010.

trächtliche Anzahl von Briefen, davon zwei aus dem Konzentrationslager Buchenwald.

»Ob wir später noch wie normale Leute werden leben können?« In einem Brief an die Mutter schrieb Krystyna, dass Maria, Lena und sie sich im Sommer 1943 oft über diese Frage unterhielten. Den drei Frauen war klar, dass sie »absolut alles« mit anderen Augen betrachten würden. Für Krystyna und viele andere gab es das »später« nicht mehr. Umso dringender erscheint es uns, diese Frage von Überlebenden und Nachkommen beantworten zu lassen.

Olga: Sie traf einen in Frankreich lebenden Polen und ging mit ihm nach Paris. Sie nähte für Dior und arbeitete als Fremdenführerin im Louvre. Wir besuchen sie 2010 in Paris und treffen eine schmale, zarte Person in einem maßgeschneiderten Kostüm. Sie empfängt uns trotz der Sorgen um ihre 45-jährige Tochter, die von Geburt an krank ist und sich zum Zeitpunkt unseres Besuches zu einer Operation im Krankenhaus aufhält. Die 90-Jährige ist dezent geschminkt und raucht Gauloises bleu. Es sei das erste Mal, dass sie über ihre Zeit in Moabit spreche. Warum wir nicht eher

Wanda Kamińska beim Wandern.

gekommen seien. Sie wisse fast nichts mehr. Nach vier Tagen und etwa zehn Stunden Gespräch sagt sie abschließend, dass es sie erstaune, welche Fragen wir gestellt hätten. »Solche Fragen können nur freie Menschen stellen, die nie im Gefängnis gesessen haben.« Jemand, der ähnliches wie sie erlebt habe, würde solche Fragen nicht stellen. Wir schweigen darauf lange und Olga fragt, worüber wir nachdächten. Einer von uns antwortet: »Ich denke nach, ob die Fragen trotzdem richtig, oder ob es die falschen Fragen waren.« Nein, wehrt Olga ab, es sei nur eine andere Mentalität, sie sei nicht verletzt. Die Frauen hätten ihr Leben lang damit zu tun gehabt, das könne man nicht abschütteln. Auf das Gespräch mit uns habe sie sich eingelassen, damit die Freundinnen nicht vergessen würden, die ihr Leben lassen mussten. Von denen, die das Naziregime überlebt haben, ist sie 2014 die Einzige, die noch am Leben ist.

In Kontakt stand Olga mit Maria in Danzig und Wanda Kamińska, mit der sie die Zeit im Straflager in Witten-Annen verbracht hatte. Wanda starb 2007 in Warschau. Wir treffen ihre Großnichte, die uns von ihrer Tante erzählt. Magda Rosińska empfängt uns einen Tag vor der Geburt ihres

Olga Jędrkiewicz (Mitte) zu Besuch bei Wanda Kamińska und ihrer Nichte Magda, 1980er Jahre.

dritten Kindes. Die junge Frau bewahrt eine lebendige Erinnerung an die Tante, mit der sie viel Zeit verbrachte und mit der sie als achtjähriges Mädchen auch Maria in Sopot besuchte. Wanda sei eine strenge Frau gewesen, die auf Manieren geachtet habe. Ihrer Großnichte brachte sie Haltung beim Gehen bei, indem diese mit ein paar Büchern auf dem Kopf durchs Zimmer laufen musste. Magda erzählt, ihre Tante habe in der *Solidarność* mitgearbeitet. Wenn sie sich zu konspirativen Gesprächen mit Freunden traf, schickte sie die Nichte einkaufen. Wanda Kamińska hat nie geheiratet. Magda vermutet, dass sie in Witten-Annen mit schädlichen Stoffen in Berührung gekommen war, und aus Angst vor möglichen Schädigungen keine Kinder haben wollte. Wanda rauchte sehr viel und litt in den letzten Jahren ihres Lebens an Depressionen. In ihrem kleinen Haus holt Magda aus einem Abstellraum zwei Kartons mit Briefen, Fotos und Dokumenten der Tante. Zu unserer Überraschung finden wir auch Kassiber, darunter jenen, den Maria am Abend vor dem gemeinsamen Prozess am 19. April 1943 geschrieben hatte, noch in Erwartung des Todesurteils. In ihm bat sie Wanda, Krystynas und ihr Andenken zu bewahren.

In den Kartons liegt auch ein Püppchen. Es ist in Moabit aus Garnrollen gefertigt worden und war sehr wahrscheinlich ein Geschenk von Krystyna aus der Zelle 18, in der genäht wurde. Von Krystyna wissen wir, dass sie in Moabit gern Püppchen als Geschenke bastelte, mit Kleidern aus Stoffteilen ihrer eigenen Kleidungsstücke. Die Puppe mit ihrem fröhlichen Gesicht und den Gliedmaßen aus Pappgarnrollen – ein Bein fehlt schon – auf dem Holztisch in der gemütlichen Wohnung der Großnichte ist wie ein Puzzlestück der Geschichte, die wir erzählen wollen. Etwas, das wir nur aus Beschreibungen kennen, liegt plötzlich vor uns.

Es gibt noch mehr solcher bewegenden Momente. Als wir Lenas Tochter besuchen, die uns von dem schweren Leben ihrer Mutter erzählt, steht sie plötzlich auf und sucht, wie wir hören, nach etwas in einer Schublade des Küchenschrankes. Sie legt einen viel gebrauchten, geputzten Silberlöffel auf den Tisch. In ihn sind die Initialen HD als verschlungene Versalien eingraviert: Helena Dobrzycka. Es ist jener Löffel, mit dem Lena die karge Gefängniskost oder Sonnenscheins Extraportionen gelöffelt hatte. Der sie durch alle Gefängnisse begleitet hatte, durchs Konzentrationslager. Der eine gute Währung dargestellt hätte im Tausch gegen eine Scheibe Brot. »Nein, meine Mutter hat nicht normal gelebt«, antwortet Maria Łukomska auf unsere Frage. Sie sei sehr schwermütig gewesen und habe nicht über das sprechen können, was sie erlebt hatte. Manchmal habe sie monatelang überhaupt nicht mit ihrer Familie gesprochen. Lena quälten fortwährend schwere Kopfschmerzen. Sie, die in den »drolligen« Briefen an Helga geschrieben hatte »wenn ich nur meinen Kopf behalte«, wünschte sich später angesichts der dauernden Schmerzen, »hätten die Deutschen mir nur den Kopf abgeschlagen«. Der Mann, den sie liebte, sei nicht Łukomski, ihr Vater gewesen, erzählt Maria Łukomska, sondern Czesław. Stefan Łukomski war der »Vetter«, der Lena in Moabit regelmäßig besucht und ihr Blumen mitgebracht hatte. Czesław. Es erstaunt uns, dass die Tochter diesen Namen kennt, der Mann ist seit über 60 Jahren tot. Seinen Nachnamen weiß sie nicht, nur, dass er der Mann gewesen sei, den ihre Mutter geliebt habe. Wir kennen nicht nur den vollen Namen, sondern auch seine Geschichte, in der Lena, wie wir bisher glaubten, eine Nebenrolle spielte. Eine Kurierin, die Briefumschläge mit Geld überbrachte. Und der Czesław Lasik schließlich das Leben rettete, das ihr dann so bitter wurde. Maria Łukomska begleitet uns zum Grab ihrer Mutter auf dem Warschauer Powązki-Friedhof.

Gefangenenmarke sowie Bastelarbeiten aus dem Gefängnis – ein Kartenspiel und ein Kätzchen – aus dem Nachlass von Maria Kacprzyk, 2014.

Es sind die Menschen, die uns ihr Vertrauen schenken, deren Offenheit uns berührt und die uns einen anderen Blick aus der späteren Zeit auf unsere Protagonistinnen ermöglichen. Zugleich stellen die Hinterlassenschaften im Besitz der Angehörigen, die »Moabiter Schätze«, eine emotionale Verbindung in die Vergangenheit her. Aber nicht nur bei Begegnungen mit den Verwandten der ehemaligen Gefangenen sind solche Erlebnisse möglich, sondern auch in den Archiven. In der Handschriftenabteilung der Universitätsbibliothek Warschau bekommen wir die Originale von Krystynas Briefen zu sehen. Als wir die schwarzen Schleifen der Mappe öffnen, die wie alle Archivmappen aussieht, fühlen wir uns unvorbereitet. Plötzlich liegt er vor uns: der schmale, mit Bleistift geschriebene Zettel mit den wohlbekannten Worten: »Liebe Mutti! Weine nicht, ich bin gesund ... « Krystynas erster Brief aus dem Gefängnis.

Einen Tag später sitzen wir nach langem bürokratischen Prozedere in dem kleinen Lesesaal des Instituts für Nationales Gedenken. Vor uns kämpft ein überlasteter Ventilator gegen die Schwüle im Raum. Wieder erhalten wir eine Mappe mit schwarzen Schleifen, darin das Kleeblatt-

Maria Kacprzyk (rechts) und Olga Jędrkiewicz (Mitte) bei der Eröffnung der Wanderausstellung »Was damals Recht war – Soldaten und Zivilisten vor Gerichten der Wehrmacht« in Berlin, 2007.

album! So, wie es Helga zusammengestellt hatte. Das durch Bombennächte getragene, das fast in Bulgarien verschollene, durch verschiedene Botschaften gewanderte Kleeblattalbum. Da liegt es – ein grauer Leitzordner, auf seinem Deckel ein vierblättriges Kleeblatt, darunter in Helgas Handschrift: »Mein Kleeblatt«. Das Original. Helga hatte die abgehefteten Briefe nach den Namen der Freundinnen sortiert: Krystyna. Diese Kassiber kennen wir. Aber da ist noch die Hälfte des Ordners unbesehen. Es folgen auch Marias und Lenas Briefe, von denen wir bisher nichts wussten! Was für ein Schatz. Wir sehen, mit welchem Papier die Gefangenen auskommen mussten. Einige Briefe waren tatsächlich auf linierten oder karierten Blättern geschrieben, andere mit Bleistift auf ein Stück Packpapier, auf den Rand einer Zeitung, auf Rückseiten von Verpackungen, die sie kleben mussten.

Die einzige Kopie des Kleeblattalbums besaß Helga. 1979 trat sie vorzeitig in den Ruhestand, in den 1990er Jahren zog sie nach Bad Neuenahr-Ahrweiler in Rheinland-Pfalz. Der Kontakt mit Maria bestand nach der Wende nur noch sporadisch per Telefon und schlief schließlich ganz ein.

Maria Kacprzyk (Mitte) mit den Kindern ihres Richters Werner Lueben, Irmgard Sinner und Claus Lueben, bei der Ausstellungseröffnung in Berlin, 2007.

2007 verstarb Helga ohne Nachkommen, nach Auskunft einer letzten Vertrauten hat sie sämtliche ihre Person betreffenden Dokumente vernichtet.

Im Juni 2007 eröffnet in Berlin die von der Stiftung Denkmal für die ermordeten Juden Europas initiierte Wanderausstellung »Was damals Recht war ... – Soldaten und Zivilisten vor Gerichten der Wehrmacht«. In der Ausstellung, die seitdem durch Deutschland und Österreich tourt, werden nicht nur Biografien von Verfolgten präsentiert, sondern auch Lebensläufe von Tätern. Es gelingt den Mitarbeitern der Gedenkstätte »Roter Ochse«, die Texte zu Krystyna Wituska und Maria Kacprzyk beisteuern, auch die Nachkommen des Richters am Reichskriegsgericht Werner Lueben für die Ausstellung zu interessieren. So kommt es in Berlin über 60 Jahre nach Kriegsende zu einem denkwürdigen Zusammentreffen von Opfern der NS-Militärjustiz – Maria Kacprzyk, Olga Jędrkiewicz – bzw. deren Nachkommen – Tomasz Steppa, Neffe Krystyna Wituskas – mit den Kindern des Richters: Irmgard Sinner und Claus Lueben. Irmgard Sinner hatte zu DDR-Zeiten selbst mehrere Jahre in Halle im »Roten Ochsen« wegen angeblicher Mithilfe bei Devisenvergehen gesessen. Sie besuchte nach der Begegnung in Berlin Maria in Danzig als Zeichen der Versöhnung. Maria äußerte ihrerseits gegenüber der Tochter des Richters die Überzeugung, dass sie Werner Lueben ihr Leben verdanke. Irmgard Sinner wusste zu berichten, dass Otto Barwinski, der Verhandlungsleiter in Marias zweitem Prozess, ein Freund ihres Vaters gewesen war. Beide kannten sich aus gemeinsamen Dienstjahren in Ostpreußen. So konnte Maria viele Jahrzehnte nach ihrem Prozess noch einen weiteren Pluspunkt auf ihrem persönlichen Glückskonto verbuchen.

2008 soll Maria als Zeitzeugin auch nach Halle kommen, wo die Wanderausstellung Station macht. Doch die Chance, das Grabfeld auf dem Gertraudenfriedhof zu besuchen, in dem Krystyna bestattet ist, zerschlägt sich: Maria muss den Besuch kurzfristig absagen, da die Aufregung ihrer Gesundheit zu sehr zugesetzt hat.

Maria hat das Kleeblattalbum, um das sie solange kämpfte, nur einmal kurz bei den Grimpes gesehen. Wenige Wochen vor ihrem Tod können wir ihr – beim letzten von vielen Besuchen – Kopien einiger Briefe zeigen. Trotz Krankheit empfängt sie uns im Januar 2011 am frühen Abend in ihrer kleinen Wohnung in der Ulica Kombatantów im Danziger Stadtteil Zaspa. Und obwohl sie sehr geschwächt ist, lebt sie auf, lacht und wirft den Kopf zurück wie ein junges Mädchen, als sie uns die Fotoalben aus ihrer Zeit als Schauspielerin zeigt. Uns fällt auf, dass die Wanduhr hinter uns nicht mehr tickt. Ihre Stundenschläge, bei Gesprächspausen auch das Ticken, strukturieren unsere Gespräche, und der nachschwingende Klang des Gongs teilt die Zeit bei ihr in halbstündige Abschnitte. So ist es in den Tonaufnahmen, die wir bei Besuchen gemacht haben, zu hören. Nun ist die Uhr stehengeblieben, Maria kann sie nicht mehr aufziehen. Wenige Wochen später, am 2. April 2011, stirbt sie.

»Sie sprechen ein wenig Polnisch?«, fragt Maria bei der ersten Begegnung. »Ganz wenig.« – »Ich spreche auch nur ganz wenig Deutsch«, erwidert sie auf Deutsch. Eine Untertreibung sondergleichen. Auch mit der Dolmetscherin, die wir mitgebracht haben, spricht sie deutsch. »Ich wohne seit 25 Jahren in diesem Haus«, sagt sie, »und dieser Fahrstuhl war noch nie kaputt.« Mit langen, schlanken Händen, deren Zeigefinger von Gicht etwas gekrümmt sind, klopft sie ungeduldig, fast herrisch an die geschlossenen Fahrstuhltüren. Dann gibt sie seufzend auf: »Gehen wir zu Fuß.«

Die ehemals große Frau hat, nun mit weit über 80, etwas gebeugte Schultern. Haltung und Kleidung offenbaren ganz und gar eine Dame. Zur blauen Hose trägt sie eine feine blaue Bluse, bedruckt mit weißen Margeriten, darüber eine weiße Strickweste. Im Ausschnitt eine helle Perlenkette, an den Ohren glänzen Perlmuttohrringe. Die Augenbrauen sind dunkel, die Lippen rot nachgezeichnet. In ihrer kleinen Wohnung sitzen wir auf roten Polsterstühlen um einen runden Tisch. So haben wir viele Male bei Maria unsere Fragen zum Klang der Wanduhr gestellt. Sie erzählt auf Deutsch, nur gelegentlich, wenn sie lange nach einem Wort sucht, nimmt sie die Hilfe der Übersetzerin in Anspruch. Sie benutzt die Hände beim Reden. Sie führt vor, wie sie beim Verhör eine Ohrfeige von einem Gestapo-Beamten erhielt, die sie vom Stuhl fallen ließ. Maria lässt sich natürlich nicht fallen, aber Beschreibung und Gestik gehen so nahtlos ineinander über, dass man das Bild überaus klar vor Augen hat. Manchmal kann man die junge Frau in der über 80-Jährigen erkennen, wenn sie den Kopf zurückwirft. Unbeugsam, trotzig, manchmal aber auch die Naive, die ihre Weiblichkeit geschickt einsetzt. »Wissen Sie«, sagt sie einmal, »ich war nur ein kleiner Spion.«

Oft holt Maria weit aus, und wenn wir denken, das hat sie uns doch gestern schon erzählt, müssen wir feststellen, dass sie genau da wieder einsetzt, wo sie beim letzten Gespräch aufgehört hat. Stets bereitet sie sich auf die Besuche vor, legt Bücher bereit, die sie uns zeigen will, etwa die japanische Ausgabe des Buches mit Krystynas Briefen. Oft springt sie auf, um in einem Schrank Dokumente, Fotos oder Aufzeichnungen zu suchen, sie findet alles, sie hat ihr eigenes Leben gut dokumentiert. Für unsere Arbeit ein Segen.

Hat Maria normal leben können? »Wenn das normal ist, mit 30 schon eine Zahnprothese tragen zu müssen.« Durch die schlechte Ernährung in den Gefängnissen litten alle Häftlinge an Zahnproblemen. Auch sie hatte nach dem Krieg schwere Anfälle von Depression, zwei Selbstmordversuche. Aber sie hat es immer wieder geschafft, da rauszukommen. Schwer zu ertragen war, dass sie keine Anerkennung als Mitglied der *Armia Krajowa* erhielt. Die Volksrepublik Polen betrachtete die Heimatarmee als »bürgerlich-reaktionär«. Als Opfer des Faschismus habe sie mehrere »Blechmarken« bekommen, Auszeichnungen, die ihr nichts wert waren, da sie von den Kommunisten kamen.

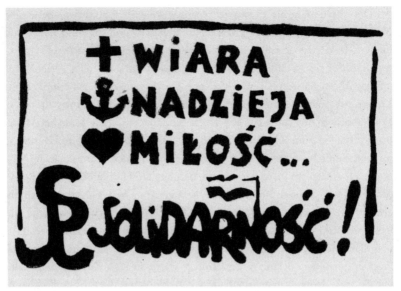

Flugblatt der Gewerkschaft *Solidarność* aus dem Nachlass von Wanda Kamińska.

Seit September 1980 arbeitete Maria für die *Solidarność*. Gemeinsam mit ihrer Schwiegertochter führte sie eine Untergrundbibliothek. Die Schwiegertochter wurde verhaftet. Ihren Höhepunkt erreichte Marias konspirative Tätigkeit Ende Januar 1982. Sie überbrachte eine Kopie des Internierungsdokuments für den *Solidarność*-Vorsitzenden Lech Wałęsa, die sie von seiner Frau bekommen hatte, an Vertreter der ausländischen Presse. Die Verhaftung Wałęsas war im Zuge des Verbots der Gewerkschaft erfolgt. Maria übergab das Dokument einer Kontaktperson in Warschau. Obwohl ihr wie allen Polen unter 60 Jahren durch das Kriegsrecht untersagt war, sich frei im Land zu bewegen, nahm sie diese Reise aus Danzig auf sich. Bereits am nächsten Tag erschien die Internierungsurkunde auf der Titelseite der französischen Zeitung *Le Monde*, noch rechtzeitig vor dem von US-Präsident Ronald Reagan ausgerufenen »Welttag der Solidarność«. Maria begegnete Wałęsa persönlich, als er mit zwei Dutzend Personen aus der Danziger Opposition den ersten Jahrestag der Verleihung des Friedensnobelpreises im Dominikanerkloster in Danzig feierte. Er selbst hatte den Preis 1983 in Oslo nicht entgegennehmen können.

Wachsabdruck zur Herstellung des von Bernd Göbel gestalteten Denkzeichens für Krystyna Wituska, das 2014 in Halle eingeweiht wurde.

»Ich habe Glück gehabt«, sagt Maria immer wieder. Glück, dass sie nicht in Warschau bei einer *Łapanka* gefasst und erschossen wurde. Glück, dass sie während des Warschauer Aufstands in einem deutschen Zuchthaus saß, sonst wäre sie sehr wahrscheinlich wie ihre beste Freundin umgekommen. Glück, dass ihr Anwalt sie ernst nahm und verteidigte. Glück, dass die Richter im Prozess vieles zu ihren Gunsten werteten. Deshalb kann sie die Deutschen nicht hassen, nicht, wenn man so viel Güte und Menschlichkeit im Gefängnis erlebt hat, wie durch Sonnenschein und Helga. Diese Art zu denken machte sie wiederum in Polen lange Zeit einsam: Wie kann eine Frau, der die Deutschen so viel Furchtbares angetan hatten, die Deutschen nicht hassen?

Zeittafel

29. August 1901	Geburt Hedwig Grimpes in Berlin.
11. Mai 1920	Lena Dobrzycka wird in Starachowice bei Kielce geboren.
12. Mai 1920	Geburt Krystyna Wituskas auf dem Gut Jeżew bei Łódź.
2. Juli 1920	Olga Jędrkiewicz wird in Krakau geboren.
25. August 1920	Zbigniew Walc wird in Piorunów bei Łódź geboren.
2. Februar 1922	Geburt Maria Kacprzyks in Warschau.
22. Mai 1923	In Warschau wird Wanda Kamińska geboren.
25. April 1927	Geburt Helga Grimpes in Berlin.
1941/42	Untergrundarbeit.
11. Juni 1942	Lena Dobrzycka wird verhaftet.
20. Juni 1942	Zbigniew Walc wird in Neubrandenburg festgenommen, wo er nach seiner Entlassung aus der Kriegsgefangenschaft Zwangsarbeit leisten musste. Später wird er in das Konzentrationslager Sachsenhausen eingeliefert.
19. Oktober 1942	Krystyna Wituska wird verhaftet.
20. Oktober 1942	Maria Kacprzyk, Wanda Kamińska und Olga Jędrkiewicz werden verhaftet.
26. November 1942	Anklageerhebung gegen Lena Dobrzycka beim Reichskriegsgericht. Sie ist zu dieser Zeit im Untersuchungsgefängnis Danzig inhaftiert.
5. bis 8. Januar 1943	Erste Verhandlung gegen Lena Dobrzycka und weitere Angeklagte vor dem Reichskriegsgericht. Der Hauptbeschuldigte Czesław Lasik und Lena Dobrzycka werden wegen Spionage, Feindbegünstigung und Vorbereitung zum Hochverrat zum Tode verurteilt.
30. Januar 1943	Olga Jędrkiewicz wird in das Untersuchungsgefängnis Berlin-Moabit eingeliefert.
6. Februar 1943	Anklageerhebung gegen Olga Jędrkiewicz vor dem Reichskriegsgericht.
24. Februar 1943	Wanda Kamińska wird in das Untersuchungsgefängnis Berlin-Moabit eingeliefert.
4. März 1943	Verhandlung des Reichskriegsgerichts gegen Olga Jędrkiewicz. Das Gericht verhängt wegen Feindbegünstigung und Vorbereitung zum Hochverrat die Todesstrafe.
10. März 1943	Der Präsident des Reichskriegsgerichts bestätigt das Urteil gegen Lena Dobrzycka nicht, sondern ordnet »weitere Erhebungen« an.
17. März 1943	Olga Jędrkiewicz wird mitgeteilt, dass der Oberreichskriegsanwalt ihren Antrag auf Gemeinschaftshaft abgelehnt hat,

	nachdem schon zwei Wochen zuvor ein Gesuch auf »Zusammenlegung« negativ beschieden worden war.
8. April 1943	Maximilian Körtling besucht Olga Jędrkiewicz im Untersuchungsgefängnis Berlin-Moabit.
12. April 1943	Vor dem Reichskriegsgericht wird Anklage gegen Krystyna Wituska, Maria Kacprzyk und Wanda Kamińska erhoben. Ein Antrag Olga Jędrkiewiczs auf Zusammenlegung mit anderen Gefangenen wird vom Oberreichskriegsanwalt genehmigt. Das Gefängnis versieht das Schreiben mit dem Vermerk: »Es muss aber eine Polin sein.«
19. April 1943	Verhandlung des Reichskriegsgerichts gegen Krystyna Wituska, Maria Kacprzyk und Wanda Kamińska. Unter Vorsitz von Reichskriegsgerichtsrat Werner Lueben (Anklagevertreter Oberkriegsgerichtsrat Hugo Speckhardt) entscheidet der 1. Senat wie folgt: Wituska – Todesstrafe wegen Spionage, Feindbegünstigung und Vorbereitung zum Hochverrat; Kacprzyk – acht Jahre verschärftes Straflager wegen Vorbereitung zum Hochverrat; Kamińska – drei Jahre verschärftes Straflager wegen Nichtanzeige eines Verbrechens. Am gleichen Tag beginnt der Aufstand im Warschauer Ghetto.
23. April 1943	Bestätigung des Urteils gegen Olga Jędrkiewicz durch den Chef des Oberkommandos der Wehrmacht.
7. Mai 1943	Der Präsident und Gerichtsherr des Reichskriegsgerichts setzt die Strafvollstreckung gegen Olga Jędrkiewicz bis zur Entscheidung über die Gnadengesuche der Verurteilten und ihrer Mutter aus.
11. Mai 1943	Zbigniew Walc wird vom Konzentrationslager Sachsenhausen kommend in das Untersuchungsgefängnis Berlin-Moabit eingeliefert.
21. Mai 1943	Der Präsident und Gerichtsherr des Reichskriegsgerichts bestätigt die Urteile gegen Krystyna Wituska und Wanda Kamińska, nicht aber das gegen Maria Kacprzyk.
27. Mai 1943	Gnadenerweis Hitlers für Olga Jędrkiewicz. Die Todes- wird in eine Freiheitsstrafe von fünf Jahren verschärftem Straflager umgewandelt.
11. Juni 1943	Olga Jędrkiewicz wird über die Bestätigung ihres Urteils, den erfolgten Gnadenerweis und die Umwandlung des Strafmaßes informiert.
15. Juni 1943	Stefania Przybył wird in das Untersuchungsgefängnis Berlin-Moabit eingeliefert.
24. Juni 1943	Vor dem Reichskriegsgericht wird Anklage gegen Zbigniew Walc erhoben.

25. Juni 1943	Hinrichtung Wanda Węgierskas und Monika Dymskas im Strafgefängnis Berlin-Plötzensee.
5. Juli 1943	Überführung Wanda Kamińskas aus dem Untersuchungsgefängnis Berlin-Moabit in das Frauenstammlager Witten-Annen.
11. Juli 1943	Olga Jędrkiewicz wird aus dem Untersuchungsgefängnis Berlin-Moabit in das Frauenstammlager Witten-Annen überführt.
22. Juli 1943	Zweite Verhandlung des Reichskriegsgerichts gegen Maria Kacprzyk. Unter Vorsitz des Reichskriegsgerichtsrats Otto Barwinski verhängt der 2. Senat wegen Vorbereitung zum Hochverrat acht Jahre verschärftes Straflager.
3. August 1943	Das Reichskriegsgericht verurteilt Zbigniew Walc wegen Nichtanzeige eines Verbrechens zu einem Jahr Straflager. Krystyna Wituska nimmt als Zeugin an der Verhandlung teil.
6. August 1943	Bestätigung des Urteils gegen Maria Kacprzyk.
16. August 1943	Das Reichskriegsgericht verlegt seinen Sitz von Berlin nach Torgau.
7. September 1943	Der Präsident des Reichskriegsgerichts bestätigt das Urteil gegen Zbigniew Walc.
20. September 1943	Überführung Maria Kacprzyks aus dem Untersuchungsgefängnis Berlin-Moabit in das Frauenzuchthaus Fordon. Dort trifft sie am folgenden Tag ein.
24. September 1943	Hitler lehnt einen Gnadenerweis für Krystyna Wituska ab.
13. Oktober 1943	Der 3. Senat des Volksgerichtshofs verurteilt Stefania Przybył wegen Kriegsspionage zum Tode.
15. Oktober 1943	In den frühen Morgenstunden gelingt Stefania Przybył die Flucht aus ihrer Zelle im Untersuchungsgefängnis Berlin-Moabit. Fahndungsmaßnahmen bleiben erfolglos, sie wird nicht wieder ergriffen.
20. Oktober 1943	Zbigniew Walc wird aus dem Untersuchungsgefängnis Berlin-Moabit in das Strafgefängnis Berlin-Tegel überstellt.
7. Februar 1944	Für das Schreiben eines illegalen Briefes an ihren Bruder erhält Maria Kacprzyk im Frauenzuchthaus Fordon eine dreitägige Arreststrafe.
15. Februar 1944	Rechtsgutachten eines Juristen beim Reichskriegsgericht zur Verurteilung Lena Dobrzyckas. Der Verfasser schlägt vor, das Urteil vom 8. Januar 1943 aufgrund fehlender Beweise aufzuheben.
21. Februar 1944	Das Urteil gegen Lena Dobrzycka wird aufgehoben und die Durchführung einer neuen Hauptverhandlung angeordnet.
6. März 1944	Ende der Strafvollstreckung gegen Zbigniew Walc. Er wird jedoch nicht entlassen, sondern der Gestapo übergeben, die ihn in Schutzhaft nimmt.

3. April 1944	Zweite Verhandlung des Reichskriegsgerichts gegen Lena Dobrzycka. In Torgau verurteilt sie das Gericht wegen Beihilfe zum versuchten Devisenschmuggel zu vier Monaten Straflager. Die Strafe gilt durch die Untersuchungshaft als verbüßt.
7. April 1944	Zbigniew Walc wird zusammen mit 290 anderen Häftlingen in das Konzentrationslager Buchenwald eingeliefert.
22. April 1944	Der Präsident des Reichskriegsgerichts bestätigt das Urteil vom 3. April 1944 gegen Lena Dobrzycka. Der Haftbefehl wird aufgehoben und die Überstellung an die Gestapo Danzig bestimmt.
10. Juni 1944	Der Chef des Oberkommandos der Wehrmacht lehnt einen Gnadenerweis für Krystyna Wituska ab.
26. Juni 1944	Am Nachmittag gegen 17 Uhr Hinrichtung Krystyna Wituskas im Zuchthaus Halle (Saale). Der Leichnam wird in das Anatomische Institut der halleschen Universität überführt.
28. Juni 1944	Lena Dobrzycka wird von Danzig kommend in das Konzentrationslager Stutthof eingeliefert.
1. August 1944	Ausbruch des Warschauer Aufstands.
1. November 1944	Zbigniew Walc wird im Außenlager Rottleberode des Konzentrationslagers Mittelbau registriert.
21. Januar 1945	Maria Kacprzyk gelingt während des Evakuierungsmarschs aus dem Frauenzuchthaus Fordon die Flucht.
16. März 1945	Wanda Kamińska und Olga Jędrkiewicz werden in das Gefangenenlager Oberems in Gütersloh überführt.
4. April 1945	Wanda Kamińska und Olga Jędrkiewicz werden aus dem Gefangenenlager Oberems in Gütersloh entlassen.
4./5. April 1945	In der Nacht vom 4. zum 5. April 1945 evakuiert die SS das KZ-Außenlager Rottleberode. Zbigniew Walc gehört zu einer Gruppe von 400 Häftlingen, die zunächst per Zug, später mittels Fußmarsch abtransportiert wird. Nach mehreren Tagen endet der Transport in Gardelegen.
13. April 1945	Über 1.000 KZ-Häftlinge werden aus Gardelegen in die unweit der Stadt gelegene Isenschnibber Feldscheune getrieben. Durch das Anzünden des Gebäudes und Waffeneinsatz ermorden die Wachmannschaften nahezu alle Häftlinge, auch Zbigniew Walc.
14. April 1945	Verbände der US-Army erreichen Gardelegen. Am folgenden Tag werden die Spuren des Massakers in der Isenschnibber Feldscheune entdeckt.
6. Dezember 1980	Hedwig Grimpe verstirbt in Berlin.
8. März 2002	Lena Dobrzycka-Łukomska verstirbt in Warschau.
1. März 2007	Tod Wanda Kamińskas.
8. Dezember 2007	Helga Grimpe verstirbt in Bad Neuenahr-Ahrweiler.
2. April 2011	Maria Kacprzyk-Tabeau verstirbt in Danzig.

Quellen- und Literaturverzeichnis

Archivquellen

Biblioteka Uniwersytecka w Warszawie
Gabinet Rękopisów: Nachlass Krystyna Wituska

Bundesarchiv, Berlin
Bestand ehem. BDC: Personalunterlagen Karl Heller, Maximilian Körtling, Alban Rehm
Bestand VGH/Z: Unterlagen des Oberreichsanwalts beim Volksgerichtshof zu Stanisław Jeute und Czesław Lasik
Bestand R 3001: Akten des Volksgerichtshofs zum Verfahren gegen Stefania Przybył sowie zu ihrer Flucht aus dem Untersuchungsgefängnis Berlin-Moabit

Bundesarchiv, Ludwigsburg
Bestand B 162: Ermittlungsunterlagen Karl Heller

Instytut Pamięci Narodowej, Warschau
Bestand GK: Kleeblattalbum sowie Ermittlungsunterlagen der Gestapo gegen Wanda Węgierska

Landesarchiv Berlin
Bestand A Rep. 358-02: Strafvollstreckungsunterlagen Maria Kacprzyk und Wanda Kamińska
Bestand C Rep. 301: Personalakte Alban Rehm

Landesarchiv Nordrhein-Westfalen, Abt. Ostwestfalen-Lippe, Detmold
Bestand D 22 Justizvollzugsanstalt Gütersloh: Gefangenenpersonalakten Olga Jędrkiewicz und Wanda Kamińska

Landesverwaltungsamt Berlin
Personalakte Helga Grimpe

Vojenský ústřední archiv, Prag
Bestand Reichskriegsgericht: Urteile und andere Unterlagen zu den Prozessen; Personalunterlagen zu Juristen am Reichskriegsgericht

Zakład Narodowy im. Ossolińskich, Wrocław
Nachlass Maria Kacprzyk-Tabeau: Briefe, Kassiber, Gefangenenpersonalakte aus dem Frauenzuchthaus Fordon

Unveröffentlichte Quellen

Privatarchiv Lars Skowronski
Erinnerungsbericht Maria Kacprzyk-Tabeau

Privatarchiv Mikołaj Tomasz Steppa
Erinnerungsbericht Halina Steppa

Privatarchiv Simone Trieder
Transkriptionsprotokolle der Zeitzeugeninterviews mit Olga Jędrkiewicz und Maria Kacprzyk

Literatur

Władysław Bartoszewski: Uns eint vergossenes Blut. Juden und Polen in der Zeit der »Endlösung«, Frankfurt/M. 1987

Franz Blättler: Warschau 1942. Tatsachenbericht eines Motorfahrers der 2. Schweizerischen Ärztemission 1942 in Polen, Zürich 1943

Włodzimierz Borodziej: Terror und Politik. Die deutsche Polizei und die polnische Widerstandsbewegung im Generalgouvernement 1939–1944, Mainz 1999

Hannelore Brenner-Wonschick: Die Mädchen von Zimmer 28. Freundschaft, Hoffnung und Überleben in Theresienstadt, München 2004

Bernhard Chiari (Hg.): Die polnische Heimatarmee. Geschichte und Mythos der Armia Krajowa seit dem Zweiten Weltkrieg, München 2003

Hans Coppi, Jürgen Danyel, Johannes Tuchel (Hg.): Die Rote Kapelle im Widerstand gegen den Nationalsozialismus, Berlin 1994

Anna Czuperska-Śliwicka: Cztery lata ostrego dyżuru, Warschau 1965

Deutsches Historisches Museum: Deutsche und Polen. Abgründe und Hoffnungen, Dresden 2009

Gefängnismuseum »PAWIAK«, Abteilung des Unabhängigkeitsmuseums in Warschau: Pawiak 1835–1944. Museumsführer durch die ständige Ausstellung, Warschau 2009

Regina Griebel, Marlies Coburger, Heinrich Scheel: Erfasst? Das Gestapo-Album zur Roten Kapelle. Eine Foto-Dokumentation, Halle 1992

Olaf Groehler: Bombenkrieg gegen Deutschland, Berlin 1990

Niels Gutschow, Barbara Klain: Vernichtung und Utopie. Stadtplanung Warschau 1939–1945, Hamburg 1994

Norbert Haase: Das Reichskriegsgericht und der Widerstand gegen die nationalsozialistische Herrschaft, Berlin 1993

Joachim Hennig: Maria Terwiel (1910–1943). Eine Widerstandskämpferin gegen den Nationalsozialismus aus Boppard/Rhein. In: Jahrbuch für westdeutsche Landesgeschichte, 28. Jg., Koblenz 2002

Annedore Leber (Hg.): Das Gewissen steht auf. 64 Lebensbilder aus dem deutschen Widerstand 1933–1945, Berlin, Frankfurt/M. 1960

Heiner Lück: Recht und Justiz im Nationalsozialismus. In: Justiz im Nationalsozialismus. Über Verbrechen im Namen des Deutschen Volkes, Sachsen-Anhalt, Begleitband zur Wanderausstellung, Magdeburg 2008

Rolf-Dieter Müller: Der Bombenkrieg 1939–1945, Berlin 2004

Muzeum Więzienia »PAWIAK«, Oddział Muzeum Niepodległości w Warszawie: Pawiak 1835–1944. Przewodnik po ekspozycji stałej, Warszawa 2009

Anne Nelson: Die Rote Kapelle. Die Geschichte der legendären Widerstandsgruppe, München 2010

Pamela Pabst: Das Königliche Untersuchungsgefängnis im Stadtteile Moabit. In: Alois Wosnitzka (Hg.): Das Neue Kriminalgericht in Moabit. Festschrift zum 100. Geburtstag am 17. April 2006, Berlin 2006

Stefan Roloff: Die Rote Kapelle. Die Widerstandsgruppe im Dritten Reich und die Geschichte Helmut Roloffs, München 2002

Heinrich Scheel: Vor den Schranken des Reichskriegsgerichts. Mein Weg in den Widerstand, Berlin 1993

Dieter Schenk: Wie ich Hitler Beine machte. Eine Danziger Polin im Widerstand, München 2003

Joachim Scherrieble (Hg.): Der ROTE OCHSE Halle (Saale). Politische Justiz 1933–1945 und 1945–1989. Katalog zu den Dauerausstellungen, Berlin 2008

Konrad Schuller: Der letzte Tag von Borów. Polnische Bauern, deutsche Soldaten und ein unvergangener Krieg, Freiburg/Brsg. u. a. 2009

Soldatenführer durch Warschau, herausgegeben von der Oberfeldkommandantur Warschau, Warschau 1942

Stiftung Topographie des Terrors (Hg.): Das »Hausgefängnis« der Gestapo-Zentrale in Berlin. Terror und Widerstand 1933–1945, Berlin 2005

Tomasz Szarota: Warschau unter dem Hakenkreuz. Leben und Alltag im besetzten Warschau 1.10.1939 bis 31.7.1944, Paderborn 1985

Ders.: Die Luftangriffe auf Warschau im Zweiten Weltkrieg. In: Acta Poloniae Historica 69, 1994

Irene Tomaszewski (Hg.): Inside a Gestapo Prison. The Letters of Krystyna Wituska, 1942–1944, Detroit 2006

Waldemar Tuszyński, Tadeusz Tarnogrodzki: Geschichte des polnischen Widerstandskampfes 1939–1945, Berlin 1980

Bernard Wiaderny: Der polnische Untergrundstaat und der deutsche Widerstand 1939–1944, Berlin 2002

Krystyna Wituska: Zeit, die mir noch bleibt. Briefe aus dem Gefängnis. Herausgegeben von Wanda Kiedrzyńska, Berlin 1973

Dank

Den Anstoß für dieses Buch gab eine der Protagonistinnen selbst: Maria Kacprzyk-Tabeau mit ihrem hartnäckigen Fragen nach Krystynas Grab. Sie wurde nicht nur in inhaltlichen Fragen unsere wichtigste Ansprechpartnerin, sondern war zugleich Spiritus Rector des gesamten Vorhabens. Gern hätte sie das fertige Buch in den Händen gehalten. Olga Jędrkiewicz-Owczarek empfing uns in einer Zeit, als sie sich in großer Sorge um die Gesundheit ihrer Tochter befand. Wir hoffen, dass ihr Wunsch bald in Erfüllung geht, das Buch auf Polnisch lesen zu können. Beiden Frauen gilt unser besonderer Dank.

Den Angehörigen der Frauen und Männer, an die dieses Buch erinnern soll, schulden wir Dank für ihr Vertrauen und die wertvolle Zuarbeit: Irena Tabeau und Aleksandra Tabeau-Lijewska, Schwiegertochter und Enkelin von Maria Kacprzyk-Tabeau, Mikołaj Tomasz Steppa, Neffe von Krystyna Wituska, Maria Łukomska, Tochter von Lena Dobrzycka-Łukomska, Magdalena Rosińska, Großnichte von Wanda Kamińska, sowie Joanna Trzeciak-Walc, Schwiegertochter der Schwägerin von Zbigniew Walc. Daneben haben die Kinder des Richters Werner Lueben, Irmgard Sinner und Claus Lueben, in vielfacher Hinsicht zum Entstehen des Buches beigetragen, Frau Sinner auch durch finanzielle Unterstützung des Projektes. Weiterhin danken wir der Direktorin der Krystyna-Wituska-Schule in Małyń Agnieszka Bednarek für die Recherchen vor Ort, ebenso den vielen Mitarbeiterinnen und Mitarbeitern der Archive in Deutschland, Polen und in der Tschechischen Republik, in denen wir recherchiert haben. Stellvertretend für all jene, die uns immer kompetent zur Seite standen, seien hier genannt: Paweł Czerniszewski vom Institut für Nationales Gedenken in Warschau, Andreas Grunwald vom Bundesarchiv in Berlin, Ewa Piskurewicz von der Universitätsbibliothek Warschau sowie Zuzana Pivcová vom Militärhistorischen Archiv der Tschechischen Republik in Prag.

Dass wir insgesamt fünf Recherchereisen unternehmen konnten, verdanken wir der Unterstützung durch folgende Institutionen: Auswärtiges Amt, Kunststiftung des Landes Sachsen-Anhalt, Stiftung Gedenkstätten Sachsen-Anhalt und Kultusministerium des Landes Sachsen-Anhalt. Der Staatssekretär und außenpolitische Berater des polnischen Ministerpräsidenten Władysław Bartoszewski und seine damalige deutsche Amtskollegin Cornelia Pieper, ehemalige parlamentarische Staatssekretärin im Auswärtigen Amt, stellten wichtige Verbindungen her. Unentbehrlicher fachlicher Begleiter unseres Projektes war Michael Viebig, stellvertretender Leiter der Gedenkstätte ROTER OCHSE Halle (Saale). Dirk Jangel vertraute uns für eine Reise nach Warschau, Toruń und Danzig einen Firmenwagen an. Schließlich danken wir Günter Napiwotzki für das Korrekturlesen des Manuskripts ebenso wie Agnieszka Sobek, Bogumiła Żelawska und Andrzej Żelawski, die uns bei Übersetzungen und der Transkription polnischer Dokumente halfen. Ungezählte Stunden stand uns Grażyna Werner als Vermittlerin ihrer Muttersprache tapfer zur Seite.

Simone Trieder, Lars Skowronski, Mai 2014

Die Autoren

Simone Trieder, geboren 1959, war Regieassistentin an verschiedenen Theatern und arbeitet seit 1992 als freiberufliche Autorin. Von ihr sind zahlreiche Erzählungen, kulturhistorische Essays und Biografien sowie Radiofeatures erschienen. Unter anderem war sie Stipendiatin des Baltic Centre for Writers and Translaters Visby (Schweden), Stadtschreiberin von Halle 2005 und Stipendiatin des Künstlerhauses Lukas Ahrenshoop 2014.

Lars Skowronski, geboren 1977, ist freier Historiker und Kurator mehrerer Ausstellungen zu seinem derzeitigen Arbeitsschwerpunkt NS-Militärjustiz. Er stand in engem Kontakt mit Maria Kacprzyk-Tabeau und konnte Verbindung zu den Nachfahren Krystyna Wituskas sowie zu weiteren Angehörigen der Hauptpersonen dieses Buches aufbauen und zahlreiche neue Quellen wie Gerichtsunterlagen, Tagebücher, Briefe, Kassiber und Fotos ermitteln.

Abbildungsverzeichnis

Archiwum Państwowe w Warszawie: 43; Biblioteka Uniwersytecka w Warszawie: 15 (rechts), 115; Bundesarchiv: 21, 75, 87, 163, 166, 167; Gedenkstätte Deutscher Widerstand / Privatarchiv Dr. Ursula Terwiel, Berlin: 71, 73; Gedenkstätte ROTER OCHSE Halle (Saale): 171; Instytut Pamięci Narodowej, Warschau: 22, 159, 178; Landesarchiv Berlin: 13; Narodowe Archiwum Cyfrowe, Warschau: 30 (oben), 37, 83, 85, 145, 148; Maximilian du Prel: Das General-Gouvernement, Würzburg 1942: 32; Privatarchiv Bernd Göbel, Halle: 215; Privatarchiv Klaus Leutner, Berlin: 119; Privatarchiv Claus Lueben, Rellingen: 103; Privatarchiv Maria Łukomska, Warschau: 15 (Mitte); Privatarchiv Magdalena Rosińska, Józefosław: 46, 206, 207, 214; Privatarchiv Lars Skowronski, Landsberg b. Halle: 30 (unten), 31, 98, 117, 203, 210; Privatarchiv Mikołaj Tomasz Steppa, Warschau: 48, 49, 50, 51, 52, 53, 204; Privatarchiv Tomasz Tabeau, Sopot: 11, 15 (links), 61, 63, 67, 183, 190, 191, 194, 195, 198, 199, 200; Privatarchiv Aleksandra Tabeau-Lijewska, Poznań: 209; Privatarchiv Simone Trieder, Halle: 175, 205; Privatarchiv Jan Walc, Warschau: 55, 57; Stiftung Denkmal für die ermordeten Juden Europas, Berlin: 211; Vojenský ústřední archiv, Prag: 99, 105; Zakład Narodowy im. Ossolińskich, Wrocław: 23, 27, 91, 93, 124, 132, 135, 141, 188